口才修炼课

张宏伟　编著

吉林文史出版社
JILINWENSHICHUBANSHE

图书在版编目（CIP）数据

口才修炼课 / 张宏伟编著 . -- 长春 : 吉林文史出版社 , 2017.1

ISBN 978-7-5472-3775-5

Ⅰ . ①口… Ⅱ . ①张… Ⅲ . ①口才学－通俗读物

Ⅳ . ① H019-49

中国版本图书馆 CIP 数据核字 (2017) 第 023459 号

口才修炼课

书　　名：口才修炼课
编　　著：张宏伟
出 版 人：孙建军
责任编辑：程　明
封面设计：艺海晴空
文字编辑：陈凤玲
美术编辑：牛　坤
出版发行：吉林文史出版社
电　　话：0431-86037509
地　　址：长春市人民大街 4646 号
邮　　编：130021
网　　址：www.jlws.com.cn
印　　刷：三河市文通印刷包装有限公司
开　　本：710 毫米 ×1000 毫米　1/16
印　　张：16 印张
字　　数：419 千字
印　　次：2017 年 2 月第 1 版　2017 年 2 月第 1 次印刷
书　　号：ISBN 978-7-5472-3775-5
定　　价：36.00 元

前 言

“一言之辩，重于九鼎之宝；三寸之舌，强于百万之师。”中国南北朝时期著名学者刘勰在《文心雕龙》中曾这样高度评价口才的作用。著名成功学家戴尔·卡耐基曾说：“当今社会，一个人的成功，仅仅有15%取决于专业知识和技术，而其余85%则取决于口才艺术。”口才是思想的外壳，是人与人沟通的桥梁。任何人际关系的处理都需要靠说话的技巧来协调，任何专业知识的发挥都需要靠说话的艺术来实现。

在这个竞争异常激烈的社会，自我推荐、介绍产品、主持会议、商务谈判、交流经验、鼓励员工、化解矛盾、打通人脉、探讨学问、接洽事务、交换信息、传授技艺，还有交际应酬、传递情感和娱乐消遣都离不开说话。说话能力的高低直接影响到一个人的人脉和前途。口才的力量是巨大的，它能征服世界上最复杂的东西——人的心灵。好的口才，可以让陌生人变成知己，长期形成的隔阂可以自动消除；好的口才，甚至可以让人叱咤风云，一句话抵得上千军万马，完成一些看似不可能完成的任务。如果一个人的说话水平即口才表现能力不高，就不能很好地驾驭自己的思想和感情，也不能很好地驾驭各种事情和各种情况下的人际关系。因此，口才就成了衡量一个人是否有能力的重要标准之一。

如今越来越多的人甚至把口才、原子弹和金钱并称为新时代的三大武器。的确，当人类进入文明社会之后，检验一个人是否有能力，以及这种能力能否发挥出来，其中一个最重要的因素就是他是否具备极佳的口才。在日常生活中，要想与别人愉快相处，必须培养自己的说话能力，只有这样才能打开人与人之间沟通的大门，彼此的心灵才能碰撞产生共鸣。社会需要沟通、交流，而人与人之间交流思想、沟通感情最直接、最方便的途径就是口才。生活中，好口才给予的力量，能使我们无论是在与人谈判、安慰亲朋、恋爱道歉、应对上司、求人办事等各个方面都如鱼得水，达成我们希望的结果。

杰出的口才不是天生的，若想把话说出水平，说得有意思，说得有创意并不容易，而要做到口吐莲花、能言善辩、巧舌如簧、打动人心，更非一日之功。但是通过后天的努力，在知识面上培养、在说话技巧上训练、在气质性格上熏陶、在现实环境中锻炼，获得好的口才也并非难事。基于以上因素，我们编写了《口才修炼课》一书，本书结合丰富翔实的案例资料介绍了与工作和生活密切相关的口才知识，从日常口才到职场口才，从演讲技巧到语言艺术等，使读者能够在短时间内掌握不同场合与不同的人说话的艺术，练就娴熟的交谈技巧，从而在激烈的社交竞争中拔得头筹，在事业的征途上“风调雨顺”。

本书在实践上指导读者如何把握好沉默的分寸，把握好说话时机、说话曲直、说话轻重和与人开玩笑的分寸，把握好调解纠纷时和激励他人时的说话分寸，掌握与不同的人说话的技巧，不同场景下的说话艺术，怎么说别人才会听你的，最讨人喜欢的说话方式及如何说好难说的话等。同时还以生动具体的事例向读者展示了同陌生人、同事、老板、客户、朋友、爱人、孩子、父母、对手沟通的艺术，在求职面试、求人办事、谈判演讲、尴尬时刻、宴会应酬、探望病人及应酬亲友时的说话艺术。书中将口才、社交和人生融为一体，侧重于对读者综合素质的熏陶，从心灵深处启发读者体味生活，打开社交之门，进而掌握一套善于交际、能言善辩的本领，在人际交往中取得更好的效果。

希望通过本书，读者朋友能够掌握交际与口才的基本规律，学习人生交往的技巧，进而达到利用口才的力量来成就人生的目的。

目　录

第 1 章　口才定律

第 2 章　说话原则

第3章　幽默口才

第 4 章　说服口才

第 5 章　职场口才

第 7 章 谈判口才

第 8 章　领导口才

第 1 章

口才定律

布朗定律：
潜入对方大脑，言语真诚得人心

【核心提示】

一定要找到对方心灵的那把锁，找到心锁就是沟通的良好开端，知道别人最在意什么，别人的意愿就会在你的把握之中。

【理论指导】

一个虔诚的修女为了拯救受难的人们只身来到印度，当她看到当地的人们因为贫困而衣衫褴褛甚至没有鞋子穿的时候，她决定自己也不穿鞋子，因为这样才能够更加贴近他们，从而更好地帮助他们。以至后来戴安娜王妃听说了她的丰功伟绩之后来印度拜访她的时候，王妃因为自己穿了一双洁白的高跟鞋而感到无比羞愧……

后来中东发生了战争，这位修女孤身一人来到战场上，当作战的双方发现这位修女来到的时候，竟然不约而同地停止了攻击，等她把战区里面的妇女和儿童都救了出来……在这位德高望重的修女去世的时候，印度举国上下的人民都为她而悲痛，在她的灵柩经过的地方，没有人站在楼上，因为不愿意自己站得比她还高，而她遗体的双脚仍然是裸露的，向世人宣告她是与那些贫苦的人们平起平坐。这位高尚的修女就是特里莎。

特里莎修女的真实故事告诉我们：找到心锁就是沟通的良好开端。知道别人在意什么，你就会知道别人的意愿。这就是沟通学中著名的布朗定律。布朗定律是美国职业培训专家史蒂文·布朗提出的。

布朗定律可以解决沟通中遇到的暂时性障碍。当一个人受到外界强大的不良刺激时，比如遭遇爱情、亲情、友情的失落，比如在工作、事业上碰到挫折等……此时你会觉得他判若两人，表现反常，甚至有点儿奇怪。即便这个人曾经与你沟通得十分融洽，但是现在不同了，变得难说话，难沟通了。

当我们试图与对方沟通时，却因对方处于“绝缘”状态而导致失败。对方的思想显得乖僻，情绪非常不好，拒绝与外界交流。他甚至呆若木鸡、视而不见、充耳不闻，任何人都无法访问他的心灵世界，不知他在想些什么。这时，如果能巧妙地运用布朗定律，很多疙瘩都会迅速迎刃而解。

一位30多岁的女人，在失业一年多后，终于找到一份在某高级珠宝店当售货员的工作，没想到刚上班就出现一件麻烦事。圣诞节的前一天，店里来了一位土里土气的年轻男子，他衣衫破旧，一脸的悲哀、狐疑，不时用贪婪的目光盯着那些高级首饰。

这时电话响了，女人只好先去接听电话，可她却一不小心把装戒指的碟子碰翻，6枚精美绝伦的金戒指落到地上，她慌忙捡起其中的 5 枚，但第六枚怎么也找不到。

这时，她看到那男子正向门口走去，顿时她醒悟了，戒指可能在他那儿。

当男子即将走出店门时，女人柔声叫道：“对不起，先生！”

“什么事？”他问，脸上的表情有些不自然。

“我先生和我都失业一年多了，我也是上个星期才找到这份儿工作。现在找份工作真不容易，是不是？”女人神色黯然地说。

男子长久地注视着她，终于，一丝腼腆的微笑浮现在他的脸上：“是的，正是这样。但我觉得你在这里工作会做得很好。”

说完，他向前一步，把手伸给她：“让我握握你的手，表示我真诚的祝福好吗？”

然后，他转过身，慢慢走向门口。女人目送着他的身影消失在门外，转身走向柜台，把手中握着的第六枚戒指放回了原处。

故事中的女人不批评，不苛责，更没有咆哮，就成功地收回了男人偷拾的第六枚戒指。其奥妙就在于女人真诚的话语产生了撼人心魄的作用，真诚在此处胜过了任何技巧。从某种意义上来说，用情感来凝铸语言，是一种最高境界的智慧。

在与人交往中，打开别人心锁的钥匙就是真诚。一个说话者如果感情不真切，是逃不过成百上千听众的眼睛的，同时也难以打动听众。很多著名政治家的交际之所以出色，主要在于他们特别注意培养自己说话、演讲的真切情感。

“二战”期间，年近 70 岁的英国首相丘吉尔在对秘书口授反击法西斯战争动员的讲稿时，讲到激动之处，热泪盈眶。他的这一次演讲直指人心，极大地鼓舞了英国人民的反法西斯斗志。一次哈佛大学的毕业典礼上，在谈到“真诚”的时候，一个毕业生的话得到了大家的认可。他说：“一个说话者如果讲话华而不实，只追求华丽的辞藻，开出的只能是无果之花；缺乏真挚而热烈的情感，只是‘人工仿制’的感情，虽然能欺骗听众的耳朵，却永远骗不到听众的心。而说话者一旦讲话袒露情怀，敞开心扉，就会达到语调亲切、激情迸发、内容充实的效果，也就会字字吐深情，句句动心魄。”

如今，我们的社会充满了太多的虚假和浮躁，人们普遍存在着不信任的心理。造成这种心理的原因之一很可能是生活中“口是心非”的人太多了。有些人尽管表面上说得天花乱坠，而内心并非如此；表面上百依百顺，实际上则是我行我素；嘴里说着赞誉之词，而内心则是诅咒。

因此，要找到打开某人心锁的钥匙，是一个需要细心洞察、耐心寻找的过程，需要“由表及里”，根据一些现象逐步深入分析，最后找到根源；当然，表里如一、言行一致是交往中最基本的准则。

所以，做人就要做个真诚的人、言行一致的人。对待别人要诚实，不要两面三刀，在算计别人中度过一生，是很累、很痛苦的事。坦诚地做人，用一颗真诚的心去对待别人，得到的不只是对方的信赖，还有机遇。

白德巴定律：
能管住自己的舌头是最好的美德

【核心提示】

多说无益，请管住自己的嘴巴。

【理论指导】

不知道你有没有留意过这样一个奇怪的现象，那就是在人际沟通中，很多时候谁说的话多，谁的话就越没分量。很多人都有这样一个认识误区：总以为话说得越多，在社交圈子里就会越成功，其实不然。要知道，言不在多而贵精。那种信口开河、滔滔不绝讲话的人，无论走到哪里，无论谈话的对象是谁，都不会受到别人的欢迎。

古印度哲学家白德巴认为，能管住自己的嘴巴是最好的美德。后来人们将其称为白德巴定律。而松下幸之助的这一理论是根据白德巴定律提出的：能管住自己的舌头是最好的美德。

松下幸之助认为，高明的人善于欣赏别人的所作所为，懂得管好自己的舌头，而不是去挑剔、斥责下属的缺点。他说："根据多年的管理经验，有些人喜欢赞扬部属的优点，有些人喜欢挑剔缺点，往往前者的工作推行较顺利，业绩也不会太差。爱挑剔毛病的上司结果正好相反。所以唯有懂得欣赏别人的长处，才能领导更多的人。"

有的时候，适当地少说话，不但可以突出自己言语的珍贵，更会引起对方的好奇心和信赖感。从这个角度来说，尼克松"一言九鼎"的少说话策略，无疑是一种明智的做法，说得越少，话越有分量，越能给人一种稳重、踏实、可信赖的感觉。

1960 年美国的总统选举，尼克松和肯尼迪是竞争对手。尼克松时任副总统之职，在开始时占绝对的优势，但选举的后期，肯尼迪扭转了形势，获得胜利。

1968 年，尼克松再次竞选美国总统，他吸取上次失败的教训，想要彻底改变自己的形象。这次选举对尼克松来说远比上次艰难，因为他必须首先打败洛克菲勒等强劲的对手，取得共和党的提名。所以尼克松在迈阿密的共和党大会中，尽量保持沉默稳重。

他说话时，除了强调"法和秩序"以及"尽力达到完美境地"外，绝口不提其他具体的政策，希望能借"一言九鼎"的策略，给人以信赖感，彻底改变之前的形象。最后，他成功了，他不仅以微弱的优势获得共和党提名，而且在总统大选中，大败民主党对手，荣登美国总统宝座。

现实中，聪明人都会管好自己的嘴巴，不会说太多的废话。很多时候，与人沟通的最佳方式，并不在于你表达了多少，而在于你聆听了多少。真正的谈话高手，总是能够专心地听对方说话，关注别人的内心感受。

一位外交官在初涉外交领域时曾带自己的太太去应酬，可他的太太在那些场合总是感到很别扭。她是个来自小地方的人，面对满屋子口才奇佳、曾在世界各地游历过的人，感觉到了自卑。为了改变这个状况，她拼命地找话题和他们聊天，不想只听别人说话。结果可想而知，人人都在疏远她，没有一个人想与她交流。

有一天，她向一位讲话不多但深受欢迎的资深外交家吐露了自己的困扰。这位外交家说:“你必须学会约束自己的嘴巴，没什么可讲时，就不要勉强。多听听别人说不是挺好的吗？相信我，善于聆听的人同样受欢迎。”后来，这个外交官的太太因自己沉默寡言的性格而让人觉得威严而庄重。

的确，正如莎士比亚所说的:“简洁是智慧的灵魂。”掌握“话以稀为贵”的真理是成为明智的管理者的必要条件。白德巴定律最开始应用在企业管理方面，该定律认为，作为团队领导者，管好自己的嘴和手，少插话，少插手，适时控制自己发表演说和多管“闲事”的欲望，让下属有更多参与的机会和发挥的空间。而白德巴定律在人际交往中则指的是管住自己的舌头，这是一种很好的美德，因为懂得并善于约束自己嘴巴的人，会在行动上得到最大的自由。

哈佛礼仪课教授克莱尔说过:“我们都曾在社交场合中遇到过某些人，他们在你耳边唠叨不停，不肯闭嘴。他会谈他的孩子、他的狗，甚至他的外科手术，以及任何其他事情。或许这个时候，作为听众的你，都已经两眼空洞无神，丝毫不知道他的重点在哪里，可他却丝毫没有要停下来的意思。”

的确，没有重点的话说再多遍也只是废话，不仅不能明确表达自己的态度，还会招人厌烦。在与人交流的时候，有很多人的形象之所以受损，就在于他们没完没了地说，却根本没说到重点，或者，他们的重点已经被其他喋喋不休的话语淹没了，使得对方完全不知道他们要表达的主要意思。

可见，简洁的谈话有多么重要。言简意赅地表达我们的观点和立场，会给人留下办事利索、思维清晰、言谈精练、尊重他人的良好印象，是人格魅力的最佳展示，这是白德巴定律在人际交往中的体现。

1994 年 7 月 17 日，在法国政府大厦门前，37 岁的洛朗·法比尤斯出现在众人面前，进行总理就职演说，他胸有成竹地说:“新政府的任务是国家现代化，团结法国人民，为此要求大家保持平静和表现出决心。谢谢大家。”人们还等着听他往下讲时，他已经结束了演讲，转身回办公室去了。

洛朗·法比尤斯没有沿袭以往总理就职演说长篇大论的惯例，以短小精悍的演讲给人们留下了深刻的印象。而他在以后的工作中也雷厉风行，颇受欢迎。

那么，在人际交往中，怎样才能做到“话以稀为贵”，真正达到“管住自己舌头”的美德和境界呢？

1. 训练思维

反复地对事物进行综合整理、逻辑分析，这样可以让自己尽快抓住事物的本质，然后试着把这些事物的本质归纳出来，注意语言精练。

2. 斟字酌句

平时，要养成斟字酌句的习惯，对字句进行反复推敲，审慎使用。

3. 学会用“重点标题”的模式思考谈话内容

所谓“重点标题”模式，就是把要说的话分成几个部分，每一个部分提炼出一个标题，熟记于心，这样讲起话来就会井井有条，不会出现离题万里的情况。

总之，如果你想成为一个交谈的高手，那就得先学会少说多听，该说时说，不该说时就闭上自己的嘴巴，这样你才会受到他人的欢迎。

比林定律：该说“不”时，不要犹豫

【核心提示】

人在一生中所遇到的麻烦，有一半是由于太快说“是”，太慢说“不”造成的，太快说“是”与太慢说“不”，都将贻害无穷，给人带来无尽的麻烦。

【理论指导】

生活中，常常听人说：平生最怕的事情就是拒绝别人。这可能是大多数人的普遍心理。的确，很多人，包括一些处世高手，在如何拒绝他人这件事上，都是很费脑筋的。往往是出于爱面子和怕得罪人的心理，在别人提出一些要求或者请求帮助的时候，即使自己很忙、或者力有不逮，也往往要勉为其力，那个“不”字就是说不出口。

美国作家比林认为，“人在一生中所遇到的麻烦，有一半是由于太快说‘是’，太慢说‘不’造成的”。这就是著名的比林定律。正因如此，人们常常使自己陷入到“不得不”或者“被逼无奈”的窘境当中，而且不懂拒绝还会打乱自己的计划和安排，使自己的工作与生活陷入被动。长此以往，正常的人际交往与互动都会沦为一种负累，又有何快乐可言呢？

因此在与人交往中，要懂得发言的艺术，考虑问题不能急躁，也不能怠慢。觉得自己无法做到的事情，就要明确而快速地告诉对方、以免给自己造成不必要的麻烦。比林定律告诉我们：学会在恰当的时机，选择恰当的方式表达拒绝，我们的人生会轻松很多。

陈涛夫妻俩下岗后，自谋职业，利用政府的优惠贷款开了一家日用品商店，两人起早摸黑把这个商店办得红红火火，收入颇丰，生活自然有了起色。陈涛的舅舅是个游手好闲的赌棍，经常把钱扔在麻将桌上。这段时间，他手气不好又输了，他不服气，还想扳回本钱，又苦于没钱了，就把眼睛瞄准了外甥的店铺，打定了主意。

一日，舅舅来到了店里对陈涛说：“我最近想买辆摩托车，手头尚缺五千块钱，想在你这借点儿周转，过段时间就还。”陈涛了解舅舅的嗜好，借给他钱，无疑是肉包子打狗，何况店里钱也紧，就敷衍着说：“好！再过一段时间，等我有钱把银行到期的贷款支付了，银行的钱可是拖不起的。”舅舅听外甥这么说，没有办法，知趣地走了。

陈涛不说不借，也不说马上就借，而是说过一段时间，等支付银行贷款后再借。这话含多层意思：一是目前没有，现在不能借；二是我也不富有；三是过一段时间不是确指，到时借不借再说。舅舅听后已经很明白了，但他并不心生怨恨，因为陈涛并没有说不借给他，只是过一段时间再说而已，给了他希望。

因此，处理事情时，巧妙地一带而过比正面拒绝有效，且不伤和气。一般人都不太好意思拒绝别人，但在很多情况下，我们为了避免多余的困扰，对一些不合理或不合自己心意的事有必要拒绝，但怎样既不伤害对方自尊心，又能达到拒绝的目的呢？当对方提出请求后，不必当场拒绝，你可以说：“让我再考虑一下，明天答复你。”这样，既使你赢得了考虑如何答复的时间，也会使对方认为你是很认真对待这个请求的。

某单位一名职工找到上级要求调换工种。领导心里明白调不了，但他没有马上回答说“不可能”。而是说：“这个问题涉及好几个人，我个人决定不了。我把你的要求报上去，让厂部讨论一下，过几天答复你，好吗？”

这样回答可让对方明白：调工种不是件简单的事，存在着两种可能，使对方有思想准备，这比当场回绝效果要好得多。不仅给人留了面子，也使自己摆脱了尴尬的境地。可以说是一举两得。

某位作家接到老朋友打来的电话，邀请他到某大学演讲，作家如此答复：“我非常高兴你能想到我，我将查看一下我的日程安排，之后回电话给你。”

这样，即使作家表示不能到场的话，他也有了充裕时间去化解某些可能的内疚感，并使对方轻松、自在地接受。

仔细回想一下，生活和工作中遭遇到的种种挫折与不如意，有多少是因为碍于情面，过于草率地答应了他人的要求，事后却发现自己力不能逮而造成的呢？那么，怎样才能让自己轻松地说出那个重要的“不”字来呢？

1. 每个人都有说“不”的权利

说“不”是一种艺术，更是一种权利。我们要多给自己一些积极的暗示，比如“我有权利拒绝他人”。在人际交往中，每个人都可以用社会能接受的方式表达个人的权利和情感，维护自己的合理要求与斤斤计较是不能画等号的。

2. 拒绝要婉转

在拒绝别人时要讲究技巧，委婉表达自己的意愿。向对方阐明自己的难处或能力所限；根据对方的情况给出一个合适的建议，即使没有直接帮忙，却一样为他解决了问题。

拒绝的艺术，如同生活中的调味品，有意修炼，你就能酿造出五彩斑斓的生活。

喜剧大师卓别林曾经说过这样一句话：学会说“不”吧！那样，你的生活将会美好得多。

登门槛效应：循序渐进才能如愿以偿

【核心提示】

当我们要求某人做某件较大的事情又担心他不愿意做时，可以先向他提出做一件类似的、较小的事情。

【理论指导】

在现实生活中，可能大家都有过这样一种体会，当你请求他人时，如果刚开始便提出比较高的要求，是极易遭到拒绝的；倘若你先提出比较低的要求，等他人同意之后再适机增加要求的分量，就会更易达到目标。探讨这其中的原因，就必须要提到“登门槛效应”。

“登门槛效应”又称得寸进尺效应，是指一个人一旦接受了他人的一个微不足道的要求，为了避免认知上的不协调，或想给他人以前后一致的印象，就有可能接受更大的要求。这种现象，犹如登门槛时要一级台阶一级台阶地登，这样能更容易更顺利地登上高处。

心理学家认为，在一般情况下，人们都不愿接受较高较难的要求，因为它费时费力又难以成功，相反，人们却乐于接受较小的、较易完成的要求，在实现了较小的要求后，人们更易接受较大的要求，这就是“登门槛效应”对人的影响。

这个效应是美国社会心理学家弗里德曼与弗雷瑟于1966年做的“无压力的屈从——登门槛技术”的现场实验中提出的。

1966年，美国心理学家曾做过一个实验：派人随机访问一组家庭主妇，要求她们将一个小招牌挂在她们家的窗户上，这些家庭主妇愉快地同意了。过了一段时间，再次访问这组家庭主妇，要求将一个不仅大而且不太美观的招牌放在庭院里，结果有超过半数的家庭主妇同意了。与此同时，派人又随机访问另一组家庭主妇，直接提出将不仅大而且不太美观的招牌放在庭院里，结果只有不足20%的家庭主妇同意。

不言而喻，前一组家庭主妇同意率之所以超过半数，是因为在这之前对她们提出了一个较小的要求；而后一组家庭主妇同意率之所以不足20%，是因为在这之前对她们没有提出一个较小的要求。换句话说，前一组家庭主妇的同意率之所以高于后一组的家庭主妇，是因为人们的潜意识里总是希望自己给人留下首尾一致的印象。

当个体先接受了一个小的要求后，为保持形象的一致，他可能会继续接受一项更重大、更不合意的要求。不管是在人际交往还是日常生活中的各个方面，正确与适当地应用“登门槛效应”，常常会让我们获得意想不到的效果。

在人际交往中，当我们要求某人做某件较大的事情又担心他不愿意做时，可以先向他提出做一件类似的、较小的事情。也就是说，我们在说服别人的时候，不要一开口就给对方很大的压力，而是最好先向对方提出一个小要求，然后再循序渐进地、一点点儿地提出我们的最终需求，当然，这需要我们在提出请求的过程中注意语言和用词的层级变化。

周末，柳青对丈夫说：“既然待在家中无事，不如咱们去外面逛逛吧？”丈夫很爽快地答应了。柳青有意把丈夫往家居市场方面引导，快过家居市场时，她对丈夫说：“不如进去随便看看吧？”

丈夫答应了。来到家居市场，柳青发现了一款书桌不错，煞是喜欢，就对丈夫说：“你看这个书桌，最适合你放电脑和书了。还可以当我的梳妆台，买了吧？”丈夫略加思索，说：“买。”

正在丈夫付钱的时候，柳青又发现了一个衣橱不错，于是把丈夫喊到身旁，说：“你看这个衣柜，确实不错啊，才300元，很实惠吧！”

丈夫赶紧说：“不用不用，买个几十块钱的简易衣橱凑合着用就可以了。”

柳青又接着说：“有这么好的桌子，配个破衣橱合适吗？”

丈夫一想也是，既然桌子都买了，再买个衣橱又有什么呢！于是爽快地说：“买。”

在这里，柳青巧妙运用了登门槛效应。登门槛效应是一个可以广泛应用的沟通效应，只要能灵活运用，无论身处什么地位，都能产生积极的效果，这实际上是一种迂回策略的体现。现实生活中，无论是进行商业谈判，还是让部下服从自己，或是想说服别人，登门槛效应都能发挥作用。

对于推销员来说，劝说顾客购买自己的产品并不是一件轻松而简单的事情。全世界最伟大的推销大师汤姆·霍普斯金说过，通常较为成功的推销员都不会向顾客直接推销自己的商品，而是提出一个通常人们都能够或者乐意接受的小小要求，从而一步步地最终达成自己推销的目的。

对学习有困难的学生，如果老师一下子给他们提出过多要求、过高的目标，则很容易使他们产生退缩和畏惧的心理。但如果先提出一个只要他稍微用心就能实现的小目标，当他完成这个小目标之后，再向他提出更高的目标，那么学生往往更容易接受并最终能够达到老师提出的要求。

总之，在与人沟通时，我们想要将自己的某种目的或者想法渗透给对方，可以先从比较容易实现的小目标入手，然后再逐步将对方导向我们的真正目的。推销大师汤姆·霍普斯金也曾说："我们在进行沟通的时候不必急于达到最终目的，可以采用循序渐进的方法，逐步完成。"

的确，有效沟通并不意味着所有的事情都要一步到位，有些时候，我们可以利用游戏中逐渐升级难度的方式进行沟通。因为，一级一级地登上台阶，远比一步跨上最高层走得更稳、更省力。

古德定律：
准确把握对方的观点，才能驾驭全局

【核心提示】

成功的沟通，靠的是准确地把握别人的观点。

【理论指导】

人们常说，"有一百个读者就有一百个哈姆雷特"，看莎士比亚的《王子复仇记》，人们对主人公哈姆雷特的感觉迥然不同，一百个读者将可能幻化出一百个各自不同的王子形象。同样的道理，同样一个说话，不同的听者对他观点的理解也会有所偏差。这是因为人们之间存在各种沟通位差，对同一件事也会有不尽相同的理解。

但是这种对言语理解上的差异常常被忽略，人们总以为自己说出的话，听者没有异议，就等于听懂，这其实是主观感觉，也是过高的期望值。实际上"对牛弹琴""曲高和寡"，或"言者无心，听者有意"等现象，在沟通中普遍存在。于是，因为不能准确地把握别人的观点，沟通的失败也就在所难免。

因此，如果我们能准确地把握对方的观点，得知对方的想法，那么沟通将会取得最大程度上的成功。这就需要提到沟通中的"古德定律"。古德定律是美国心理学家 P.F. 古德提出的。他认为，人际关系交往的成功，靠的是准确地把握他人的观点。即有的放矢，方能无往不胜。如果我们不知道别人想什么，那么，无论你做什么说什么也不过是徒劳。

古德定律强调了人际交往中要会"换位思考"，也就是学会"善解人意"。比如，在一个家庭中，如果有一个善解人意的妻子能体谅、体贴丈夫，这个家庭一定会和睦美满，夫妻也容易沟通。这种妻子不光有教养，关键是她们懂得换位思考，凡事能够站在丈夫的立场、角度来感受、考虑与权衡，从而做出与丈夫相近的判断与决定，与丈夫有"所见略同"的智慧和“不谋而合”的默契。

当然，善解人意不单是女子的传统美德，更是所有人的美德。一个员工或者领导者，只要学会了换位思考，他就容易善解人意，能够较为准确地把握别人的观点，使沟通步入佳境，获得顺畅与成功。

曹操很喜爱曹植的才华，因此想废了曹丕转立曹植为太子。当曹操将这件事征求贾诩的意见时，贾诩却一声不吭。曹操就很奇怪地问：“你为什么不说话？”

贾诩说：“我正在想一件事呢！”

曹操问：“你在想什么事呢？”

贾诩答：“我正在想袁绍、刘表废长立幼招致灾祸的事。”

曹操听后哈哈大笑，立刻明白了贾诩的言外之意，于是不再提废曹丕的事了。

曹操提的问题对于身为下属的贾诩来说非常棘手，稍有不慎就会引起龙颜大怒。而贾诩并没有正面地回答问题，这一点相当聪明，既避免了冒犯领导权威，也没有给人阿谀奉承的感觉。这正是建立在准确理解领导背后意图的基础之上的。

通常，在公司员工与员工、员工与领导者之间的沟通活动中，不论是员工还是领导说话，其实都很难被听者百分之百理解和接受，尽管听者没有表示异议，甚至连连点头称是，却难保听者听懂了，更难保听者是否准确把握了言者的观点。也难怪，许多沟通虽反复多次交谈，却不能奏效，可能正缘于言者观点未能被听者准确把握，甚至听者根本没诚意听，沟通归于失败就是自然的事情。

李平准备借助于好友刘兵的帮助做生意，在他将一笔巨款交给刘兵后，刘兵不幸身亡。李平立刻陷入了两难境地：若开口追款，太刺激刘兵的家人；若不提此事，自己的局面又难以支撑。

帮忙料理完后事，李平对刘妻说了这样一番话：“真没想到刘哥走得这么早，我们的合作才开始呢。这样吧，嫂子，刘哥的那些朋友你也认识，你就出面把这笔生意继续做下去吧！需要我跑腿的时候尽管说，吃苦花力气的事我不怕。”

他丝毫没有追款的意思，还很豪气，其实他明知刘妻没有能力也没有心思干下去，话中又蕴含着巧妙的提醒：我只能跑腿花力气，却不熟那些生意，困难不小又时不我待。

结果呢？倒是刘妻反过来安慰他说：“这次出事让你生意上受损失了，我也没法干下去了，你还是把钱拿回去再想别的方法吧。”

如果我们能站在对方的立场上看问题，用真情打动他，引起他情感的共鸣，一般情况对方是会理解的。上述案例中李平只字未提追款一事，相反还让对方先开了口。试想，如果他直接说出来会有多尴尬。他的巧妙之处在于说了一席站在对方立场考虑的话，将心比心，对方自然也能站在他的立场思考问题，不知不觉中就说出了李平想说的话。

因此，在沟通中，我们要尽量准确地去把握别人的观点，这就需要我们站在别人的角度去考虑问题，说话时要学会“换位思考”，用“善解人意”准确把握对方的观点，否则就会影响到沟通的效率和成败，严重时会导致人际关系陷入僵局。

波特定律：批评宜曲不宜直

【核心提示】

有的时候过于关注别人的错误，尤其是一些非根本性的错误的话，会大大挫伤他人的自尊和积极性，甚至产生对抗情绪，这样就会产生非常恶劣的效果。所以，我们应设身处地地替他人着想，批评时顾全对方的自尊和面子，委婉表达。

【理论指导】

在日常生活中，我们常常会用到批评这种手段。尤其是当下属犯了错误时，有些领导者会严词批评一番，有时甚至将员工骂得狗血淋头。在他们看来，似乎这样才会起到杀一儆百的作用，才能体现规章制度的严肃性，才能显示出领导管理者的威严。

其实，这种批评方式不但无法达到让他人改正错误的目的，而且有碍于人际关系，严重时甚至会毁掉一个人。而运用波特定律却可以使一个人在批评时，懂得如何顾全他人的面子，有效避免伤害其自尊和自信。

波特定律原是经济管理方面的术语，由美国心理学家莱曼·波特提出。本意是指当遭受许多批评时，下级往往只记住开头的一些，其余就不听了，因为他们忙于思索论据来反驳开头的批评。

正因为这个原因，在口才交际中，需要指出对方错误或在批评他人时，就必须照顾到被批评者的心理感受，注意批评的方式，以较为缓和的语气来表达自己的意见。因此，批评他人，宜曲缓而不是直接“放大炮”。

宋朝知益州的张咏，听说寇准当上了宰相，对其部下说：“寇公奇才，惜学术不足尔。”这句话一语中的。张咏与寇准是多年的至交，他很想找个机会劝老朋友多读些书。

巧的是时隔不久，寇准因事来到陕西，刚刚卸任的张咏正好也从成都来到这里。老友相会，格外高兴。临分手时，寇准问张咏：“老兄，有什么可以指教的？”张咏对此早有所考虑，正想趁机劝寇公多读书。可是又一琢磨，寇准已是堂堂宰相，居一人之下，万人之上，怎么好直截了当地说他没学问呢？

于是，张咏略微沉吟了一下，慢条斯理地说了一句：“《霍光传》不可不读。”回到相府，寇准赶紧找出《汉书·霍光传》，从头仔细阅读，当他读到“光不学无术，阉于大理”时，恍然大悟，自言自语地说：“此张公谓我矣！”当年霍光任过大司马、大将军要职，地位相当于宋朝的宰相，他辅佐汉朝立有大功，但是居功自傲，不好学习，不明事理，这与寇准有某些相似的经历。寇准读了《霍光传》，很快明白了张咏的用意。

张咏与寇准过去是至交，但如今寇准位居宰相，直接批评效果不一定好，而且传出去还会影响寇公的形象；批评太轻了，又不易引起其思想上的重视。在这种情况下，张咏的一句赠言“《霍光传》不可不读”，可以说是绝妙的。别看这仅仅是一句话，其实它能胜过千言万语。“不学无术”，这是常人难以接受的批评，更何况是当朝宰相，而张咏通过教读《霍光传》这个委婉的方式，就使寇准愉快地接受了自己的建议。正所谓：“借他书上言，传我心中事。”

在生活和工作中，我们不可能没有批评，但要学会巧妙地批评，让他人既意识到自己的错误，同时也理解你善意批评的意图，使他内心里对你心存感激。批评最好的方式就是暗示。

有一次，几个属鼠的男同学在期中考试中考了满分，挺得意，有点儿飘飘然。他们的班主任发现了，就对他们说："怎么，得意了？你们知道得意意味着什么吗？请注意今天下午的班会。"那几个男学生猜想：糟了！在下午的班会上，等待他们的准是狂风暴雨！

可奇怪的是，在班会上，班主任的批评却妙趣横生，他说："树林子要是大了，就什么鸟儿都有，自然，天下大了，就什么老鼠都有。我就听说过这么一个故事：有只小老鼠外出旅游，恰好两个孩子在下兽棋，小老鼠就悄悄地看。它发现了一个秘密，那就是，尽管兽棋中的老鼠可以被猫吃掉、被狼吃掉、被虎吃掉，却可以战胜大象。于是立刻认定，我才是真正的百兽之王呢！这么一想，小老鼠就得意起来了，从此瞧不起猫，看不起狗，甚至拿狼开心。"讲到这里，班主任看了一眼那几个男同学的表情已经由得意扬扬转变为好奇。于是，班主任又讲下去。

"这天，小老鼠竟然大摇大摆地爬到老虎的背上，恰好老虎正在打瞌睡，懒得动，就抖了抖身子。小老鼠于是更加得意，它还趁着黑夜钻进了大象的鼻子。大象觉得鼻子痒痒，就打了个喷嚏，小老鼠立刻像出膛炮弹似的飞了出去。就这么飞呀飞呀飞，好半天才'扑通'一声掉在臭水坑里！"

故事讲到这里，本来已经结束了。班主任趁机又说："好，现在就请大家注意一下，'臭'字的写法，是怎么写的呢？'自''大'再加一点就是'臭'。有趣的是，今年正好是鼠年，咱们班有不少属鼠的同学，那么，这些'小老鼠'们会不会也掉到臭水坑里呢？我想不会，但必须有一个条件，这就是永不骄傲！"

说到这儿，这位班主任还特意看了看那几个男同学，那几个男同学当然明白，老师的批评全包含在那个有趣的故事中了！他们挺感激，并且很快改正了自己的缺点。

社交，如果我们能够巧妙而间接指出别人的错误，要比直接说出口来得温和，且不会引起别人的强烈反感。那些对直接的批评会非常愤怒的人，间接地让他们去面对自己的错误，会有非常神奇的效果。

首因效应：巧妙利用第一印象俘获人心

【核心提示】

第一印象作用强，持续时间长，相比以后得到的信息，第一印象得到的信息对于事物整个印象产生的作用会更加明显。

【理论指导】

在人与人的交往中，初次见面，彼此便留给别人深刻的印象，无论是你说了什么话，做了什么事，在别人的心目中，都会留下烙印。这个烙印就是你的符号，也是你给他人的第一印象。

在与陌生人的交往过程中，所得到的有关对方的最初印象称为第一印象。第一印象并非总是正确，但却总是最鲜明、最牢固的，并且决定着以后双方交往的过程，在对方的头脑中形成并占据着主导地位，这种效应即为首因效应。

我们常说的“给人留下一个好印象”，一般指的就是第一印象，这里存在着首因效应的作用。

首因效应是由美国心理学家洛钦斯首先提出的。首因效应作用最强，持续的时间也长，比以后得到的信息对于事物整个印象产生的作用更强。因此，在交友、招聘、求职等社交活动中，我们可以利用这种效应的积极作用，展示给人一种极好的形象，为以后的交流打下良好的基础。

美国总统林肯曾经接见了一个朋友推荐的人，但是林肯最后拒绝了这个才智过人的人才，理由是相貌不过关。在朋友愤怒地指责林肯不应该以貌取人的时候，说了这样的话：“任何人都无法为自己天生的面孔负责。”林肯却回应道：“一个人过了 40 岁，就应该为自己的面孔负责。”

据说哈佛教授经常给新生们讲述林肯这个以貌取人的故事，他们说：“我们暂且不管林肯以貌取人是否有其可圈可点之处，重要的是我们不能忽视第一印象的巨大影响和作用，尤其在这个人才济济的时代，外表似乎越来越成为一个人能否给他人留下深刻印象的重要衡量标准。”

哈佛心理学教授解释说，在与一个人初次会面时，我们会在 45 秒钟内产生第一印象。这一最初的印象对我们的知觉产生较强的影响，并且在我们的头脑中占据着主导地位。

当不同的信息被排列在一起的时候，人们总是倾向于重视排在前面的信息。退一步说，即便人们对后面的信息保持同样的重视度，也会认为后面的信息是非本质的、偶然的。通常，人们的习惯是按照前面的信息解释后面的信息，当后面的信息与前面的不一致时，就会否定后面的信息而服从前面的信息，使整体印象保持一致。

一个新闻系的毕业生正急于寻找工作。一天，他到某报社对总编说：“你们需要一个编辑吗？”“不需要！”“那么记者呢？”“不需要！”“那么排字工人、校对呢？”“不，我们现在什么空缺也没有了。”“那么，你们一定需要这个东西。”说着他从公文包中拿出一块精致的小牌子，上面写着“额满，暂不雇佣”。总编看了看牌子，微笑着点了点头，说：“如果你愿意，可以到我们广告部工作。”

这个大学生通过自己制作的牌子表达了自己的机智和乐观，给总编留下了美好的第一印象，引起其极大的兴趣，从而为自己赢得了一份工作。我们可以看到第一印象相当重要。有时候，首因效应所带来的影响，可以决定一个人的前程甚至命运。因为它主要体现在先入为主上，这种先入为主给人带来的第一印象是鲜明的、强烈的、过目难忘的。对方也最容易将你的首因效应存进他的大脑档案，留下难以磨灭的印象。

虽然我们也知道仅凭一次见面就给对方下结论为时过早，首因效应并不完全可靠，甚至还有可能会出现很大的差错，但是，绝大多数的人还是会下意识地跟着首因效应的感觉走。

在生活节奏较快的现代社会，很少有人会愿意花较多的时间去了解一个给他留下不好第一印象的人。因此，我们若想在人际交往中获得别人的好感和认可，就应当给别人留下良好的第一印象。

在日常交往中，我们要提醒自己，尤其是与别人初次交谈时，一定要注意给别人留下美好的印象，包括姿态、谈吐、表情、衣着打扮等。具体要注意以下两点：

1. 要注重仪表风度

一般情况下，人们都愿意同衣着干净整齐、举止落落大方的人接触和交往。与人见面交谈，要注意面带微笑，这样可以给人留下热情、善良、友好、诚挚的印象。注重仪表，至少让人看起来干净整洁。这样容易给人留下严谨、自爱、有修养的第一印象，尽管这种印象并不总是准确。我们却不能忽视第一印象的巨大作用，无论外在和内在，我们都应该格外注重。

2. 要注意言谈举止

想要给人留下难以忘怀的好印象，还要做到言辞幽默、侃侃而谈、不卑不亢、举止优雅。言谈要恰到好处，使自己显得可爱可敬，同时还要尽量发挥自己的聪明才智，以便在对方的心中留下深刻的第一印象。

当然，在社交活动中，利用首因效应给人留下很好的印象，只是一种暂时的行为，要想与对方有更深层次的交往还需要我们完善自己的修养和品格。

近因效应：最后一句话往往最能决定谈话效果

【核心提示】

往往最后的一句话决定了整句话的调子，所以语序不同表达的效果也完全不同。

【理论指导】

所谓“近因”，是指个体最近获得的信息。近因效应与首因效应相反，是指在多种刺激一次出现的时候，印象的形成主要取决于后来出现的刺激，即交往过程中，我们对他人最近、最新的认识占了主体地位，掩盖了以往形成的对他人的评价，因此，也称为“新颖效应”。

毕业生小林是个相貌平平的男孩，到一个单位参加面试，进考场后，考官只轻描淡写地问了他是哪个学校毕业的、是哪个地方的人等几个问题后，就说面试结束了。正当他要离开考场时，主考官又叫住他，说：“你已回答了我们所提出的问题，评委觉得不怎么样，你对此怎么看？”小林立刻回答：“你们并没有提可以反映出我的水平的问题，所以，你们也并没有真正地了解我！”考官点点头说：“好，面试结束了，你出去等通知吧。”结果是录取通知书如期而至。

最近、最后的印象，往往是最强烈的，可以冲淡在此之前产生的各种因素，这就是“近因效应”。其实，考官第一次说面试结束，只是做出的一种设置，是对毕业生的最后一考，想借此考查一下应聘者的心理素质和临场应变能力。如果这一道题回答得精彩，大可弥补首因效应的缺憾；如果回答得不好，可能会由于这最后的关键性试题而使应聘者前功尽弃。

在社交活动中，近因效应也得到许多应用。比如你到饭店去吃饭，点了丰盛的酒水菜肴，酒足饭饱、快要结账的时候，服务员会给你免费送上一盘水果，这时你会感到很愉快。其实这为的是拉住你做他的“回头客”，下次再来光顾。

美国的航空公司服务精良，一路上让乘客都很满意，但下了飞机，乘客却要在行李处等候6分钟才能取到自己的东西，于是人们就抱怨，说航空公司服务质量差，运送行李的速度慢得令人难以忍受。后来有个心理学家出了个主意，他让航空公司派人在乘客下机以后，马上就热情地招呼他们跟随着去取行李，绕了一圈，走了 7 分钟的路，一到行李处，人们马上就拿到了行李，于是他们纷纷称赞航空公司的高效率。

其实这就是近因效应在起作用。相对来说，随着时间的流逝，前面发生的事容易被最近发生的事所湮没。这是一种心理误区，它使我们做出了与客观事物不完全一致的判断。尽管这种心理定式并非一种全面客观的评价，但却是大多数人都存在的心理现象。

在日常的人际交往中，近因效应带给人们一些启示，我们要更好地利用它，创造良好的人际关系。

1. 做人说话要首尾一致

虽然首因效应强调了良好的第一印象可以给自己加分，但近因效应也让我们明白，与人交往时，最后一句话也决定着谈话效果。所以，交往中不仅要重视开头，也要注意有一个好的结尾，否则，再好的“第一印象”也无法保证“近因效应”的负面影响。

2. 说话语序不同影响效果

由于近因效应往往因为最后的一句话决定了整句话的调子，所以语序不同表达的效果也完全不同。有时尽管你有心讲出令人感到痛快的话，但是如果最后一句话是悲观的语调，整句话就呈现出悲观的气氛。

例如，向考生说：“随便考上一个学校，应该没有什么问题吧？虽然录取率那么低。”或者说：“虽然录取率那么低，总能考上一个学校吧？”这两句话的意思是一样的，只因语句排列的顺序不同，但给人的印象全然不同。前者给人留下悲观的印象，后者则相反，给人一种乐观的印象。

3. 批评之后莫忘安慰

美国某职业棒球队的一位名投手，由于某一个后进球员犯了不该犯的失误，气得他当场把棒球手套狠狠地摔在地上，然而在比赛之后，他还是上前拍拍那个后进球员的肩膀说：“不要难过，我知道你也尽了力，好好加油吧！”这是一句多么适时而得体的安慰话。

因此，生活中，我们在不得不批评他人的时候，千万别忘了在批评之后加上一句：“其实，你还是很不错的。”尽可能产生一个良好的近因效应。

自己人效应：将对方拉进自己战壕

【核心提示】

与人沟通时，如果能熟练应用“自己人效应”，通过情感、地位、目的、经历等方面的相似之处，引起对方的共鸣，找到我们与对方心灵沟通的连接点，那么，我们的谈话将是成功的。

【理论指导】

生活中两个人初次见面，经常会询问籍贯、学业、工作之类的问题，有时候会惊喜地发现对方是自己的老乡或校友。这样，就可以拉近彼此的心理距离。接下来，如果有什么事想要对方帮忙，也会比较容易了。

在这样的人际交往中，其实人们已经不知不觉地利用了“自己人效应”，就是让对方把自己当作他的“自己人”，使关系迅速拉近。

自己人效应，又叫作“亲和效应”，指的是在人际沟通过程中，人们常常会因相互之间存在某种共同或者近似之处，而感到彼此更易接近，而这种彼此接近，一般又会让交往对象萌生亲切感，并更加体谅。

在人际交往与认知中，人们常常存在一种倾向，也就是对自己比较亲近的对象会更乐意接近。如果双方关系良好，一方就更容易接受另一方的某些观点、立场，甚至对对方提出的为难的要求，也不太容易拒绝。

在人际沟通中，人与人之间会相互影响。这种影响有时是有意的，有时却是无意的，我们可以利用这种“有意”的影响，与人建立良好的关系。

苏联最受广大青年学子欢迎的演讲家加里宁被邀请在一个中学发表演讲。加里宁的演讲是这样开头的：

“亲爱的同学们，我也经历过像你们这样的学生时代，我深知作为一名在校学生的追求和梦想。我的想法跟你们现在的想法一样，就是能好好学习，取得优异的成绩。这不但是你、我的希望，也是家长的愿望，更是政府、社会以及老一辈人对你们的共同期望！”

加里宁在演讲的一开始就从自己的经历入手，坦言自己也经历过这样的学生时代，而且表示自己理解作为学生的心理感受，从而吸引同学们的注意力，缩短彼此的心理距离，让台下的学生感到亲切，激发认同感，从而产生共鸣。把听众拉进自己的战壕里，这样一来，听众便会对这个“自己人”所说的话更加信赖，也更容易接受。

用“自己人效应”激发共鸣要找到与听众心灵沟通的连接点，寻找出与听众心心相印的共鸣区，其实并不难。情感、地位、目的、经历等都能在听众中间产生“自己人效应”，引起听众的共鸣。

英国前首相丘吉尔在第二次世界大战期间在美国做圣诞演说时曾这样讲：“我今天虽然远离家庭和祖国，在这里过节，但我一点儿也没有异乡的感觉。我不知道，这是由于本人的母亲血统和你们相同，抑或是由于本人多年来在此所得的友谊……在美国的中心和最高权力的所在地，我根本不觉得自己是个外来者，我们的人民讲着共同的语言，有着同样的宗教信仰，还在很大程度上追求着同样的理想。我所能感觉到的是一种和谐的兄弟间亲密无间的气氛……”

不可否认，首相的“自己人策略”的确奏效了，他将听众拉进了自己的战壕，使他们与自己站在同一条战线，并轻松地“俘虏”了听众的心。丘吉尔从友谊、情感等角度导出了“我们”“本人的母亲血统和你们相同”“一种和谐的兄弟间亲密无间的气氛”，这样的讲话产生了异乎寻常的“自己人效应”，激发了听众强烈的共鸣，获得极大的成功。

利用“自己人效应”强化我们在对方心中的印象，就是要让对方确认我们是他的“自己人”。林肯引用过一句古老的格言说：“一滴蜜比一加仑胆汁能够捕到更多的苍蝇。人心也是如此，假如你要别人同意你的原则，就要先使他相信：你是他的忠实朋友，即‘自己人’。用一滴蜜去赢得他的心，你就能使他走在理智的大道上。”

在与人交谈的时候，促使对方产生“自己人”的认同感，要注意以下几点：

1. 保持相互平等

要想得到他人的信任，首先要和对方缩短距离，与之平等相处。在保持相互平等时，最容易被忽视的就是交往中的用语问题。举个简单的例子，在某次公开谈话中，如果我们说“希望在座各位献计献策”，这就像以居高临下的态度在命令大家，容易被人理解为对人不尊重。如果改说“我们一起商量”，就承认了大家具有平等的地位。

2. 要对别人感兴趣

美国著名的人际关系学大师卡耐基曾说：“你要是真心地对别人感兴趣，两个月内你就能比一个光要别人对他感兴趣的人两年内所交的朋友还要多。”

纽约一家电话公司曾做过一项有趣的调查，结果发现在电话交谈中出现得最多的词竟是第一人称的“我”。这说明人们总有一种“想要让别人对我感兴趣”的心理趋向。因此，我们应该活学活用“自己人效应”，调整这一心理趋向在交谈中产生的影响，使之尽量对我们产生有利的影响。在交谈中，先要对别人感兴趣，然后才是让别人对我们感兴趣。

3. 给人以可信感

在与人交谈时，必须让人感觉到我们的话说得中肯，这样才能增强信息传递的效力。这就要求我们在与人交谈时要说真话，保持自己在他人眼中的可信度。这一点看似简单，却是最难坚持的，无论是在日常生活中，还是在工作中，要坚持让自己言行一致，该说的话诚恳地说，不该说的话不要信口开河。

赫洛克定律：给他最想要的一种赞美

【核心提示】

赞美是激励他人和成就自我的最佳方式。

【理论指导】

心理学家赫洛克曾经做过这样一个实验，他将参加实验的人分为四组，在四种不同诱因的情况下完成任务。第一组是表扬组，每次工作之后就给予表扬与鼓励；第二组是受训组，每次工作之后就进行严加训斥；第三组是被忽视组，不进行评价，只让他们静听其他两组受表扬与挨批评；第四组是控制组，让他们和前三组隔离，不给予评价。

实验结果显示，前三组的工作成绩都比控制组优秀，表扬组与训斥组显然比忽视组优秀，表扬组的成绩不断上升。这个实验说明，对于工作结果及时给予评价，能够强化工作动机，对工作起到促进作用。表扬的效果显然比批评要好，而批评的效果要优于不给予评价。

这就是赫洛克定律，它是一种人际关系的需求理论，它强调满足对方的渴求，以此获得他人的认可与信任。就说话而言，我们与人交谈，从某种意义而言，就是一种探求对方需求的过程，通过这种过程，我们知晓对方的心理活动，由此制定下一步的谈话内容。

在人的一生中，有无数让他们引以为自豪的事情，这些都是一个人人生的闪光点。这些东西又会不经意地在他们的言谈中流露出来，例如，“想当年，我在朝鲜战场上……”“我年轻的时候……”等。对于这些引以为荣的事情，他们不仅常常挂在嘴边，而且深深地渴望能够得到别人由衷的肯定与赞美。

在现实生活中，人人生来都渴望得到别人的赞赏。同样，每个人也都惧怕受到责难。成功学大师拿破仑·希尔曾说：“人类本性最深的需要是渴望他人的欣赏，所以我们要多夸奖他人。”真诚地赞美一个人引以为荣的事情，可以更好地与之相处。

乾隆皇帝喜欢在处理政事之际品茶、论诗，对茶道颇有见地，并引以为荣。有一天，宰相张廷玉精疲力竭地回到家刚想休息，乾隆忽然来造访，张廷玉感到莫大的荣幸，说道：“臣在先帝手里办了 13 年差，从没有这个例，哪有皇上来看下臣的！真是折煞老臣了！”

张廷玉深知乾隆好茶，便命令下人把家里的隆年雪水挖出来煎茶给乾隆品尝。乾隆很高兴地招呼随从坐下：“今儿个我们都是客，不要拘君臣之礼。生而论道品茗，不亦乐乎？”

水开时，乾隆亲自给各位泡茶，还讲了一番茶经，张廷玉听后由衷地赞美道：“我哪里知道这些，只知道吃茶可以解渴提神。一样的水和茶，却从没闻过这样的香味。”

李卫也乘机称赞道：“皇上圣学渊源，真叫人瞠目结舌，吃一口茶竟然有这么多的学问！”乾隆听后心花怒放，谈兴大发，从“茶乃水中君子、酒乃水中小人”开始论起“宽猛之道”。真是妙语连珠、滔滔不绝，众臣洗耳恭听。

乾隆的话刚结束，张廷玉赞道：“下臣在上书房办差几十年，两次丁忧都是夺情，只要不病，与圣祖、先帝算是朝夕相伴。午夜扪心，凭天良说话，私心里常有圣祖宽，世宗严，一朝天子一朝臣这个想头。我为臣子的，尽忠尽职而已。对陛下的旨意，尽力往好处办，以为这就是贤能宰相。今儿个皇上这番宏论，从孔孟仁恕之道发端，譬讲三朝政纲，虽然只是三个字‘趋中庸’，却振聋发聩令人心目一开。皇上圣学，真是到了登峰造极的地步。”其他人也都随声附和，乾隆的虚荣心大大满足了一把。

张廷玉和李卫作为乾隆的臣下，都深知乾隆对自己的杂经和“宏论”引以为豪。而张李二人便投其所好，对其大加赞美，达到了取悦皇帝的目的。

赞美是人际关系的润滑剂，能够帮助你快速走向成功。抓住他人最胜于别人的，最引以为豪的东西，并将其放在突出的位置进行赞美，往往能起到出乎意料的效果。

在镇压太平军的过程中，一次，曾国藩用完晚饭后与几位幕僚闲谈，评论当今英雄。他说：“彭玉麟、李鸿章都是人才，为我所不及。我可自诩者，只是生平不好谀耳。”一个幕僚说：“各有所长：彭公威猛，人不敢欺；李公精敏，人不能欺。”说到这里，他说不下去了。

曾国藩又问：“你们以为我怎样？”众人皆低头沉思。忽然走出一个管抄写的后生过来插话道：“曾师是仁德，人不忍欺。”众人听了齐拍手。曾国藩十分得意地说：“不敢当，不敢当。”后生告退而去。曾氏问：“此是何人？”幕僚告诉他：“此人是扬州人。入过学，家贫，办事谨慎。”曾国藩听完后说：“此人有大才，不可埋没。”不久，曾国藩升任两江总督，就派这位后生去扬州任盐运使。

他人最想要的赞美一定是真诚的，不是那种公式般的赞美，千篇一律，最让人反感。恭维赞美的话一定要切合实际。到别人家里，与其乱捧一场，不如赞美房子布置得别出心裁，或欣赏壁上的一幅好画，或惊叹一个盆栽的精巧。若要讨主人喜欢，你要注意投其所好，主人爱狗，你应该赞美他养的狗；主人养了许多金鱼，你应该谈那些鱼的美丽……这比说上许多无谓的虚泛的客套话更合适。

赞美是一种非常有效的激励手段。它不但能够让人感到振奋，而且使人感觉被肯定。然而大多数人都不是赞美高手，他们仅知赞美的重要，却不谙赞美的方法。让我们学会赞美吧，因为赞美是成功的砝码，赞美声中隐藏着许多你难以察觉的成功机会。

波什定律：
赞美愈具体愈有效

【核心提示】

表扬愈具体，愈能达到鼓励的目的。一旦知道了什么地方做得好，人们就会努力把这一地方做得更好。所以可在众多的赞美和推测性赞美中调动人们的积极性。

【理论指导】

生活中，我们如果想要赞美他人时，最好抓住对方身上的某个亮点进行表扬，如果只是很夸张地赞扬，或是没有说对地方，那么十之八九会被对方识破，这时你的赞扬不但得不到回应，反而可能会让对方产生不快的感觉。这是因为波什定律在发挥着作用。

波什定律是法国学者罗瑟琳·波什提出的，具体含义是：表扬愈具体，愈能达到鼓励的目的。波什定律指的是出于人们对他人肯定的强烈渴望，故而对方一旦有所成就，就要毫不保留地称赞对方。它的好处在于，一旦知道了什么地方做得好，人们就会努力在这方面做得更好。

因此，在与人进行沟通交流时、在赞扬他人的时候，如果能够详细地说出对方的长处，那么对方就会感到十分高兴。

在 2008 年美国大选前夕，奥巴马的外婆去世了，在进行拉票活动的最后一天，奥巴马讲述了外婆的生平，也讲到了她的婚姻，还有她与外公是如何熬过大萧条、如何带着奥巴马的母亲熬过“二战”，最后奥巴马这样评价他的外婆：

“她是那种很谦卑、直率的人……她是那种在全美国都有的沉默英雄。他们不出名，名字不在报纸上，但他们每天努力工作，照顾家庭，为子孙们做出牺牲……在人群里有很多这样的沉默英雄……

“这正是美国的精神，这正是我们为之奋斗的……我们要让全美国的沉默英雄得到尊重！”

奥巴马用外婆去世这件事，不仅表达了对外婆逝世的悲痛心情，还让自己的拉票演讲充满了感情，从而感动了许多的人，得到了更多人的支持。他真诚地赞美了像他外婆那样默默无闻为美国奉献的“沉默英雄”，并发誓如果自己当选，将会为所有的“沉默英雄”服务。

奥巴马极具艺术性的赞美，完美地演示了赞美的重要意义。现实生活中，恰到好处的赞美不仅能赢得对方的好感，更能赢得别人对自己的尊重。

想让你的赞美效果倍增，就要学会具体化赞美。具体而详细地说出对方值得称道的地方，既能让对方直接感受到你的真诚，也能让你的赞美之辞深入人心。

张先生和自己的夫人带着一位翻译同一位外商洽谈生意。

外商见到张先生的夫人后，便夸赞道：“你的夫人真是太漂亮了！”张先生客气地说道：“哪里，哪里。”

翻译心想：怎么翻译哪里哪里呢？最后，他翻译成：“Where，Where？”

外商一听，心想：说你夫人漂亮就是漂亮呗，还非要问具体漂亮在哪里？于是，笑着回答：“你的夫人眼睛漂亮，身材好，气质好。”

说完，大家哈哈大笑起来，商业洽谈在愉快的氛围中开始了。

这虽然是一则笑谈，但是却给我们以启发：当你赞美别人时，一定要在心里问自己一个Where（好在哪里），然后回答这个Where，你的赞美一定会因具体化而触动对方，甚至产生神奇的效果。

言之有物是说一切话所必具的条件，与其泛说久仰大名、如雷贯耳，不如说您上次主持的讨论会成绩之佳，真是出人意料等话，直接提及对方的著名工作。若恭维别人生意兴隆，不如赞美他推销产品的努力，或赞美他的商业手腕；泛泛地请人指教是不行的，你应该择其所长，集中某点请他指教，如此对方一定高兴得多。

那么我们应该如何灵活而准确地应用波什定律呢？可以试着用以下方式进行赞扬。

1. 背后赞美

在日常生活中，背后赞美他人往往比当面赞美更让人觉得可信。因为背后赞美他人，一传十，十传百，赞美的话迟早会传到被赞美者的耳朵里。这样，我们赞美别人的目的也就达到了。

赞美一个人，当面说和背后说所起到的效果是很不一样的。如果我们当面说一个人的好话，对方会以为我们是在奉承他，讨好他；而当在背后说他的优点时，他会认为我们是真诚的，是真心说他的好话。

此外，若直接赞美的程度不足会使对方感到不满足、不过瘾，当面赞美过了头又会变成恭维，而用背后赞美的方法则可以避免这些矛盾。因此，有时当面赞扬不如通过第三者间接赞扬的效果好。

2. 祝愿式赞美

祝愿式推测，主要强调一种美好的意愿，用一种友好的态度去推测对方，带有祝愿的特点。这种赞美虽然有一定的主观意愿性，未必是事实，但是能从善意的想象中推测出他人的美好品质，能给人以美好的感受。

3. 预言式赞美

预言式推测较适用于同事与同事之间，或父母对孩子的推测，总之，是对身边较熟悉的人所采用的方式，它可以起到一定的激励作用。

赞美别人也可带有一些必然性、预见性，可以针对工作、生活中可能会取得的成绩进行预测。当然，推测并不等于明确的结果，而是具有多种可能性，但前提是被赞美者本身有实力，有可能获得好结果。

赞美是一种美德，而别出心裁的赞美是一种品质。正如哈佛心理学教授迪丽雅所说：“慎言、明确、具体、准确和真诚是任何一种赞美的基础，但是如果你能在这基础上做得与众不同，那么你就可以为自己申请‘赞美英雄’的代言人了。”

尼伦伯格定律：最成功的谈判是双赢或多赢

【核心提示】

一场圆满的、成功的谈判，每一方都是胜利者。如果你总想自己得势，必然造成与他人势不两立的局面。

【理论指导】

现代社会，不管是商业活动，还是日常生活，谈判可谓无处不在。谈判不应该是零和博弈，而是双方不断寻求共同点，直至取得满意结果的过程。美国著名谈判学家尼伦伯格提出成功的谈判，双方都应该是胜利者，其结果是双赢或多赢。这就是尼伦伯格定律。

双赢强调的是双方的利益兼顾，即所谓的“赢者不全赢，输者不全输”。双赢谈判是把谈判当作一个合作的过程，谈判的双方通常在利益与需求上存在一定的矛盾，需要通过谈判来化解矛盾，并尝试和对手像伙伴一样，共同去找到满足双方需要的方案，使双方的利益最大化，冲突更少、风险更小。当然，双赢或多赢的局面需要双方进行充分沟通。

有两个孩子去找邻居家的小朋友玩，这个小朋友的妈妈给了来家里玩的两个孩子一个橙子。这两个孩子开始讨论如何分这个橙子。两个人吵来吵去，最终达成了一致意见，由一个孩子负责切橙子，而另一个孩子选橙子。结果，两个孩子按照商定的办法各自拿了一半橙子，高高兴兴地回家去了。第一个孩子把半个橙子拿到家，把皮剥掉扔进了垃圾桶，把果肉放到果汁机上打果汁喝。另一个孩子回到家把果肉挖掉扔进了垃圾桶，把橙子皮留下来磨碎了，混在面粉里烤蛋糕吃。

尽管两个孩子各自拿到了看似公平的一半，然而，他们各自得到的东西却没有物尽其用。这就在于他们事先并未做好沟通，也就是两个孩子并没有申明各自利益所在。没有事先申明价值导致了双方盲目追求形式和立场上的公平，结果，双方各自的利益并未在谈判中达到最大化。

试想，如果两个孩子充分交流各自所需，或许会有多个方案和情况出现。比较理想的情况是：两个孩子想办法将皮和果肉分开，一个拿到果肉去榨汁，另一个拿皮去做烤蛋糕。也许经过沟通后会出现另外一种情况：有一个孩子既想要皮做蛋糕，又想喝橙子汁。想要整个橙子的孩子提议可以将其他的问题拿出来一块谈。他说：“如果把这个橙子全给我，你上次欠我的棒棒糖就不用还了。”其实，他的牙齿被蛀得一塌糊涂，父母上星期就不让他吃糖了。另一个孩子想想也许就答应了。他刚刚从父母那儿要了 5 块钱，准备买糖还债。这次他可以用这 5 块钱去打游戏，才不在乎这酸溜溜的橙子汁呢。

事实上，两个孩子的谈判思考过程实际上就是不断沟通，创造价值的过程。双方都在寻求对自己最大利益的方案的同时，也满足对方的最大利益的需要。其实，商务谈判的过程实际上也是一样。好的谈判者并不是一味固守立场，追求寸步不让，而是要与对方充分交流，从双方的最大利益出发，创造各种解决方案，用相对较小的让步来换得最大的利益，而对方也是遵循相同的原则来取得交换条件。在满足双方最大利益的基础上，如果还存在达成协议的障碍，那么就不妨站在对方的立场上，替对方着想，帮助其扫清达成协议的一切障碍。这样，最终的协议是不难达成的。

在谈判桌上，谈判双方通常都会竭尽全力维护自己的立场。例如，一位精明的卖主会把自己的产品功能讲得天花乱坠，以抬高产品的价格；而聪明的买主会鸡蛋里挑骨头，从不同的角度指出产品的不足之处，从而将价格压低。双方都会讲出无数条理由来支持自己的报价，导致谈判陷入僵局。如果谈判没有陷入僵局，那么通常是一方做出了一定的让步，或双方经过漫长的多个回合的讨价还价，各自都进行了让步，从而达成一个中间价。

这种谈判方式，是一种典型的“立场争辩式谈判”。立场争辩式谈判的特点是，谈判每一方都在为自己的既定立场争辩，欲通过一系列的让步，最终达成协议。

必须正视的是，在商业活动中，如果大家都采取这样的谈判方式，往往会使谈判陷入一种误区。人们从实践中得到的教训是，这种谈判方式有时会导致谈判各方不欢而散，甚至还会破坏双方今后进一步的合作。

在现实生活中，如果想让谈判达到双赢效果，那就要遵循以下原则：

1. 清楚自己最想要的是什么

要知道人们在谈判中，不是为同样的东西而来的。不要认为对方想得到的东西，你就一定有所损失。你们要的不一定是同样的东西。糟糕的谈判对手试图强迫对方改变立场，而高明的谈判对手知道即使立场差别很大，双方的利益也可以是共同的，所以他们通过行动让对方改变立场，关注双方共同的利益。

2. 从全局出发

谈判时考虑问题要全面，不要把谈判局限在一个问题上。

3. 忌贪婪

不要太过贪心，不要企图拿走谈判桌上的最后一分钱。

4. 不要过于斤斤计较

谈判时要较真，但不要太过分，不妨把一些东西放回到谈判桌上，比如给一些额外的优惠。

亚佛斯德定律：以对方的需求为切入点

【核心提示】

你若能在他人心中激起一种急切的需求，并引导这种需求，你便能无往不胜。

【理论指导】

亚佛斯德定律是德国人类学家 W.S. 亚佛斯德提出来的，他认为，一个人在与人沟通时，能引起他人急切的需求，并能引导这种需求，那么他就能无往不胜。的确，现实生活中，与人交往时，我们只有了解对方的心理需求，并以对方的需求为切入点展开话题，方能拨动对方心中的那根弦。

试想如果对方想说什么，你就替他说什么，对方想要什么，你就设法满足他。这样的沟通怎能不愉悦融洽？否则，如果你不了解对方的需求，哪怕你做再多，说破嘴皮也无济于事。

在一个遥远的地方，有一座美丽的家园，在这座家园中生活的人们非常幸福，他们互相帮助，辛勤劳动，一直过着太平而又祥和的生活。但是，不幸的一天到来了，战火无情地摧毁了这座美丽的家园，在这里生活的居民，有的妻离子散，有的家破人亡，还有的伤痕累累……

正值隆冬，饥民们无家可归，只好露宿街头，缺衣少食。夜晚的降临，对于他们来说，简直比灾难更可怕，刺骨的寒风无情地钻进他们本就不能遮体的衣服里，加上饥肠辘辘，真是生不如死。

一位远近闻名的富翁碰巧经过这里，看到这一切后深有感触，被可怜的难民打动了，决定要大发善心，给他们一些满足。他回去后不惜花重金，请来了一个很有名气的歌唱家，专程为难民演奏小夜曲。可是当歌唱家来到难民营地，还没有开口唱歌，就被难民们给赶走了。

这位富翁非常生气，心想：我好心好意地花那么多钱请来的歌唱家，竟然被他们赶走了，真是太过分了。难民们对富翁说："您的善心我们心领了，可是我们现在不需要听小夜曲，我们需要的是吃和穿。"

富翁不了解难民的真正需求，即便他花巨资请来歌唱家为难民演唱，也落得出钱不讨好的结局。如果富翁能建造一些房屋，提供一些吃的用的给难民们，他们自然会感激不尽。知道对方的需求，并能引导这种需求，这比什么都重要。

一位文质彬彬的先生带着他的儿子到商场买棒球衣。热情的营业员小姐见他们来到柜台前，就笑着迎上去说："您是想买一套棒球衣吧？"

这位先生感到很奇怪，他点了点头，问："你是怎么知道的？"

营业员小姐笑着解释说："您一进来，就一直盯着我们体育专柜的棒球衣，而且你儿子手中还拿着棒球呢。"听营业员小姐这么一说，先生和他的儿子都挺高兴，就挑选了一套球衣，并准备付款。

这时，营业员小姐又补充说："这是和棒球衣配套的汗衫和长袜，您儿子穿上一定特别好看。"经营业员小姐提示，先生觉得多买些配成一套也不错，于是就买下了。

随后，这位营业员小姐又亲切地问先生的儿子："你有球鞋吗，小弟弟？"

其实这位先生并没有买球鞋的打算，所以就犹豫起来。营业员小姐十分真诚地夸赞他的儿子是个英俊少年，穿上全新的球衣、球鞋会显得更精神。

就这样，这位先生在自然轻松的聊天中多买了原本不打算买的汗衫、长袜和球鞋。虽然他比原计划多花了钱，但心情很愉快；而营业员小姐轻松地卖出了一连串商品，结果可谓皆大欢喜。

不得不承认，这位营业员小姐的确是个销售高手。试想一下，如果她不开口，不肯多讲一句话，说不定这父子俩匆匆选套球衣就走了，或者因为没有中意的球衣径直离开体育专柜。而营业员小姐热情洋溢地问明顾客需要什么，又顺便介绍其他商品，并且询问小男孩还缺什么东西，在顾客完成原定购买计划后又给顾客增加了三项支出——汗衫、长袜和球鞋。

这位营业员小姐在充分掌握顾客心理的前提下，最大限度地挖掘并引导了对方的潜在需求，既让顾客满意而归，又提高了自己的销售业绩。

那么，在现实中，要想有效激发对方需求，并以此更好地引导满足对方的这种心理，一般来说有以下几种方法：

1. 听

听是为了从中发现对方的需求，使我们能够再次地问，以确认对方的真正需求。多听客户说话，及时回应，点头认可并面带微笑，我们只有让对方感觉自己非常喜欢听他说话，对方才会继续讲。会沟通的人都是很会听的人，偶尔再插上一句："您刚才的意思是不是说……，是吗？"如果对方话语不太好听，也不要马上反驳，因为争辩对交淡并无帮助，不能刚开始就让对方感觉与我们很对立。

2. 问

问是为了找到对方的需求，问出来问题才有可能去解决问题，会沟通的人同时也是会问问题的人。问对方感兴趣的话题，让对方喜欢回答你；问对方没有抗拒点的问题，让对方能够回答你；问能够给对方带来好处的问题，让对方愿意回答你。我们如果要得到一个好的答案，就要学会提出一个好的问题，也就是说这个答案是能够帮助我们成交的答案，然后我们就朝着这个方向来设计问题，其实也就是在设计一个沟通的流程。

3. 说

在整个沟通流程中，我们要说的东西可能很多，但是说话是要讲究方法的。学会赞美对方，简单地说，赞美就是说出客户外在的基本事实，说出自己内心的真实感受。赞美是人类沟通的润滑剂。

很多时候我们处理的不是问题，而是对方的心情和情绪。据专家研究，一个人如果长时间被他人赞美，其心情会变得愉悦，心里话自然也就说出来了，我们应该毫不吝啬地找到对方的赞美点去进行赞美。

鸟笼效应：
要想不被别人反复提及，就得先行道破

【核心提示】

在沟通中，如果我们不想被别人反复提及讨厌的话语，我们自己就得先行打破令人反感的话题。

【理论指导】

鸟笼效应是一个著名的心理现象，发现者是近代杰出的心理学家詹姆斯，其内容是：如果你挂一个漂亮的鸟笼在房间里最显眼的地方，过不了几天，你一定会做出下面两个选择之一：把鸟笼扔掉，或者买一只鸟回来放在鸟笼里。其含义是要想不被别人反复提及，就得先行道破。

鸟笼效应来源于一个有趣的故事：

1907 年，著名心理学家詹姆斯于哈佛大学退休了。闲来无事，他去好朋友物理学家卡尔森家走访。这天，两人开玩笑似的打了一个赌。

詹姆斯说：“老伙计，我一定会让你不久就养上一只鸟的。”卡尔森笑着摇头：“我不信！因为我从来就没有想过养一只鸟。”

没过几天，恰逢卡尔森生日，詹姆斯送上了他的礼物——一只精致的鸟笼。卡尔森笑纳了：“我只当它是一件精美的工艺品。”

然而从此以后，每逢有客人到访，看到卡尔森书桌上那个精致的、空荡荡的鸟笼，便会问：“教授，您养的鸟什么时候死了？”

卡尔森只好一次次耐心解释：“我从来就没有养过鸟。”态度虽然诚恳，客人的目光却分明是不信任的。

最后，出于无奈，卡尔森只好买了一只鸟。这就是詹姆斯著名的鸟笼效应。正如一个男孩送了女朋友一束花，女孩很高兴，特意让妈妈从家里带来一只水晶花瓶，结果为了不让这个花瓶空着，她的男朋友就必须隔几天就送花给她。当然这是鸟笼效应的一种甜蜜的体现。

鸟笼效应为什么会奏效呢？心理学家解释说，这是因为买一只鸟比解释为什么有一只空鸟笼要简便得多。即使没有人来问，或者不需要加以解释，鸟笼效应也会造成人的一种心理上的压力，使其主动去买来一只鸟与笼子相配套。

张先生和刘先生是邻居，张先生由于工作的调动要搬家，家里的东西大部分都要卖出去，在清理完所有的家具后，只剩下一个雅致的书桌了，这书桌价格昂贵，如果作为次品卖出也收回不了多少钱。于是，张先生决定把它送给邻居刘先生作为纪念礼物，刘先生也欣悦地接受了，并对此表示了感谢。

刘先生把这张雅致的书桌搬回自家书屋后，他开始发现书屋那破旧的木藤椅与书桌配起来真是大煞风景，刘先生决定买一个皮质的转椅来搭配书桌，当他花了上千元买来一个合适的转椅，心里觉得舒服了许多……

一天，有朋友来刘先生家做客，刘先生请朋友来到自己的书房来参观。朋友对书桌和转椅赞不绝口，但话锋一转说“如果你再把书橱换一下就更好了。”刘先生看了看，书橱确实有些破旧了，也许应该换一个新的，就这样，他又花钱换了书橱……

不久，又有几个朋友光顾了刘先生家，观看了书房之后，先是夸赞了一番，但是又说：“你的书房什么都好，就是光线暗了些，要是能把墙打开，改建成一个落地窗就更加完美了。”刘先生觉得在理，又请工人重新装修。

刘先生这才意识到，半年来，为了一个书桌，他把整个家甚至都折腾了一遍，说到底刘先生是在被一张书桌牵着鼻子走，真是不值得。正如苏格拉底所说的：“人们如果为了奢侈的生活而奔波劳累，那么幸福的生活将会离我们越来越远。”.

其实，在我们身边，在我们的生活、工作当中，人们总是不自觉地在自己的心里先挂上一只“鸟笼”，再不由自主地往笼子里放“小鸟”，事实上只能给自己创造一次又一次麻烦。

以卡尔森为例，其实就算是没有客人来问，卡尔森长时间面对着空鸟笼心理上也会产生一种压力，精致漂亮的鸟笼弃之可惜，只有买鸟来养才能与之匹配，环境才能协调，才能和谐，才不致招来猜疑的询问和怪异的眼光。

应用在沟通过程中，鸟笼效应告诉人们：如果我们不想被别人反复提及讨厌的话语，我们自己就得先行打破令人反感的话题，否则你就只能被别人牵着鼻子走。

牢骚效应：
牢骚宜疏不宜堵

【核心提示】

慈悲地关照牢骚，不是采取压抑或逃避的态度，而是学会面对，并及时进行疏导和发泄，这会对工作和生活起到积极作用。

【理论指导】

哈佛大学心理学系的梅约教授组织过一个“谈话试验”。具体做法就是专家们找工人个别谈话，而且规定在谈话过程中，专家要耐心倾听工人们对厂方的各种意见和不满，并做详细记录。与此同时，专家对工人的不满意见不准反驳和训斥。这一实验研究的周期是两年。在这两年多的时间里，研究人员前前后后与工人谈话的总数达到了两万余次。

结果发现：这两年以来，工厂的产量大幅度提高了。经过研究，他们给出了原因：在这家工厂，长期以来工人对它的各个方面有诸多不满，但无处发泄。“谈话试验”使他们的这些不满都发泄出来了，从而感到心情舒畅，所以工作干劲高涨。这就是牢骚效应。

牢骚效应告诉我们：人有各种各样的愿望，但真正能达成的却为数不多。对那些未能实现的意愿和未能满足的情绪，千万不要压制，而是要进行疏导，使之发泄出来，这对人的身心发展和工作效率的提高都非常有利。

在希尔顿 21 岁那年，父亲把一个旅店经理的职务交给了他，同时给他转让了部分股权。然而，在这段时期，父亲却经常干预他的工作，也许是父亲总觉得儿子还太年轻，事业尚未稳固，如果儿子一旦失误可能会给家族事业带来重大打击。而对希尔顿来说这是一件非常让人恼火的事，他觉得自己有职无权，处处受父亲的制约之苦。

后来，当希尔顿有权任命他人时，总是慎重地选拔人才，但只要一下决定，就给予其授权。这样，被选中的人也有机会证明自己是对还是错。事实上，在希尔顿的旅馆王国之中，许多高级职员都是从基层逐步提拔上来的。由于他们都有丰富的经验，所以经营管理非常出色。希尔顿对于提升的每一个人都十分信任，放手让他们在各自的工作中发挥聪明才智，大胆负责地工作。

如果下属中有人犯了错误，希尔顿常常单独把他们叫到办公室，先鼓励安慰一番，告诉他们干工作的人都难免会出错的。然后，他再帮他们客观地分析错误的原因，并一同研究解决问题的办法。希尔顿之所以对下属犯错误采取宽容的态度，是因为他认为，只要企业的高层领导，特别是总经理和董事会的决策是正确的，员工犯些小错误是不会影响大局的。如果一味地指责，反而会打击一部分人的工作积极性，从根本上动摇企业的根基。希尔顿的处事原则，使手下的全部管理人员都对他信赖、忠诚，对工作兢兢业业，认真负责。

牢骚效应实际上讲的是一个“堵”与“疏”的问题。这就像一个水池一样，当流通不畅，慢慢地就会堵住了，水从上边溢出来了。当流通顺畅时，杂质就随下水流走了，水池就不会堵了。不让职工发牢骚，职工的不满情绪无法发泄出来，就会导致：一是公司死气沉沉，如死水一潭，没有活力，形成无声的抗争；二是一旦爆发，就会矛盾激化，无缓冲期，搞不好闹成劳资双方两败俱伤。为此，建立公司的上下沟通机制，给员工发牢骚的机会，让员工的不满都发泄出来，才会心情舒畅地投身到工作之中。其实，在日本，很多企业都非常注重为员工提供发泄自己情绪的渠道。松下公司就是如此。

在松下，所有分厂里都设有吸烟室，里面摆放着一个极像松下幸之助本人的人体模型，工人可以在这里用竹竿随意抽打“他”，以发泄自己心中的不满。等他打够了，停手了，喇叭里会自动响起松下幸之助的声音，这是他本人给工人写的诗：“这不是幻觉，我们生在一个国家，心心相通，手挽着手，我们可以一起去求得和平，让日本繁荣幸福。干事情可以有分歧，但记住，日本人只有一个目标：即民族强盛、和睦。从今天起，这绝不再是幻觉！”当然，这还不够，松下说：“厂主自己还得努力工作，要使每个职工感觉到：我们的厂主工作真辛苦，我们理应帮助他！”

正是通过这种方式，使松下的员工自始至终都能保持高度的工作热情。日本公司的这种做法被世界许多国家的企业借鉴。在美国的有些企业，有一种叫作 HopDay（发泄日）的制度设定。就是在每个月专门划出一天给员工发泄不满。在这天，员工可以对公司同事和上级直抒胸臆，开玩笑、顶撞都是被允许的，领导不许就此迁怒于人。这种形式使下属平时积郁的不满情绪都能得到宣泄，从而大大缓解了他们的工作压力，提高了工作效率。

美国企业提供了一种给所有员工更好的沟通机会，起到了调节气氛的作用。所以，牢骚效应本质上是一种沟通效应，只是这种沟通更多是在员工有挫折感时发生而已。能将一种消极的发泄变为积极的提供建议，显示了这位美国经理的高人一筹。当然，无论是发泄还是提建议，其本质都是沟通。只要渠道通畅，就都能取得好的效果。

在沟通过程中，要想更好地应用牢骚效应还要注意以下事项：

· 建立好沟通的渠道，能让员工的牢骚很好地发泄出来，有时可以让管理人员听听员工的牢骚，但不可让管理人员的牢骚让员工知道。如果那样，会影响员工的士气。可以像松下公司那样，建立员工发泄室。

· 要建立适合的制度，分清哪些牢骚是允许的，哪些是不被允许的。

· 员工的牢骚宜疏不宜堵。公司里大多存在着正式和非正式的组织，而牢骚在非正式组织内传得比较快。一句真话经过多个人传后就可能变成假话，而牢骚经过多人的传播，就可能形成谣言。

· 管理人员，特别是高层管理人员，要认真地分析牢骚的背景、产生原因，从而能推动工作改进，建立和谐的工作环境。

南风法则：
没有人能够拒绝温暖的力量

【核心提示】

在与人打交道或者办事情的时候，用好的态度、温和的方式比用高傲相恃的生硬方式更容易提高办事的效率。在与人相处时，用友善体贴的方式会比强悍冷漠的方法更易俘获他人的心。

【理论指导】

南风法则源于法国作家拉封丹写过的一则寓言：在风的家族中，北风和南风一直较劲，它们都觉得自己比对方厉害得多。有一天，北风和南风偶然相遇了，它们谁也不服谁，决定比试一下谁的威力更大。比赛的内容就是看谁能把行人身上的大衣脱掉，谁就算赢了。

于是，它们一起来到道路上，找到一个衣着大衣行色匆匆的行人。北风先刮来一股凛冽的寒风，对着那个路人猛吹一阵寒风，想通过更大的风把人的衣服吹掉。寒风凛冽刺骨，冻得行人直跺脚，不停地搓着耳朵，大骂这该死的北风。结果行人为了抵御北风的侵袭，把大衣裹得比以前更紧了。北风只得精疲力竭地败下阵来。这时，只见南风徐徐吹动，顿时阳光和煦，行人似乎感觉到了温暖，不一会儿就开始解开纽扣，继而脱掉大衣，最终南风获得了胜利。

这就是南风法则的由来。南风法则启示人们：温暖胜于严寒，引导胜于压迫，最有威力的武器，往往是爱与关怀。生活中，我们在处理人与人之间的关系时，要特别注意讲究方法。北风和南风都想使行人脱掉大衣，但方法不一样，结果也大相径庭。

有的人总是习惯于紧皱眉头、阴沉着面孔，用严厉的语言来改变别人的想法。他认为这样更能体现自己的强大，更能迫使别人“就范”。虽然最终别人办妥了，但他在付出了很大代价之后，得到的反而是更多的反对、抱怨和消极应付。

现实中，有些领导者忽略了爱的力量，常常用冷漠的眼神和冰冷的言语紧紧地把自己包裹起来。实际上，比严厉更有力的“武器”是爱、关心和尊重，也就是让他人感到温暖。

因此，我们在与人打交道或者办事情的时候，用好的态度、温和的方式比用高傲相恃的生硬方式更容易提高办事的效率。在与人相处时，用友善体贴的方式会比强悍冷漠的方法更易俘获他人的心。

被人誉为“黑珍珠”的球王贝利，是足球史上享有盛名的天才。他在很小的时候就表现出了足球天赋，并且取得了惊人的成绩。

有一次，小贝利参加了一场激烈的足球赛。赛后，伙伴们都累得腰酸腿疼，有几位小球员点上了香烟，说是能够解除疲劳。小贝利见状，也要了一支。他忘我地抽着烟，看着淡淡的烟雾从嘴里吐出来，觉得自己很潇洒、很时尚。不巧的是，这一幕被前来看望他的父亲看到了。

晚上，小贝利的父亲坐在椅子上询问他：“你今天抽烟了？”

“抽了。”小贝利红着脸，低下了头，准备接受父亲的训斥。

但是，父亲并没有这么做。他从椅子上站了起来，在屋子里来回走了好半天，这才开口说话：“孩子，你踢球有几分天赋，如果你好好坚持下去，将来或许会有点儿出息。但是，你应该明白做一名足球运动员的前提是有良好的身体素质，可今天你抽烟了。也许你会说，我只是第一次，我只抽了一根，以后不再抽了。但你应该明白，有了第一次便会有第二次、第三次……每次你都会想，仅仅一根，不会有什么大碍的。但天长日久，你会渐渐上瘾，你的身体就会变差，而你最喜欢的足球可能会因此渐渐地离你远去。”

说到这里，父亲问小贝利：“你是愿意在烟雾中损坏身体，还是愿意做个有出息的足球运动员呢？你已经懂事了，自己做选择吧。”说着，父亲从口袋里掏出了一沓钞票，递给小贝利，说道：“如果不愿意做个有出息的运动员，执意要抽的话，这些钱就给你买烟用吧！”说完，父亲走了出去。

小贝利望着父亲远去的背影，仔细回味着父亲那动情入理的话语，不由得伤心地哭了起来。过了一会儿，他止住哭，拿起钞票，来到了父亲的面前。

“爸爸，我再也不抽烟了，我一定要做个有出息的运动员。”从此，贝利训练更加刻苦，终于成为一代球王。

从贝利的这则故事中，我们看到了，人与人之间入情入理的沟通要比大发雷霆的训斥管用得多。情感，是进入别人内心，拉近双方距离的最有利武器。因此，凡是有沟通的地方就有情感发挥的余地。只要懂得这个道理，情感就会在你人际沟通中助你一臂之力，让你轻易地征服对方。

孟子曰：“爱人者，人恒爱之；敬人者，人恒敬之。”的确，没有人能够拒绝温暖的力量。如果你能够时时刻刻对别人表示出关心和爱护，或者用柔声细语的方式劝阻对方做某件事情，那么对方往往会更加积极地为你做事，这种以柔克刚的方式多半能够给你带来意想不到的收获。

用情感动对方，用心温暖对方，这无疑是人们获得他人认可的最佳方式。通过南风法则，人们进一步地体会到“好言一句三冬暖，恶语伤人六月寒”的真正意义，也告诉人们在与他人的接触过程中，应该多用关心、爱护、尊重、赞美等积极情绪感动对方，让对方感到你是从内心深处关心他，这样能将彼此的感情拉得更近、更亲，也更易得到他人同样的关心和爱护。

韦奇定律：不要让闲话动摇了你的信念

【核心提示】

不要让闲话动摇了你的信念。一旦确立了自己的目标，就要一直走下去，如果自己觉得那就是自己想要的，就不要在乎别人的看法，努力达成自己的人生目标。

【理论指导】

有一群青蛙举办了一场比赛，这个比赛很简单，谁先到达一座高塔的顶端，谁就是胜利者。除了这些参加的青蛙外，还有很多围观的青蛙。

比赛一开始，围观的青蛙就说："塔这么高，你们是不可能跳上去的，还是别费这份力气了。"有一些青蛙听了之后，决定不再往上跳了，只有少部分青蛙，不理会那些泄气的言论，继续往上跳。

跳了一段时间后，围观的青蛙又说："现在离塔顶还有那么高，不管你们怎么跳，都不可能到达顶点的。"听完这些话后，参加比赛的青蛙陆续地退出了。最后，只看见一只青蛙，不理会任何言论，不受任何影响，一直坚持着往上跳，并且，经过很长时间的跳跃，这只青蛙终于跳到了塔顶——所有的青蛙都惊呆了。

围观的青蛙一直不明白为什么那么多青蛙退出了，只有它一直坚持着，不顾一切地往上跳。后来，青蛙们终于发现了秘诀——这是一只什么也听不到的聋青蛙。

很多青蛙一开始兴致勃勃地来参加比赛，可因为它们听信了丧气的话，或者说被别人的话所吓倒，导致它们再也不能坚持自己可以到达塔顶的信念。相反，那只聋青蛙完全听不到那些言论，它只是一步一个脚印，不辞辛苦地勇往直前，最后它到了塔顶，取得了胜利！

你或许很有主见，可如果有十个朋友的看法和你相反，恐怕你很难做到不动摇，这就是韦奇定律。提出这个定律的是美国洛杉矶加州大学的经济学家伊渥·韦奇。现实中，每个人一开始都有自己的看法和想法，但是这种看法和想法很可能会因为别人的怂恿而发生改变。

听取别人的意见有助于更全面地掌握信息、更深入地分析问题，以最小的偏差做出正确的决定；然而过多地听取别人的观点，往往导致自己思维混乱、莫衷一是，难以坚持自己的选择。这看起来是一个可笑的悖论，但确实是我们经常走进的怪圈。

魏国太子与大夫庞恭一同作为人质，定在某天启程前往赵国首都邯郸。可庞恭知道魏王身边有许多小人，担心自己不在时，这些小人会在魏王面前挑拨是非。因此，临行之前，庞恭向魏王提出了一个问题。

他说："要是有一个人对您说，他看到闹市熙熙攘攘的人群里有一只老虎，君王信吗？"魏王说："我当然不信。"庞恭又问："要是有两个人这样对您说呢？"魏王说："那我也不相信。"庞恭随后又追问一句："要是有三个人都说亲眼看到了闹市里的老虎，您是否还不信？"魏王回答："既然有这么多人都说看到了老虎，那就肯定确有其事，因此我不能不信。"

听了这话之后，庞恭深有感触地说："果然如我所料，问题就在这里！其实，人人皆知，一只老虎是绝对不敢闯入闹市中的。现在君王不顾及情理、不深入调查，只听三人说虎就肯定有虎，那等我到了比闹市还远的邯郸，您如果听到三个或者更多讨厌我的人说我的坏话，岂非要断言我是坏人吗？临行前，我向您说出这一点疑虑，希望您千万别轻信人言。"

魏王知道庞恭的忠诚，当时认为他是多事，自己如此信任他，怎会相信他人的胡言乱语呢？但是，事实并非如魏王所想的那样，庞恭走了以后，一些平日憎恨他的人就开始在魏王面前说他的坏话。久而久之，魏王就开始怀疑自己的判断力了，于是就听信了那些谗言。

后来，当庞恭从邯郸回到魏国之后，魏王就再也不愿召见他了。

由此可见，妖言惑众，流言飞语多了，的确足以毁掉一个人。随声附和的人一多，白的也会被说成黑的，真是叫作"众口铄金，积毁销骨"。所以我们对待任何事情都要有自己的分析，不要人云亦云，被假象所蒙蔽。

不管是别人恶意的中伤还是好意的劝诫，对我们的生活来说可能都是一种阻碍，一不小心就把我们的生活导向了别的方向。当我们决定做一件事情的时候，不管是谁，也不管有多少人觉得不妥要劝你的时候，你一定要坚定信心对他说谢谢，并且做好实际的调查，坚定自己正确的信念和希望。

三国时期，群雄逐鹿，剑拔弩张。曹操北踞中原，试图要吞并东吴。他在南下征战以前给孙权修书表示，“欲与将军会猎于吴”，威胁的意思全都写在了纸上。顿时，东吴满朝上下人心惶惶，大臣们分为两派，以老臣张昭为首的一派觉得曹操的实力非常强大，很难和他抗衡；而以周瑜为首的一派则主张力抗曹操。

究竟该如何做决策呢？降者易安，战恐难保。就在这一关键时刻，孙权听从了周瑜等人的意见，坚定了和曹操战斗到底的信念，并且当场拔出宝剑，砍下案头的一角，斩钉截铁地说：“孤意已决，再有言降者，如斯！”

后来，在孙权的领导下，东吴的将士们奋力抗战，因此就有了赤壁一战的辉煌，打得曹操百万大军“樯橹灰飞烟灭”，最终不可一世的曹操只好败走华容道。

在上面这个例子中，孙权本人不愿意做亡国之君，再就是他很了解东吴的军事实力，本来意思就是想力战拒曹，再加上周瑜等一帮军方将领的支持，就更加坚定了他的信念。尽管在朝廷会议上，起初战、和两派对立，不过最后却高度统一达成了共识，这才让曹操几乎全军覆灭。

尽管历史无法重来，但我们可以假设：如果孙权本人没有丝毫主见，又不了解东吴的士气与军力，那么，在朝廷会议上，他肯定是一头雾水，或盲目从众、献地求和，或逞匹夫之勇、冒险迎敌。倘若周瑜等人也极力反对迎战，而他却一意孤行，不顾实际情况而拼死力战，则曹操肯定就百万雄师过大江了，自然孙权也难免成为亡国之君。

韦奇定律告诉我们，即使我们已经有了主见，但如果受到大多数人的质疑，恐怕你就会动摇乃至放弃。但许多伟人之所以成功，就是因为比别人看得更高、想得更远，更坚定地忠于自己所做出的选择。

乒乓球定律：积极与对方形成互动

【核心提示】

一个好的交流者必定是一个好的提问者，就像打乒乓球一样，你在把球打出去的同时还能让对方打回来，这样一来一往，才能够真正算得上是成功的交流。

【理论指导】

成功的沟通是一个双方互动的过程，如果只有一个人说话，永远都称不上是交流，更谈不上是有意义的沟通。有效地互动，你一言我一语才是交谈成功的前提。

可以这样说，一个好的交流者必定是一个好的提问者，就像打乒乓球一样，你在把球打出去的同时还能让对方打回来，这样一来一往，才能够真正算得上是成功的交流。这就是乒乓球定律。

在人际交往过程中，要想有效地与对方互动，就要做一个会问问题、能打开别人话匣子的交流者。如果你既想让别人开口，又想让自己掌握和控制谈话，那么就要学会提问。有效的提问可以促进交谈，使双方的表达更加顺畅。一个得体恰当的问题往往能引起对方积极的回应和愉悦的情绪。

但是，在现实生活中，很多人其实并不懂得如何提问。我们不妨来看看下面的案例：

小露生了孩子后就做了全职太太，一心一意在家里照顾孩子。孩子几乎占据了她的全部精力。直到丈夫向她提出抗议，说她不关心自己，小露才意识到自己忽视了丈夫的感受。

于是，为了表示对丈夫的关心，每天丈夫下班回来，她都会关切地问一句："今天怎么样啊？"

丈夫也只是冷淡地回应一句："还行。"

接下来，两个人似乎都失去了表达的欲望。

在这个案例中，小露的问题太宽泛了，丈夫似乎只能简单回答，两个人没有形成有效的互动。而且，"今天怎么样"这样的问题听上去就像是随口问问，不是真的想了解什么情况，所以回答也往往是套话、敷衍。让丈夫每天都要回答这样的问题，他一定会感到厌烦。

如果小露可以读读报纸，看看新闻，然后在丈夫休息的时候就他比较熟悉的话题提出一些具体和开放式的问题。采取这个方案之后，小露就不会向丈夫提出诸如"怎么样"之类的问题，而是和丈夫聊起他喜欢的话题，这样，两个人你一言我一语便能形成很好的互动，心情自然非常开心，夫妻感情也将更加融洽。

张先生在一次聚会上碰到了年轻的护士小曼，对她一见倾心，于是主动与她攀谈。他说："小曼，你觉得医院和诊所的医疗水平有多大差距？"

小曼顿时不知该怎样回答，只好尴尬地说："哦，我一时还真说不好。"说完就走到了人群的另一边，让张先生郁闷不已。

在这个案例中，张先生的问题在于提问的问题太过严肃了。这样的问题可能需要小曼花费很多精力和时间去查找资料或用心观察一段时间之后才能回答。在初次见面时一般人不会有这样的耐心去回答这样的问题。

试想，张先生如果换一种方式，放弃谈论什么医院和诊所的复杂问题，而是这样开口："听说护士都喜欢医生，这是真的吗？"小曼也许就会笑着回答："你是听谁说的？这可不一定啊。"甚至会觉得张先生很有趣，从而对其多加关注。这样交谈，才称得上有效的互动，并在互动中增进彼此的了解。小曼也就不会觉得这个人太过严肃而转身走开了。

交流要掌握分寸和技巧，不合时宜的提问会引起对方的厌烦；不合适的问题也会招致别人的反感。一个好的交流者必定是一个好的提问者，根据上面的例子，我们可以总结出提问的几个注意点：

1. 提问要具体

面对具体的提问，对方有话可说。太抽象的提问让人无从回答，不知从哪说起，甚至会产生反感的情绪，正如"今天怎么样"之类的问题。所以，提问要具体，不要宽泛，尽量能让对方用更多的语言来回答。

2. 提问由简到难

提问刚开始要简单，不要复杂，可以逐步深入。太复杂的问题，让对方不好答话，尤其不利于和不太熟悉的人进行交谈。

3. 不要带有引导性

如果是一个引导性的提问，会让别人除了顺从别无选择。例如"每天晚上看两个小时电视就够了，你说呢？""已经很晚了，你就不要出去了，怎么样？"这样的问题对对方似乎是一种命令，只能同意，而不是征求对方的意见，对方自然不想发表观点。

4. 不要加入个人意见

提问时事先不要加个人意见，尤其是否定意见。当别人还没有表达自己的时候，你首先就已经表示了不赞同。这样一来，就阻断了对方原本可能想和你进行的讨论——既然你不同意，那就没有再讨论的必要了。对方会感到不愉快，没有表达的机会。

如果你能在生活中注意这几点，就不会因为不恰当的提问而引起别人的反感了。提问是我们交流中的一大部分，在提问中游刃有余，才能更自如的交往！

权威效应：利用权威赋予你的权力

【核心提示】

“人微言轻、人贵言重”，权威是说服他人最有效的方法之一。

【理论指导】

美国心理学家们曾经做过一个实验：

在给某大学心理学系的学生们讲课时，向学生介绍一位从外校请来的德语教师，说这位德语教师是从德国来的著名化学家。试验中这位化学家煞有其事地拿出了一个装有蒸馏水的瓶子，说这是他新发现的一种化学物质，有些气味，请在座的学生闻到气味时就举手，结果多数学生都举起了手。对于本来没有气味的蒸馏水，由于这位权威的心理学家的语言暗示而让多数学生都认为它有气味。

心理学家认为，人们都有一种“安全心理”，即人们总认为权威人物的思想、行为和语言往往是正确的，服从他们会使自己有一种安全感，增加不会出错的“保险系数”。与此同时，人们还有一种“认可心理”，即人们总认为权威人物的要求往往和社会要求相一致，按照权威人物的要求去做，会得到各方面的认可。因此，这两种心理就诞生了权威效应。

权威效应，又称为权威暗示效应，是指一个人如果地位高，有威信，受人敬重，那么他所说的话及所做的事就容易引起别人重视，并让他们相信其正确性，使吹毛求疵或别有所求之人打消原有的念头。

在现实生活中，利用“权威效应”的例子很多：做广告时请权威人物赞誉某种产品，在辩论说理时引用权威人物的话作为论据等等。在人际交往中，利用“权威效应”，还能够达到引导或改变对方的态度和行为的目的。

南朝的刘勰写出《文心雕龙》无人重视，他请当时的大文学家沈约审阅，沈约不予理睬。后来他装扮成卖书人，将作品送给沈约。沈约阅后评价极高，于是《文心雕龙》成为中国文学评论的经典名著了。平凡人物，一旦被新闻媒体炒作，也变得身价百倍，这也是新闻的权威效应产生的结果。

在说服别人的时候，也可以抬出权威来加强自己说话的力度，这就是权威说服法。有些推销人员在卖保险的时候，他们喜欢提到权威人士。他们说："你们工厂的经理也买我们的人寿保险。"大家会说："噢，我们公司的经理那么精明能干，他们都买你们的保险，看来你们的保险是不错，买吧。"有经过很深的判断，就这么做了。这就是利用了权威的心理。

举世闻名的航海家麦哲伦正是因为得到了西班牙国王卡洛尔罗斯的大力支持，才完成了环球一周的壮举，从而证明了地球是圆的，改变了人们一直以来天圆地方的观念。麦哲伦是怎样说服国王赞助并支持自己的航海事业的呢？原来，麦哲伦请了著名地理学家路易·帕雷伊洛和自己一块儿去劝说国王。

那个时候，因为哥伦布航海成功的影响，很多骗子都觉得有机可乘，于是就都想打着航海的招牌，来骗取皇室的信任，从而骗取金钱，因此国王对一般的所谓航海家都持怀疑态度。但和麦哲伦同行的帕雷伊洛却久负盛名，是人们公认的地理学界的权威，国王不但尊重他，而且非常信任他。

帕雷伊洛给国王历数了麦哲伦环球航海的必要性与各种好处，让国王心悦诚服地支持麦哲伦的航海计划。正是因为相信权威的地理学家，国王才相信了麦哲伦，正是因为权威的作用，才促成了这一举世闻名的成就。

事实上，在麦哲伦的环球航海结束之后，人们发现，那时帕雷伊洛对世界地理的某些认识是不全面甚至是错的，得出的某些计算结果也与事实有偏差。不过，这一切都无关紧要，国王正是因为权威暗示效应——认为专家的观点不会错——从而阴差阳错地成就了麦哲伦环绕地球航行的伟大成功。

看来，在劝说他人支持自己的行动与观点时，恰当地利用权威效应，不仅可以节省很多精力，还会收到非常好的效果。但是权威效应有好有坏。消极的权威效应是以权威人士的名望来吓人、压人，是"拉大旗，做虎皮"，这是我们要坚决抵制的。

因此，生活中面对他人的言语和行为，我们应该有自己的判断和主张，只要不过度迷信权威，也就不至于把蒸馏水"闻"出味儿来。

第 2 章

说话原则

不同的场合，要说不同的话

【核心提示】

衡量一个人说话分寸的试金石就是场合。就像一个正常的人发现自己在众人面前裤子拉链开了，就会潜意识地背过身去把拉链拉上一样。如果不注意把握场合的分寸，图自己的一时之快，结果就会出丑。

【理论指导】

如果一个人说话不看自己的身份、不看场合，怎么想就怎么说，确实是符合真实了，但留给人的印象是什么呢？脑子有问题。因此，不同的场合，要说不同的话。

在《庄子》中有一则寓言：有一天，吴王率人登狙山。一群猴子见到人来，纷纷逃进荆棘丛中。只有一只猴子，在吴王面前搔首弄姿，卖弄乖巧。吴王用箭射它，它反而拨弄箭头，更加肆无忌惮。于是吴王命手下人一齐放箭，把猴子射死了。这只不分场合的猴子因为随意卖弄才会命丧黄泉。

这则寓言告诉我们：无论是做事还是说话都要分清场合，不要死心眼，哪壶不开提哪壶，否则怎么得罪人的你还不知道。

言如心声，文如其人。语言是心灵的一面镜子。一个人说出的话怎样，可以直接反映出他的修养如何，气度如何。有些人在生活中很邋遢，但工作却很干练，有些在家中很和蔼的人在单位却非常严肃，有些对家人脾气暴躁的人对同事却表现出很强的亲和力，有些在家中很懒惰的人对工作却十分努力认真。

于是，当看到一些人在不同场合有不同表现，有人就偏执地认为是“骗子”，然而事实并非都是如此。

这种情况与一个人处理事情的方式以及说话技巧、方式都非常相关。俗话说：“入乡随俗”，“到什么山上唱什么歌”，就是说人要能适应不同环境，根据环境调整自己。任何言语都是在具体的场合中进行的，并且受场合的影响和制约。假如说话不适宜场合气氛情境的话，往往会与初衷适得其反。

有一法院开庭审理一起盗窃案，被告人对作案时间交代不清。为了核实，审判长决定传被告的妻子到庭做证。由于在当时过分着急，审判长脱口而出说出了一句话：“把他老婆带上来！”

法庭顿时全场哗然，严肃的气氛被冲淡了。当时，审判长应该运用法庭用语，宣布“传证人某某到庭”。由于以日常用语取代了法庭用语，这也是审判长没注意到自己所在场合的正式性，因而造成了说话的不得体。

因此，说话一定要注意场合，不看场合，随心所欲，信口开河，想到什么说什么，这是“不会说话”的一种拙劣表现。日常生活中，也许我们会遇到这样的状况：两个熟识的人，不管在什么场合碰上，都少不了一番热情的问候，而用得最多的总是这句“吃了吗”。

一次，有两个熟人在洗手间门外碰上了，一人从里面出来，另一人正准备进去，忽见是熟人，两人也就热情地招呼了起来：“吃了吗？”“刚吃过了，你呢？”“还没呢，正准备去吃。”对话很快结束了，“吃了的”一脸轻松地往外走，“正准备吃的”一脸紧张地继续向里跑。

人总是在一定的时间、一定的地点、一定的条件下生活的，在不同的场合，面对着不同的人，不同的事，从不同的目的出发，就应说不同的话，用不同的方式说话，这样才能收到最理想的言谈效果。

1. 庄重的场合

如果你们单位所有人员聚在一起开会，领导讲话，你随便插话；发言时，不该你说的话你抢着说，或者还没轮到你发言你急于抢话，这些都会招致他人的不满，要记住“枪打出头鸟”。

2. 公众的场合

如果在图书馆，别人都在静静地看书，你偏要和同桌窃窃私语，或者大声地说话，这很明显影响了别人的学习。

3. 正式与非正式的场合

如果你是单位的一个领导，你的下属工作上出现小问题，这种事应该在私下场合解决会更好，如果你不分青红皂白，把下属当着众人的面狠狠地批评了一通，下属当时不敢跟你辨解，但他心里肯定会记很长一段时间，就会造成很大的误会。

4. 私下与公开的场合

人人都有自己的一个小圈子，称之为自己人。如你把自己小圈子里的事情、把你朋友的隐私到处说，你这朋友肯定没法交下去了。

5. 喜庆场合与悲痛场合

当别人正在欢庆操办婚礼时，你同他尽说一些不吉利的话，这是别人很忌讳的；相反，如果你在悲伤的场合说一些高兴的话，必将会引起他人的不悦。

总而言之，说话是一门实践性很强的艺术，我们要在日常生活中有意识地摸索体会，努力做一个说话得体的人。

沟通宜曲不宜直

【核心提示】

心直口快常会无意中给别人带来伤害。因此，心直口快固然可嘉，但这不能成为在给别人造成伤害后推卸责任的理由。我们本可以把语言说得更委婉一些，让人听着更舒服，更易于接受。

【理论指导】

在人际交往中，有的人虽然态度谦恭，却由于不注意语言表达的委婉、平和，常常在不经意间冒犯了他人。在一定程度上，言语冒犯带来的恶劣后果要大于“盛气凌人”。言语冒犯有轻有重。轻者，惹人不高兴；重者，则可能伤及别人的面子、自尊，让人产生报复的心理。

喜欢直言直语的人说话时常常只看到现象或问题，也常常只顾自己的“不吐不快”，而很少考虑旁人的立场、观念以及心理感受。当然他的话有可能鞭辟入里，直指问题的核心，逼得当事人不得不启动自卫系统；若别人启动了自卫系统后仍招架不住，恐怕就会对他怀恨在心了。于是他的人际关系就会出现障碍。

杨先生是个心直口快的人。有一次他和办公室的同事在保龄球馆打球。对方是初学者，球艺自然不行。出于好心，杨先生便充当起对方的教练来。可杨先生本身并不是一个耐心的人，在打球过程中，他一会儿说同事的手“真臭”，一会儿又说“你这人看起来挺精明的，怎么学打球这么笨。脑子是不是进水了”。同事气得不客气地说：“你说话可不可以委婉点？”“怎么委婉，你笨就笨嘛，还不让人说了。真是的。”就这样，同事气得转身走了。杨先生本是好心教别人打球却使两个人弄得十分不愉快。

由此可见，在与人沟通时，一定要注意语言委婉，忌直来直去，更不可恶语冒犯，致人不快和痛苦。有人说：“眼睛可以容纳一个美丽的世界，而嘴巴则能描绘一个精彩的世界。”委婉的语言常常可以平息矛盾与纠纷，化干戈为玉帛。

在南朝时，齐高帝曾与当时的书法家王僧虔一起研习书法。有一次，高帝突然问王僧虔说：“你和我谁的字更好？”

这问题比较难回答，说高帝的字比自己的好，是违心之言；说高帝的字不如自己，又会使高帝的面子挂不住，弄不好还会将君臣之间的关系弄得很糟糕。王僧虔的回答很巧妙：“我的字臣中最好，您的字君中最好。”

皇帝就那么几个，而臣子却不计其数，王僧虔的言外之意是很清楚的。高帝领悟了其中的言外之意，哈哈一笑，也就作罢，不再提这事了。

这个故事告诉我们：在许多场合，有一些话不好直说也无法明说时，最好采取旁敲侧击绕道纡回的方式表达。说话宜曲不宜直，已经是不成文的社交潜规则。因为与在人沟通时，说话隐晦一点既能给自己留更多余地，也能避免直接冲突。因此，喜欢直言直语的人应注意改善自己的说话方式：

1. 对他人的弱点点到为止

如果你发现了别人的弱点，千万不可揪住不放，而要尽可能少地直言指出他人处事的不当或纠正他人性格上的弱点。虽然你是善意的，但心胸狭隘的人却会认为你这是在和他过意不去。

每个人内心都有一个很脆弱的“自我”缩藏在里面，你的直言直语恰好击破了他的堡垒，他当然会不高兴，所以你的直言直语也不会产生多少效用。因此，能不讲就不要讲，要讲就委婉地讲，点到为止，不要大张旗鼓。

2. 少批评他人做的不当之事

尽可能少地去批评事情的不当，事是人做出来的，因此批评“事”也就批评了人，所谓

“对事不对人”，这只是“障耳法”。除非你权高位尊，否则直言直语只会给自己惹来麻烦。

因此，如果你想让自己拥有良好的人际关系，就应在与人交往中多观察，揣摩对方的神态，语气，明白对方“潜台词”，甚至是“口是心非”的表达。如果有些话不得不说，就要换个方式说。因为同样的内容，用委婉的语言表达往往比直言更易于让人接受。否则你说出的话将很可能产生反作用，招致对方的不满和厌烦。

说话要因人而异

【核心提示】

独特的个性、爱好，独特的知识结构可能决定了一个人只能是“这样”而不能是“那样”。但当与不同的人交谈时，就要采取不同的谈话方式。简而言之，讲对方想听的，而并非自己想讲的。

【理论指导】

有句话说得好：“话不投机半句多。”要想和人谈得投机，不是随便聊聊就可以的。对待不同的人，应该有不同的交谈方式，谈对方感兴趣的事情，在谈话一开始就有共同语言，才能打开话匣子。但是面对不同的人，就要用不同的交谈方式，即所谓的“因人而异”。

两千多年前，孔子就注意针对学生的不同性格来回答他的问题。有一次，孔子的学生仲由问：“听到了，就可以去做吗？”孔子回答说：“不能。”另一个学生冉求也问同样的问题：“听到了，就可以去做吗？”孔子的回答是：“那当然，去做吧！”公西华听了，对于孔子的回答感到有些疑惑，就问孔子说：“这两个人问题相同，而你的回答却相反。我有点儿糊涂，想来请教。”孔子答：“求也退，故进之；由也兼人，故退之。”

孔子的意思是说，冉求平时做事好退缩，所以我就给他壮胆；仲由好胜，胆大勇为，所以我要劝阻他，做事要三思而行。可见，孔子诲人不是千篇一律，而是因人而异，因材施教，特别注意学生的性格特征，因此能够使学生更好地发展。

我们要根据说话对象的不同，采取不同的表达方式，否则，就容易制造对立，带来麻烦。有些人往往把这种灵活的交谈方式看成是见风使舵或曲意奉承，其实这是一种错误的观念。因为你只有与不同的人说不同的话，迎合对方的心理，从而博得对方的好感，只有这样，才有可能达到自己的目的。

有句俗话叫作“人上一百，形形色色”。人各有其情，各有其性。言辞表达的内容和方式要因人而异，符合接受对象的脾气性格，才有可能产生“同声相应，同气相求”的效果。我们在与别人交流时，也要注意因人而异，讲究“求神看佛，说话看人”。

1. 看人的个性说话

跟别人说话，要先弄清楚对方的个性。如果对方喜欢委婉地交谈，你就应该说得含蓄些；如果对方喜欢率直的，你就应该说得爽快些；对方崇尚学问，你就应该说得富有哲理些；对方喜谈琐事，你就应该说得通俗些。总之，说话方式与对方个性相符，双方就能一拍即合。

一般来说，性格外向的人易于“喜形于色”，性格内向的人多半“沉默寡言”。同性格外向的人谈话，你可以侃侃而谈；同性格内向的人谈话，则应注意循循善诱，最重要的是表现真诚，挖掘一些对方比较在意、隐藏在内心深处的话题，让对方感觉你是在真心地关心他。

2. 看人的身份说话

如果你对识字不多的人摆出一副知识分子的架子，满口之乎者也，肯定会让对方满头雾水，难以接受。如果你对文化修养较高的人，开口就是一副江湖气，也容易引起对方反感，难以获得对方的信任和好感。

一位教授来农村考察，向一位八十多岁的老爷爷问道：“老人家，您今年贵庚几何？”老人想了半天，不知教授所言何事，然后反问“什么贵庚”？教授解释：“就是你多大岁数了。”老爷爷这才明白。这位教授说话不看对象，难怪会闹笑话。所以，要想收到理想的表达效果，就应当看对方的身份说话。

3. 看人的年龄说话

与年长人谈话时应保持谦虚，多用尊重和肯定对方的词语。长辈接受的新知识可能比你少，可是无论怎样，其经验要丰富得多。因此，在与他们谈话时，你要保持谦虚的态度。年龄大的人喜欢回忆往事，可以和他们聊聊本地市政的沿革、民情的变迁、风俗的演化等。也可以和他们聊一聊他的子孙后代，这些都是他们感兴趣的话题。

与年轻人谈话应沉着、稳重。这是因为后辈的思想虽然超前，但就某些方面的知识来说他们还远不及自己，因此，你无须降低身份。另外，与后辈谈一些他们很感兴趣的事物，让他们相信你是从他们的立场来看待事物的，让他们明白你也有与他们一样的观念，这样谈话就能很顺利地进行下去了。

与同龄人谈话应保持自己的个性。谦虚而不傲慢，以幽默随和为最佳。一般来说，同龄人之间更容易找到共同话题。比如与同龄的男人可以谈工作，社会热点及业余爱好；而与同龄的女人可以聊美容、服装、化妆品以及她们的孩子等。只有这样，才能和不同的人聊得深入，获得他们的好感和认可，从而达到沟通的良好效果。

要让对方清楚地领会你的意思

【核心提示】

沟通的目的是要让对方明白你的想法或是达成共识，走进对方心里才是真正的沟通。如果我们不能让对方清楚地领会自己所表达的意思，沟通将是无效的。

【理论指导】

我们在日常生活、工作，或结交朋友中，最大的烦恼是被别人误解。如果说人际关系本来是一条水流畅通的小溪，误解则是致其不再欢畅的“暗礁”。

被人误解确实是痛苦的，但是从某种意义上说，又是人生中难以完全避免的。真正不被人误解或不误解别人的情况恐怕是没有的。即使双方都很努力让对方明白自己的真正意图，还是很容易在不经意间发生误解。有些误解是由表达不准确造成的。

1977 年 3 月 27 日，在西班牙加纳利群岛的特那夫岛上的一条机场跑道上，两架波音 747 客机相撞。一瞬间，导致 583 名旅客和机组人员死亡，造成当时民航史上最大的空难。执行这次飞行任务的机长是当时荷兰航空公司公认的最出色驾驶员，他驾驶技术娴熟，曾经训练培养过不少飞行员，25 年来，他驾驶的飞机连一点小故障也没有发生过。

在后来的事故原因调查中，调查组最后得出的结论是：因为无线电联络上发生了故障，使荷兰航空公司飞机的机长对管制中心发出的命令只听懂了前半句，错误地理解了后半句。当机长发出“我已准备好，请准予起飞”的请示时，塔台回答：“好的，请稍候，一会儿我再呼你。”而由于无线电联络出了差错，机长只听到了“好的”，对“好的”一词后面的话没有予以正确的理解。于是，机长在没有得到起飞许可的情况下，就在跑道上滑行起飞了。

沟通的目的是理解，没有理解就“擅自”行动，会产生矛盾冲突。绝大多数的矛盾冲突都是沟通不到位导致的，解决的办法就是双方充分领会对方的意图，在理解的前提下做出下一步行动，避免发生误解或悲剧。

此外，沟通中的误解还有许多种原因，比如，身体语言的误读、文化背景的差异、不为对方着想、知识水平的不对称、对语境缺乏了解、缺少足够的反馈等。

那么，我们在沟通中怎样预防误解的产生呢？下面就生活中经常遇到的误解情况，分析了其中的原因，阐述了避免这种误解需要注意的问题。总的来说，包括以下三个方面。

1. 清晰明确地表达

许多时候，词不达意、不擅长表达是误解产生的原因，因此，锻炼自己的口才和表达能力是避免误解的基础。在许多情况下，如果自己说话准确些，考虑周到些，行事大方些，就可能会避免许多误解，也避免了由于误解产生的委屈、伤心、焦躁……

2. 要求对方重复

如果在沟通的过程中，你没能及时明白对方所表达的意思，可以要求对方重复表达或者用自己的话表达出来，以确定对方的意图。只有准确领会并把握双方的意思，才能为良好的沟通奠定基础。

上述事故的发生就在一念之间，这位享有 25 年美誉的机长就因为一时的不慎造成不可挽回的灾难。对于模糊的后半句，如果机长能够加以留意，要求塔台重播一次，或许历史可以被改写。

3. 充分的准备

双方沟通之前在心理上要做好准备，参与沟通的双方，应该事先树立某些正确的沟通态度，才不容易使对方产生误解。另外，还需要了解一些人情世故。在许多情况下，只有了解一定的人情世故，才能跟对方达到默契和共鸣。

总之，沟通就是要使人听得更加清楚，让自己说得更加明白，消除你与他人之间的隔阂，实现真正的心的交流。

运用得体的表达方式

【核心提示】

能说话不等于会说话，会说话不等于说得得体。只有把握说话的分寸、力度，才能把话说到人的心坎儿上，才能达到“一语惊起千层浪”的效果！

【理论指导】

俗话说：“一句话说得人笑，一句话也能说得人跳。”关键就看你能不能把话说得巧妙。这里所谓的巧妙指的就是能够说出最善体人意或最贴切的话。

要达到得体的效果，就必须对周围的人和事十分敏感，并掌握说话的技巧，随时都能果断地陈述自己的意见，而且重点是不能引起他人的反感。用这种表达方式来处理棘手的情况或人际关系，你自然会令人感觉“如沐春风”而不是“言语可憎”。

大家都知道，西楚霸王项羽是个性格残暴的人，每当他攻下一座城池，就会把全城的人都杀掉。

有一次，项羽率兵攻下了外黄城后，命令随从把城里 15 岁以上的男子全部活埋。就在命令刚传下来不久，随从来报说：“有一个少年说是项羽的儿子，要来拜见项羽。”项羽一听来人自称是自己的儿子，感到非常奇怪。于是，他命人把这个少年带到面前，项羽一看自己并不认识这位陌生的少年，就问：“你怎么敢冒充我的儿子？难道你不怕死吗？”

少年镇定自若地说：“大王是人民的父母，小人就是大王的儿子，父母是不会杀死自己的孩子的。”

项羽是个爱听好话的人，见这少年年纪不大，说话却讨人喜欢，就示意他接着讲下去。少年神色淡定地说：“外黄城百姓因为突然遭到彭越部队的袭击，无奈只好投降。如今大王赶走彭越，百姓对您感恩戴德。可现在有谣言说，大王您要把 15 岁以上的男子全部活埋，我认为为了拉拢人心，大王不应该下这样的命令。”

项羽说：“你如果能说出充分的理由，我就收回这条命令，不再做伤害百姓的事情。”

只见少年表情严肃地说：“彭越守城士兵虽然很多，但他得不到百姓的拥护，听说大王您要来，他才会连夜逃走。现在彭越一走，百姓立即开城门迎接大王，可见大王深得百姓的喜爱。如果大王不撤销命令，其他城的人听说了这件事，就会拼死抵抗，于大王您的大业极为不利。”

项羽考虑了一会儿，认为这名少年说得确实有道理，于是下令撤销了命令，并重重地赏赐了这名少年。

一个少年竟能说服西楚霸王，挽救外黄城数万民众的生命，凭借的是他得体的表达方式。如果他不讲究表达的方式，换来的只能是死亡。事实证明，得体的表达方式，能够给自己增添魅力、赢得更多走向成功的机会。只有将话说到位了，才能起到应有的作用。

明人洪应明在其《菜根谭》中写道：“文章做到极处，无有他奇，只是‘恰好’。”其实交际也如同作文章，懂得千条交际之道，知道万条交际之法，关键还在于运用。运用之妙则在乎“恰好”，是一种分寸，是一种点到为止，所以既显得典雅，又充满余韵。比如表示友好，大可不必热情过度。表示对对方尊重之意，也以点到为止为宜，传情达意即可。用不着仰附于彼，自我贬低。

卡耐基说：“好口才是社交的需要，是事业的需要，是生存的需要。它不仅是一门学问，还是你赢得事业成功常变常新的资本。”把握好说话的方式，你就掌握了开启成功之门的钥匙。

生活中，精辟的见解往往受人欢迎，泛泛空谈则容易招人生厌。如何说话才得体呢？掌握得体的表达方式应当注意几个主要技巧：

1. 适当的时机

得体的表达方式就是把握好说话的分寸，要掌握“说”的时机，不能口无遮拦、信口开河。该说的不说，不该说的乱说，对时政人事妄加评论，热衷于传递“小道消息”，把国家的法规和部队的纪律抛诸脑后，此类典型的“自由主义”行为如不及时纠正，任其发展，必然会有害事业、殃及自己。

2. 适度的应变

说话方式的得体还应当包含随机应变。机敏是机智、敏捷，体现的是人们对矛盾的感受能力以及由此产生的变通能力。这就要求我们必须善于发现问题，判定相应的对策，而且还要随着事情的变化不断调整应变策略。机敏者一般都是成熟稳重的，特别是身处窘境时，沉着稳重更有助于提供化解尴尬的妙法。

3. 适当的技巧

掌握说话的分寸还需要注意一些基本技巧：说话要注意深浅，怎样把握深与浅的分寸；说话要注意轻重；说话要注意曲直；说话要注意明晦；说话要注意褒贬；说话要学会沉默，恰当运用缄默方式，此时无声胜有声；说话要注意礼节，礼貌周到，自然大方，要注意称呼、用语、举止、表情、态度、人格上的礼貌，有理不在声高；说话要注意兴致——话不投机半句多，怎样把话说得更投机一些等等。

话多不如话少，话少不如话好

【核心提示】

言语在精不在多。最不会说话的人可能就是喋喋不休的人。要想把话说得“高效”，你就应该言简，让对方很快明白你所要表达的意思。

【理论指导】

在任何场合说话，我们都应该明白一个道理，那就是“话多不如话少，话少不如话好”。一个语言精炼、懂得适时缄默的人，走到哪里都会受人欢迎。而一个不分场合、总是喋喋不休的人，有可能“话多错多“，招人反感。

俗话说“祸从口出”，有时候仅是因为说了一句不该说的话，而遭到祸害。我们应谨言慎行，不能因一时兴起，说一些无根据的话语，这只会让自己名誉受损。

子曰：“辞达而已矣。”孔子的意思是说：“言辞只要能表达意思就行了。”

《道德经》中有“多言数穷，不如守中”的说法。老子说：“话说得太多，往往会使自己陷入困境，还不如保持沉默，把话留在心里。”

《弟子规》中的“话说多，不如少，惟其是，勿佞巧。”告诉我们话多不如话少，话少不如话好。说话要恰到好处，该说的说，不该说的绝对不说，立身处世应该谨言慎行，谈话内容要实事求是。

据史书记载，子禽问墨子：老师，一个人话说多了有没有好处？墨子回答：话说多了有什么好处呢？比如池塘里的青蛙天天叫，弄得口干舌燥，却从来没有人注意它。但是雄鸡，只在天亮时叫两三声，大家听到鸡啼就知道天要亮了，于是都注意它。墨子的回答虽然简单，但阐述了说话既要切中要害又要恰合时宜的道理。青蛙与雄鸡的对比，形象地诠释了把握话多不如话少，话少不如话好的真正内涵。

古往今来，会说话的例子不胜枚举。孔子崇尚周礼，曾专程到东周都城洛阳考察礼仪制度。当他在参观周王祭先祖的太庙时，看到台阶右侧立着一个金属铸造的人，嘴上被扎了三道封条，在这个金属人的背面，还刻有铭文：“这是古代一位说话极其慎重的人，小心啊！小心啊！不要多说话，话说的多坏的事也多！”

《菜根潭》中说：“十语九中，未必称奇，一语不中，则愆尤骈集。”意思是说，十句话说对九句，未必有人说你好，但如果说错一句话，则各种指责，抱怨就会集中到你身上。”

由此可见，多说话不如少说话，说话要恰当无误，千万不要花言巧语。那些话痨者往往说个不停，难免口干喉痛，不仅得不到任何益处，一旦发生了“口是祸门”的事情，只会给自己的处境和人际关系带来障碍。

诸葛瑾是三国时期孙权手下的大臣，平时话不多，但常常在紧要关头，几句话就能解决问题。有一次校尉殷模被孙权误解，要被杀头，众人都向孙权求情，只有诸葛瑾一言不发。孙权问：“为什么子瑜（诸葛瑾字子瑜）不说话？”诸葛瑾说：“我与殷模的家乡遭遇战乱，所以才来投奔陛下。现在殷模不思进取，辜负了您，还求什么宽恕呢？”短短几句话，孙权就感到殷模不远千里来投奔自己，即使有过错也应该原谅，于是就赦免了殷模。

与人交谈时，有些人聊到尽兴，一股脑地把什么话都说出来，好像自己多么真诚、坦白；也有些人由于一时气急就什么都不顾，什么都说，话越尖酸刻薄，越狠毒越说，一时的解气之后只怕是后悔都来不及了！所以，我们一定要管住自己的嘴，一句话没说好就可能让你身处逆境；一句话没说好就可能让奸佞的小人抓住把柄置你于死地！

某博物馆派出某馆员招揽橱窗广告业务，这位馆员专程赶到当地一家制鞋厂，稍加浏览，就大包大揽地与厂长谈生意。他自以为是，手指厂房里展列出的各类鞋产品，夸奖一通：“这种鞋子，款式新颖，美观大方，如果与我们馆合作，广为宣传，一定会提高知名度的！然后就会畅销全国，贵厂生产也会蒸蒸日上啊！”

听起来声情并茂，又具说服力，可惜说话人并非制鞋内行，原来他夸耀的是对方厂中积压的一批过时的产品。结果厂长不动声色地答道：“谢谢你的话。可惜你指出的这批鞋子全部是落后于市场供求形势的第七代产品，现在我们的第九代产品正在走俏、热销。”

仅此两句话，就令这位馆员无话可说了。我们要学会少说话，说也要说得巧妙，千言万语也不及一个事实给人们留下的印象深刻。如果想要使你所说的话令人重视，有一个技巧就是少说话。少说话的人有更多的时间静静思考，因此说出来的话更为精彩。尤其是当更有经验或者更了解情况的人在座时，如果多说了，就等于自曝其短，同时也失去了一个获得知识和经验的机会。

在我们的生活中，不但要学会适时地沉默，还要学会优美而文雅的谈吐。少说话固然是美德，但是人处于社会各种场合，在不该开口的时候，要做到少说话并适当地缄默。在该说的时候，就要注意所说的内容、意义、措辞、声音和姿势，要注意到什么场合说什么话。

无论是探讨学问、接洽生意还是交际应酬、娱乐消遣，我们要尽量使自己说出来的话重点突出、具体而生动。

了解对方背景，掌控沟通进程

【核心提示】

要想说服对方，就应该尽可能多地了解对方情况，就好像一场战役开始前，侦察对手的战场布置和战斗实力，获得的情报越多，越容易找到对方防线的漏洞和缺陷。

【理论指导】

在交谈时，如果我们想要达到良好的沟通目的，就一定要了解对方的背景，只有这样才能把话题接下去，才能更好地掌控沟通进程。如果你不了解对方的背景，跟人沟通的时候就会碰到问题。

《孙子兵法》中说：“知己知彼，百战不殆；不知彼而知己，一胜一负；不知彼，不知己，每战必殆。”意思是说，在军事行动中，既了解敌人，又了解自己，百战都不会失败；不了解敌人而只了解自己，胜败的可能性各半；既不了解敌人，又不了解自己，那只会每战必败。对于沟通亦是如此，了解自己要进行沟通的目标，同时还要了解沟通的客体，才可能进行有效的沟通。

在进行沟通时，了解对方背景是必须的。正如我们每个人在参加面试之前都要通过各种方式去了解公司的基本情况一样。如果你在面试的时候，一见面就说：“老总您能不能跟我介绍一下，你们公司是干什么的？”毫无疑问，这样的人基本第一关就死掉了。

要想说服对方，就应该尽可能多地了解对方情况，就好像一场战役开始前，侦察对手的战场布置和战斗实力，获得的情报越多，越容易找到对方防线的漏洞和缺陷。

第二次世界大战期间，丘吉尔和罗斯福在大西洋上会晤，商讨两国在共同对付纳粹的战争中各自应担负的责任，以及欧洲和大西洋各岛屿的利益瓜分问题。会谈非常热情友好，但是涉及各自利益的敏感问题时，却出现了分歧。丘吉尔希望美国能更多援助英国，而罗斯福认为丘吉尔在某些问题上不够坦诚，有所保留。双方相持不下，会谈进展缓慢，两人都试图说服对方让步，双方对彼此的性格都非常了解。丘吉尔性格倔强，但是很有气魄，不拘小节；罗斯福非常严谨，但是也有美国牛仔轻松自在和幽默的一面。

有一天晚上，丘吉尔正在房中准备洗澡，罗斯福忽然进来，看到丘吉尔一丝不挂，场面非常尴尬。睿智的丘吉尔乘势说："总统阁下，你看见了，英国对美国没有任何保留。"丘吉尔的幽默感使罗斯福会心一笑，在接下来的会谈中，罗斯福终于做了让步，同意丘吉尔提出的一系列要求。可以说，根据对罗斯福的了解，丘吉尔恰到好处地表达了自己的意志，迎合罗斯福美国式的自由性格和幽默感，因此获得说服的成功。

因此，我们在与人沟通之前，最好把这个人的基本情况或者有关他的公司的问题了解清楚。尤其与对方是第一次见面时，充分了解对方背景就更为重要。只有这样，才能更好地把握沟通进程，并在交谈中发现对方的需求，及时调整沟通方向，达到自己的目的。

盛宣怀是晚清的一位大臣，他在拜见陌生的上级时，就非常注意了解对方的有关情况。一次，醇亲王特地在宣武门内太平湖的府邸接见盛宣怀，向他垂询有关电报的事宜。盛宣怀以前没有见过醇亲王，但与醇亲王的门客"张师爷"过从甚密，从他那里了解到两个方面的情况：一、醇亲王跟恭亲王不同，恭亲王认为中国要跟西洋学，醇亲王则不认为中国人比洋人差；二、醇亲王虽然好武，但自认为书读得不少，颇具文采。盛宣怀了解情况后，就到身为帝师的工部尚书翁同龢那里抄了些醇亲王的诗稿，念熟了好几首，以备"不时之需"。盛宣怀还从醇亲王的诗中悟出他的心思，毕竟"文如其人"。

胸有成竹之后，盛宣怀前来谒见醇亲王。当他们谈到电报这一名词的时候，醇亲王问："那电报到底是怎么回事？"盛宣怀回答道："回王爷的话，电报本身并没有什么了不起，全靠活用，所谓'运用之妙，存乎一心'，如此而已。"醇亲王听他能引用岳飞的话，不免另眼相看，便问到："你也读过兵书？""在王爷面前，怎敢说读过兵书。不过英法内犯，文宗显皇帝西狩，忧国忧民，竟至于驾崩。那时如果不是王爷神武，力擒三凶，大局真不堪设想了。"

盛宣怀略停了一下又说："那时有血气的人，谁不想洗雪国耻，宣怀也就是在那时候，自不量力，看过一两部兵书。"盛宣怀真是三句话不离醇亲王的"本行"，他接着又把电报的作用描绘得神乎其神。醇亲王也感觉飘飘然，后来醇亲王干脆把督办电报业的事托付给盛宣怀。

不同的背景造就了形形色色的人群，与不同的人对话，说话的方式也必然有所区别。在说服别人的时候，是要迎合对方，还是要和对方正面交锋？在迎合和交锋当中，又应该从哪个地方下手？这种判断只能来自知己知彼的基本了解。那么在沟通之前，我们一般需要了解对方的以下几个方面的情况：

1. 基本情况

沟通之前，对方的一些基本信息是必须清楚的，主要包括：性别、年龄、身份、职业、背景。好比战役开始前，了解对方的实力、部署、防线，以及对方所处的地形等等。这些基本的内容可以通过对方的履历、一些公开的资料，以及一些公共场合中获得。只要稍微留心，认真调查，得到这方面的素材并非难事。

2. 了解对方的性格、喜好及其家人成员

如你要具有一般的谈话能力，你要能够适应对方，尽可能了解对方的性格特点及其兴趣爱好，进而投其所好，另外也可以通过家庭成员来展开话题，引起对方的兴趣。但是切记在态度上要友好而又真诚。

3. 了解对方的需求

了解对方需求并设法满足，将会带来意想不到的沟通效果。我们可以在沟通之前通过间

接的方式了解到对方的心理需要，在沟通时予以满足即可；也可以在沟通过程中，多听客户讲话，从客户的谈话中挖掘出客户的隐性需求。

失言被人指责，不如先检讨

【核心提示】

当一个人感觉自己因犯错可能会被人指责时，不妨首先检讨自己一番。当对方发觉你已承认错误时，便不好意思再多加责怪了。

【理论指导】

在现实生活中，也许我们都有过这样的经历：因为不小心做错了事情，或者说了一些不合适宜的话，而遭到上司、同事或是家人的指责，被人责怪的心理可能是委屈、怨恨……其实，当我们明知会被人责怪时，不如先检讨自己。

一个人有勇气承认自己的错误，也可以获得某种程度的满足感。这不仅可以消除罪恶感和自我卫护的气氛，而且有助于解决这项错误所制造的问题。同时，失言时先作检讨是一个态度上的补救，当对方发现你已经意识到犯错或心有悔意，通常会放你一马，即使想指责也不好意思了。

美国心理学专家卡耐基在其《美好的人生》一书中，讲了他的一段经历。

卡耐基常常带着一只叫雷斯的小猎狗到一个公园散步。因为这个公园平时人很少，而且雷斯这条小狗友善而不伤人，所以卡耐基常常不替雷斯系狗链或戴口罩。

有一天，他们在公园遇见一位巡逻的警察。警察严厉地说："你为什么让你的狗跑来跑去而不给它系上链子或戴上口罩？你难道不知道这是违法的吗？"

"是的，我知道。"卡耐基低声地说，"不过，我认为它不至于在这儿咬人。"

"你认为！你认为！法律是不管你怎么认为的。它可能在这里咬死松鼠，或咬伤小孩，这次我不追究，假如下次再被我碰上，你就必须上法庭跟法官解释了。"

被警察警告之后，卡耐基的确照办了。可是，他的雷斯不喜欢戴口罩，也不喜欢被链子约束。卡耐基只得作罢。又是一个下午，他和雷斯正在一座小山坡上赛跑，突然，他看见那位警察大人就在前面的不远处。

卡耐基想，这下栽了！他决定不等警察开口就先发制人。他说：先生，这下你当场逮到我了。我有错。你上星期警告过我，若是再带小狗出来而不给它戴口罩，你就要罚我。可是我……

"好说，好说，"警察回答的声调很柔和，"我知道没有人的时候，谁都忍不住要带这样一条小狗出来溜达。"

"的确忍不住。"卡耐基说道，"但这是违法的。"

"哦，你大概把事情想得太严重了，"警察说，"我们这样吧，你只要让它跑过小山，到我看不到的地方，事情就算了。"

卡耐基处理这种事的方法是，不和对方发生正面交锋，承认对方绝对没错，自己绝对错了，并爽快地、坦白地、真诚地承认这点。因为站在对方那边说话，对方反而为自己说话，整个事情就在和谐的气氛下解决了。

试想一下，如果卡耐基不断为自己辩护的话，只能继续点燃巡逻警察心中那股还没有完全熄灭的火气，最后卡耐基可能会被处以比之前那位游客更重的处罚。所以，如果我们知道免不了会遭受责备，何不抢先一步，自己先认错呢？听自己谴责自己比挨人家的批评好受得多吧。费丁南·华伦是一位商业艺术家，他使用这个技巧，赢得了一位暴躁易怒的艺术品顾主的好印象。

一次一位雇主交给他一项任务，由于时间紧迫，匆忙之中，费丁南·华伦只是把画稿交给他，费丁南·华伦见雇主在客厅里怒发冲冠的样子，心想这次定要被他"兴师问罪一番"。

费丁南·华伦见雇主正要张口，连忙主动说："先生，我的错误不可原谅，我为你工作这么多年，确实应该知道怎样画才对。我觉得很惭愧。"

没想到雇主竟为他辩护起来。他说："其实并不是什么大不了的错误，只不过……"

华伦打断他的话继续说："今后我一定更加小心，这一次我一定重新再来。"

"不！不！"雇主连连摇手。"我不想麻烦你，我只要稍加修改就行了……"就这样华伦获得了雇主的好感，并为他的商业道路铺下了稳定的基础。

有时候就是这样，当你在为你的错误拼命辩驳时，恰恰会导致你将要为所犯的错误付出更大的代价。假如你能够在别人指出错误之前先承认自己的错误，十有八九会得到别人的谅解或宽恕，甚至还会忽略掉你的错误。

我们不难想到：只有缺乏智慧的人才会为自己的错误寻找借口，强词夺理，这样只会使自己处于更不利的地位，而一个勇敢、豁达、能承认自己错误的人往往会赢得人家的谅解和敬重。

设法了解听者的心理

【核心提示】

只有当听者对说者所讲的话题表示出兴趣，并带着理解和尊重进行倾听，才能达到高效的沟通。因此，只有了解听者的心理，讲话者才能有针对性地说话。

【理论指导】

有这样一个游戏：两人一组，一个人连续说 3 分钟，另外一个人只许听，不许发声，更不许插话，可以有身体语言，之后两人互换。结束以后每人轮流先谈一谈听到对方说了些什么，然后由对方谈一谈听者描述的所听到的信息是不是自己想表达的。

最后显示的结果是，有 90% 的人存在一般沟通信息的丢失现象，有 75% 的人存在重要沟通信息的丢失现象，35% 的听者和说者之间对沟通的信息有严重分歧。由此可见，有效倾听对把握沟通信息是多么重要。因此，说者只有设法了解倾听者的心理变化，讲话的一方才能“投其所好”，并更好地把握沟通进程，使谈话融洽而愉快。

在沟通过程中，听者的信息的接收是一个内隐的过程，即我们不能直观看到聆听如何接收及接收到的信息内容。当对方不再专注倾听时，就可能无法接收到任何信息。一旦信息被接收了，它就会以某种方式被加工。加工信息的过程也是内隐的，在听者的头脑中进行，这就需要我们从听者的某些非言语行为中找到线索。

为了更好地了解听者的心理，我们应该注意以下几个方面：

1. 身体倾听

身体倾听是指在沟通过程中，听者的姿势传递出他对讲话者的关切，是否愿意聆听与陪伴。一般来说，听者身体的专注与倾听包括如下几个方面。

如果听者的身体姿势呈开放状，代表心理上无条件的包容与接纳，无焦虑、不安情绪。相反如果听者的身体呈萎缩封闭状，则表示慌乱、焦躁不安。

如果听者的身体稍微倾向讲话者。这种姿势传递出对说话者所说话题的关心，听者感动之余愿意开放自己。如果听者的身体后仰，紧贴椅背，会散发出对说话者的冷漠与傲气，使说者因气馁心生畏惧而无力再谈。

如果听者与说者有眼神接触，传达出他对说者或所说话题的重视。说者感受到听者散发的温暖与支持，就可以趁机勇敢地说出一些不易表达的问题。如果听者的眼光闪烁不定，表示对方心思涣散，对此话题不感兴趣，说者要适可而止。

如果听者的神情表现得很紧张，紧握拳头，双眉紧锁，说者要以轻松的语气传达出其心境平静，以减轻听者的紧张心理，使其放松。

2. 语言回应

语言行为是人们可以觉察的习惯模式，可以觉察的习惯模式是一种任由听者操控的适应性反应，让人舒服但带有虚假成分。沟通是双向的，一般来说，听者会在聆听的过程中对讲话的内容给予语言上的回应，讲话者这时需要根据对方的语言回应做出进一步的回应。

如果听者在沟通的过程中给予“嗯”“是”或点头等语言或行为上的回应，表示对方正在倾听，并表示接受对方所述内容，这时，说者可继续说下去。

如果听者把讲话者所说的话重复叙说一遍，听者这里要注意重点复述关键内容，并给予肯定，必要的时候可以进一步说明解释。

3. 心理倾听

心理倾听是指听者在倾听讲话者的语言内容，给予回应时所表现出来的语调的抑扬顿挫、声音的高低强弱，以及伴随而来的非语言行为。非语言行为蕴藏的信息，往往比语言行为来得丰富、真实。

非语言行为是来访者没有觉察的习惯模式。没有觉察的习惯模式无法由来访者操控，毫无修饰，是来访者内在的真实声音和真实告白。

有些听者心口不一，在谈到对某事的感受时反复强调自己一点儿也不生气，却满脸通红、拳头紧握，一副要打架的姿势，讲话者这时就不要再继续刚才的话题，最好换个话题，必要的时候要表达歉意。

当听者表现出迷茫、疑惑的表情时，讲话者这时要回想自己是不是说了一些模棱两可、含糊不清、不够完整的语言，并及时澄清或一一陈述清楚。

有些听者回应时语言高昂有力，身体却后退萎缩。讲话者在沟通中注意听者的叙述，要仔细观察听者的身体动作，才能真正看透听者的内心世界，设身处地，感同身受，让听者感动于讲话者的理解与陪伴，自愿地卸下心理防备，呈现轻松、愉悦的氛围，达到高效沟通的目的。

通过以上这些注意事项，说者在讲话的过程不要只顾自己痛快，必须随时关注听者的身体、语言及表情上的变化，从而把握对方的心理，及时调整讲话的语气、节奏及话题转换，从而使双方愉快交谈，无阻碍沟通。

张狂遭人厌恶，请尽量保持低调

【核心提示】

智者常以低调而谦虚、诚恳的说话做事方式打动人心，愚者平时对人对事作骄傲张狂的姿态，使人们对之产生厌恶感。

【理论指导】

在社交场合，无论你的知识多么丰富，都不要以一副张狂的姿态来压倒别人，使人难堪，更遭人厌恶。在别人愿意听你的意见的时候，你可以把你所知道的讲出来，给别人作参考。同时，还要声明你所知道的是极有限的，如果有错误，希望大家不客气地加以指正。

智者常以低调而谦虚、诚恳的说话做事方式打动人心，愚者平时对人对事作骄傲张狂的姿态，使人们对之产生厌恶感。行为低调谦虚的人，在遇到困难时，往往会得到人们的同情和帮助，而骄傲张狂的人有了麻烦，别人大多会隔岸观火，不去理会。

有时候低调谦虚是一种获胜的力量，而骄傲张狂则是胜利的障碍。在对峙双方地域不同、文化背景各异的情况下，它会使人们觉得低调而谦虚的人富有人情味，真诚可亲。相反，在言谈中咄咄逼人，骄傲张狂者很容易挫伤别人的自尊心，引起人们反感的情绪，以致筑起防范的心墙，从而导致自己的被动。

1860 年，林肯作为美国共和党候选人参加总统竞选，他的对手是大富翁道格拉斯。道格拉斯租用了一辆豪华富丽的竞选列车，车后安放了一尊大炮，每到一站，就鸣炮 30 响，加上乐队奏乐，声势之大，史无前列。道格拉斯得意洋洋地说：“我要让林肯这个乡下佬闻闻我的贵族气味，看他有何资格和我竞争。”林肯面对此情此景，一点也不惧怕，他照样买票乘车，每到一站，就登上朋友们为他准备的耕田用的马拉车，发表这样的竞选演说：“有人写信问我有多少财产。我告诉他，我有一个妻子和三个儿子，都是无价之宝。此外，还租一个办公室，室内有办公桌一张，椅子三把，墙角还有一个大书架，架上的书值得每个人一读。本人既穷又瘦，脸蛋很长，不会发福，我实在没什么可以依靠的，唯一可依靠的就是你们。”

选举结果大出道格拉斯所料，竟是林肯获胜，当选为美国总统。出言不逊，恶语伤人，激起对方的不满，往往会给双方交流造成障碍，甚至导致关系的破裂，就得不偿失了。智者往往把谦虚当作与人交往的通行证，无论到哪里，都会起一定的作用。

有一些人，并不一定没有才华，他之所以不能施展才华的原因，是因为太狂妄。没有多少人乐意信赖一个言过其实的人，更没有多少人乐意帮助一个出言不逊的人。凡是狂妄的人，都过高地估计自己，过低地估计别人。

所谓保持低调其实就是通常人们所说的言语谦卑，为人和善，与人无争。行为低调就是要以一种谦虚和合作的态度去与人交往。但是，在听到自己不以为然的意见的时候，应不应该反驳呢？这要分几种情形来决定：

1. 面对熟悉的人要诚实坦白

如果在座的人，大家都很熟悉，而且经常喜欢在一起讨论问题，那么，就应该根据自己所知，讲出自己认为正确的道理。将事实讲出来，给大家做一个参考。否则就会失掉互相讨论的意义，而且也就犯了对朋友不忠实的毛病，会被人家称作“滑头”。不过在态度上应该谦虚，不要因为自己知识丰富，就显示出自命不凡、自高自大的神色来。

2. 初次见面要慎言

如果在座的人，大家都是初识，你对他们的脾气、身世、人格、作风都不大清楚的时候，那么对于那些你不同意的意见就最好不要反驳，也不必随声附和，冒充知音。如果别人问到你时，你可以推说：“这几点，我还没有好好想过。”或者说：“某人的话，也有他的道理，不过，各人看法不同，仁者见仁，智者见智，不能一概而论。”在比较陌生的场合，这不能够称作“滑头”，但如果自己明明不同意的意见，也大点其头，大加赞许，那才是真的“滑头”，虽然能够骗得那个发表意见的人一时的高兴，却被那些冷眼旁观的人所不齿，失掉他们对你的信任。

3. 面对谣言要及时反驳

如果有人在大庭广众之下，发表荒谬至极的意见，或散布对大家有害的谣言，那么就应该提出反驳，但是需要一点说话的技巧，一方面一针见血地揭露出对方的错误，一方面又能够轻松幽默地争取大家的认同。切忌感情用事、口齿不清，不但把气氛弄得太过于紧张，而且也不能让人明白你的意见。在这种时候，就需要考虑得十分周到。

4. 朋友遇到尴尬要设法解围

倘若自己熟悉的朋友在社交场合说了一些不得体的话，或是发表了很不正确的意见，那么，就要设法替他“解围”。想出一些表面上和他不冲突的话，实际上替他补充，叫别人觉得他的意见并非完全错，只是有点偏差，或是他的本意原非如此，只是措辞上有一点不妥而已，但事后应当单独向他解释，指出他的错误。

大家见了面，总不免要说话，也就不免会听到自己不同意、不满意的话。对这些话，要采取什么态度，应该根据当时当地情形，好好地加以考虑。

与领导说话，要掌握好分寸

【核心提示】

与领导沟通，要把握尺度，不能无原则地扯关系、拉近乎。对领导交办的事情，要慎重，看问题要有自己的立场和观点，不能一味地附和。如果你确信自己在某件事上没有过错，就应该采取不卑不亢的态度。

【理论指导】

有口才并不一定马到成功，如果不看对象，往往会造成“秀才遇见兵，有理说不清”的尴尬局面。在我们和他人交谈的过程中，必须要注意对象的身份和精神状态，不要自顾自地高谈阔论：特别是与领导谈话，更应该做到适当适时，以免造成不必要的麻烦，甚至会伤害到领导的权威，后果是不言而喻的。

西奥多・罗斯福说：“成功的第一要素是懂得如何搞好人际关系。”每一个伟大的成功者背后都有别的成功者帮助他。一个人的成长和进步更是离不开领导的栽培和提携。换句话说，领导决定着我们的将来。

人们耳熟能详《三国演义》中的“杨修之死”，就是这方面的一个反面典型。杨修作为曹操身边一个直接参与机密要务、总领营帐诸事的行军主簿，可以说是与“曹领导”关系不一般。在战事失利的紧急情况下，口无遮拦，自作聪明地从“鸡肋”口令中随意妄猜，并在军中肆无忌惮散布消极言论，最终落得个被曹操以“乱我军心”罪处死。

今天，再度品味这个历史故事时，我们姑且佩服杨修的知人论世，但更多地为他空有真才实学、说话不注意分寸、乱说瞎说招来“杀身之祸”而惋惜。因此，与领导沟通成功与否，不仅影响领导对你的印象，甚至影响你的工作和前途。

在职场混饭吃的人最忌与上司斗气。尽管作为下属的你百分之百正确，上司明摆着是偏袒其他人，但如果认真地斗起来，你只能像一只斗败的公鸡，铩羽而归。所以，做下属的必须设法与上司处好关系，这处好关系的关键便是说话要有分寸，即拣上司爱听的说，即使犯颜上谏，也要“曲线救国”，切不可信口开河，贸然出言，否则一语失言，悔之晚矣！

“您快到站了吧？”一位新来的同事，在电梯里遇见一位慈祥的长者，有领导状，遂结结巴巴地问候。长者闻言，慈祥的脸立马拉了下来。后来才知道，这是位即将退二线的领导。

一次，小张坐电梯上行，在电梯里碰到了某领导，这个领导刚刚提拔不久，就因为犯错误，被发配到了一个虚职岗位。小张很诚恳地向领导颔首致意。小张很快办好了事，又坐电梯下行，门开了，恰好又碰到某领导。小张冲领导谦恭地笑笑，问候道：“领导，您怎么刚上去，就又下来了啊？”小张话一出口，就后悔了，这不是哪壶不开提哪壶吗？领导脸色铁青，小张也悔青了肠子。

上述两个案例中的人，在与领导说话时，都没能很好地把握好分寸，因而陷入尴尬的局面。与领导说话时，要注意选择适当的时间，适当的方式和适当的场合。只有当对方用一种愉悦心情认真听你把话说完，并接受你正确的意见，才能既把事情办好，也能获得别人的好感。

与上级的关系处理好，为公为私均有很大好处。在公事上，由于双方的宾主关系中搀杂了一定程度的友谊，在合作上较为默契，减少了许多不必要的误会，提高了工作效率。在私事上，上司对下属的了解程度愈高，便愈能获得安全感，一切在他掌握之中，调动自如。因此，我们应该从以下几个方面特别注意。

1. 态度坦诚、主动

与领导沟通中，主动的态度是很重要的。不与领导主动沟通，会使你丧失展示才华、获得成功的机会。任何人都难免会犯错误，但有的下属一旦在工作中出现纰漏或错误，就会感到内疚、自卑，甚至后悔不已。

如果在上司面前说错了话，一旦觉察到了，就应该就此打住，马上道歉。不要因害怕而回避，应面对事实，尽量避免伤害对方的人格和面子，不必要的辩解只会越辩越糟。

2. 尊重但不必过分客气

领导者的权威不容任何人挑战，不论领导是否值得你敬佩，下属都必须尊重他。但顾虑过多则不足取，容易遭人误解。应该善于察言观色，以落落大方的态度去应付，习惯成自然，对这类情况就可以应付自如了。要克服胆小怕事的心态，越是谨慎小心，反而容易出错，更容易被上司误认为你没有魄力，谨小慎微，不值得重用。

3. 心怀仰慕，把握尺度

只有对领导怀有仰慕的心情，才能实现有效沟通。与领导沟通，要把握尺度，不能无原则地扯关系、拉近乎；对领导交办的事情，要慎重，看问题要有自己的立场和观点，不能一味地附和。

在必要的时候，只要你从工做出发，摆事实、讲道理，也不必害怕表达出自己的不同观点。对于领导者个人的事情，作为下属不能妄加评论。对领导提出的问题发表评论时，应当掌握恰当的分寸，有时候你点个头、摇个头，都会被人看作是你对领导意图的态度，轻易地表态或过于绝对地评价都容易导致工作的失误，是要负责任的。

让说话充满激情

【核心提示】

在缺乏激情的对话中，往往语言简单，甚至讲几句话就无话可说了，总是找不到话题，最后让沟通陷入尴尬无法进行下去；而在充满热情的交谈中，双方都是满面笑容，说出来的话能热乎到人的心里去。这样的沟通无疑是高效而圆满的。

【理论指导】

与人交谈时，我们说话要有激情，掷地有声。如果一个人说话太慢或缺乏热诚与感染力，对方也会觉得兴趣索然。跟笑声一样，热诚也会有传染性。你说的话语、表情，以及你对自己所做事情的感觉，也会影响他人，你对自己的工作或产品的热情都能通过语言传递给他人。

要想让激情感染听众，讲话者最好的选择不是说自己想说的，而是说出对方想听的话，这样更能加深共鸣感，拉近两方的心灵距离，让对方的心和你的心连在一起，从而把激情传递给对方。美国总统奥巴马就是一个用激情感染听众的领导者。

2008 年 8 月 28 日，美国伊利诺伊州联邦参议员奥巴马正式接受美国民主党总统候选人的提名，成为美国历史上第一名主要政党黑人总统候选人。奥巴马在 8 万多名现场观众的注视下发表了演讲，演讲持续了 44 分钟，他力图向会场内外的所有美国人证明：他与选民零距离。

“怀着强烈的感激和深深的谦恭，我接受你们的美国总统候选人提名。”

他说，那些从伊拉克和阿富汗回国的老兵让他想起自己曾参加第二次世界大战的外祖父；那些生活压力过重的学生们让他想起了自己吃苦耐劳的母亲；那些遭遇职场歧视的女性则让她想起了自己的外祖母。

“我了解你们的苦衷，我今晚站在你们面前，因为全美国有一种情绪在涌动。那些对我说‘不’的人并不理解，这场选举的主角不是我，而是你们。”这时，全场响起了雷鸣般的掌声，因为民众们相信，奥巴马将和全美民众一起“奋斗”。

当听众与讲话者心中的激情共同燃烧时，就达到了心与心的相连。支持奥巴马的选民们和奥巴马两者演绎了这种听与被听合二为一的最高境界。奥巴马说出了选民们内心深处最真实的声音，而选民们感受到了奥巴马内心中最火热的激情，奥巴马真正地与听众合二为一，两者互相燃烧，共同灿烂。

世界华人演说家俱乐部的名誉主席、共和国教育演讲家彭清一教授说：“一个人没有激情和热情是很难成功的，而激情和热情是什么呢？激情和热情是一个人对工作和学习高度责任感的体现。”

我们说话缺乏激情，就会显得苍白无力。每个人都有激情，只是在现实生活中，很少有机会能表现出来，加之一般人都不愿将自己的感情当众流露，因此，人们总是通过交流或者参与某种活动，在一个大家都非常投入的氛围中，以满足这种感情流露的需要。

人们对林肯就任美国总统时的一篇演说赞誉备至，称之为“人类最光荣而最宝贵的演说之一，是最神圣的人类雄辩的真金”。其演说内容如下：“我们对于大战灾祸能够早早结束，都很热诚祈求……不论对什么人，我们都要慈爱而不要怨恨，我们坚持正义，并继续努力完成我们的工作——整顿我们已经残破的国家，纪念我们战死的烈士，善待孤儿寡母，维护人与人之间的永久和平。”

有人评价道：“林肯在葛底斯堡的演说已经十分精彩，然而他的就职演说更加精彩……这是林肯一生中最感人的演说，他这篇激情澎湃的演说使他的人格魅力散发出耀眼的光辉。”

缺乏激情，你所说的话就会苍白无力、枯燥无味。想打动人心，说服对方吗？那么，需要从三个方面做起：

1. 说话要充满自信

有自信，说出来的话自然会显得有力而且够分量。如果你还不够自信，就需要勇于尝试，从尝试的结果中，找出成功或失败的关键，口才自然越练越灵光。经过多次的尝试与体验，就能学会谈话技巧，累积各种经验。此外，阅读报刊、欣赏电影、倾听别人说话，都可以学习说话的技巧，从中提升你的表达能力。

2. 讲话要有抑扬顿挫

如果你想表达出蕴藏在内心的激情，讲话就应该有抑扬顿挫，所以停顿不只是声音的静止，而是一种无声的心灵之语，它往往配合动作手势。例如，低头沉思；双手握拳，做激动状，说到关键处，双目凝视；深深叹息；皱紧双眉作痛苦状；抬头仰望天空，等等。做出以上动作手势时，一定要自然、逼真，否则就失去了“停顿”所特有的效果。

3. 真情流露

在当众说话时，你的真情实感通常会从内心流露出来，这是一种自然的流露，也是一种可以感染他人的流露。如果你能够调动自身的情绪，以情感人，那么，听者的注意力便会在你的掌控之下，你就掌握了开启听者心灵之门的钥匙。

时刻不忘给自己留有余地

【核心提示】

智慧的人说话不忘给自己留点余地，话说得有弹性，有分寸，让进退的空间变得更大，如果能做到这点，也就不会被沉重的负担压得喘不过气来。给自己留点余地，才能活得更轻松。

【理论指导】

人在社会上生存，不论是做人还是处事都要学会给自己留有余地，留点后路，话不可以说得太满，事情不可以做得太绝。凡事给自己留点余地，才能在回头的时候有条路走，才不会使自己面临巨大的失败。

水多了容易溢出来，话太满容易把自己逼上绝路。这就要求我们在谈话时，时刻都要提醒自己，说话时刻牢记给自己留余地，使自己可进可退，这好比在战场上一样，进可攻，退可守，这样有了牢固的后方，出击对方，又可及时撤回，仍然处于主动地位。

因此，无论与对方矛盾有多深，最好都不要说出“势不两立”之类的话，否则日后万一有合作的机会，一定会左右为难，尴尬万分。时时处处留有余地是为人处世的大智慧，进可攻，退可守，这才是成功的做人之道。

人们常说“话不要说满，事不要做绝”当然是有道理的。事情做绝，不留余地，不给别人机会，不宽容别人，处理事情下狠手都是不理智的行为。

在一个列车上同时有两个推销员在推销同一种新产品，那是一种螺旋状的袜子。为了表明这种袜子的透气性，第一位推销员随手拿起一只袜子，对大家说：“来帮帮忙，拿住袜子一端，使劲儿拉。”说着，他就和一位乘客对拉起来，袜子的韧性的确很好。然后他又随手拿起一根长长的针，在拉得绷直的袜子上来回划动，袜子也没有损伤，他又说：“看一看，这种袜子不易抽丝。”紧接着他又拿起打火机，在袜子下面轻快晃动，火苗穿过袜子，而袜子也未受到损伤。

在他一番介绍之后，袜子在乘客手中传看。一位乘客有意地拿起针，只是一划就在袜子上划了一个洞，原来只是顺着纹理划不易划破，并不是划不破。另一位顾客要用打火机烧，急得推销员赶忙补充说："袜子并不是烧不着，我只是证明它的透气性好。"最后大家终于明白是怎么一回事，袜子的质量没的说，但当时的气氛明显地影响了大家的消费心理。

而第二位推销员，也是一边说一边演示，不过他注意到了科学性介绍，一番介绍说得非常周到。他是这样说的："当然，任何事物都有它的科学性，袜子怎么会烧不着呢？我只是证明它的透气性好，它也并不是穿不破，就是钢也会磨损的。"这番介绍没有给爱挑刺的顾客留下可乘之机。接下来，他一边给大家传看袜子，一边讲解促销的优惠价格，销售效果明显好于前一位推销员。

这个案例说明，我们每个人在说话时都不要把话说过头，违背常情常理，这样势必引起相反的效果。在这个世界上只有相对，没有绝对。这不仅适用于物理，同时也适用于人与人之间的交流。

一般说来，人们考虑问题都喜欢相对思考，对于绝对的东西，在心理上有一种排斥感。比如，当你斩钉截铁地说："事实完全就是这个样。"此时在别人心理会有两种想法：一是肯定你的反问："难道一点也不差？"他对你的话语的领悟就会有点舍本逐末了。倒不如这样说："事实就是这个样子。"

因此，在谈话时，哪怕是我们绝对有把握的事，也不要把话说得过于绝对，绝对的东西容易引起他人的怀疑，甚至反感。与其给别人一个怀疑的借口，不如把话说得委婉一点。同时，如果我们不把话说得绝对，还可以在更为广阔的空间与对方周旋。

说话要讲求把握分寸，给自己留有余地的原则，这需要注意以下几点：

1. 话不说过了头，违背常情常理

凡事都有一个度，在一个别人可以容许的范围内是可以被人所接受的，但是如果超过了这个度就会给人留下把柄。牛皮可以吹，但是不要吹得太离谱；大话可以说，但是也不要说得太过，否则只会自取其辱。有一句话说："十句话里要有九句真话，这样说一句假话才有人信。"所以，如果假话太多，就漏了底，再也没人会信你了。

2. 话要说得圆润

当我们为了某个目的与他人谈话时，话就要说得圆润一些。话说得太直，会激恼对方，即便是理在己方。说得圆润一点，能给我们留下一定的回旋余地，从容地达到我们谈话的目的。

3. 说话诚实，前后一致

在和他人讲话时，还要注意前后不要出现矛盾，保持前后一致。矛盾的地方常常是易受到他人攻击的地方，而且常常是非常有力的攻击，可以使我们哑口无言，无法反驳。解决这一尴尬处境的最佳办法就是说话时要诚实守信，这样才不用担心出现前后矛盾的情况。

人人都喜欢和说话谦虚的人打交道

【核心提示】

说话谦虚的人懂得倾听别人的意见，让周围的人轻松地接受和认同自己，不让别人感到冷漠和失落，所以人人都喜欢和说话谦虚的人交往。

【理论指导】

谦虚是一个人持续成功的保障！谦虚是一种美德，是事业成功的法宝。世上有太多爱张狂的人，这当中自然不乏口才特别优秀的人。清晰的口齿、滔滔雄辩的口才，的确让人佩服。但往往给人卖弄、炫耀之感，因而人际关系并不如意。

也许你有值得骄傲的资本，你有出色的才能，傲人的外表，显赫的家世等等，但是这些都不能成为你傲慢、目中无人的理由。尺有所短，寸有所长，金无赤足，人无完人。世界上没有各方面都很优秀堪称完美的人，所以请不要将那些所谓的你认为无比优越的条件变成你骄傲的资本。

古圣先贤教导人们要“谦虚为怀”，意思是说一个人的行为举止要谦卑、低调，要虚心听取不同的意见，听取他人的忠告；要在充分尊重对方的前提下提出自己的见解供其参考，不要遇事好为人师，弄得他人无所适从。

谦虚是中华民族的传统美德，也是做人的一种品德。但是在这个越来越自我和虚浮的社会，谦虚却渐渐被人遗忘。有些人总是觉得自己很了不起，认为别人都不如自己。但是任何人都不喜欢骄傲自大的人，这种人在与他人合作中也不会被大家认可。比如有的人在公共场所公开贬低他人表扬自己。试问一个连自己的嘴巴都管不住，在公共场所大放厥词的人，他的个人素养有多高？也不过是在展示自己的肤浅和无知罢了。

古人说：“谦受益，满招损”，“谦”即谦虚、谦和。具有谦虚美德的人，易于被人接受和喜爱。说话谦虚的人多低调，这本身就是智者的生活态度，说话谦虚更能折射出一个人的涵养。谦虚可以使你把自己置于学习的位置，提升自我，成就未来。

有两个女孩子共同租住在一套房子里，不管是才识、素质、容貌，各方面的条件都差不多，时间长了，周围的邻居也都认识了她们。刚开始的时候，大家都很喜欢这两个女孩子，因为她们年轻、有活力，心肠也好。

但是，时间长了，邻居们对两个女孩子的态度就有所不同了，对其中的一个女孩子，人们还是一如既往地喜欢，但大家对另一个女孩子就有些冷淡了，有时在路上遇到还故意避开。受冷落的那个女孩子感到很委屈，她觉得自己不明不白就被大家排斥了。

其实是她自己没感觉到：人们之所以避让她，主要是因为她有时候说话太自傲了，说出来的话好像总是带着刺，让听的人很不舒服，久而久之，就没有人愿意用笑脸迎接她了。而另外一个女孩子，一直得到人们的喜爱，是因为她懂得顾及别人的自尊心和面子，说话有分寸，而且很谦虚。

即使你认为自己才华出众，但也要看到“闻道有先后，术业有专攻”；就算你觉得自己富甲一方，要知道即使你有半个地球的财富也与他人无关；亦或者你在用外表做资本，要知道时间对所有人都是公平的，总有一天，美人迟暮也会发生在你身上……

谦虚有利于身心的修养。在现实生活中，我们经常会遇到一些喜欢背后议论、批评别人的人，他们就不具备谦虚、宽容的美德，言语谦和的人从不对别人的对错得失妄加评论，也不会在别人面前显露自已的成绩，他们总是善于以客观、谦虚的姿态学习别人的长处，听取别人的意见，来弥补自己的欠缺，从而使自己得到不断的提高。

谦虚是一种美德。在社交场合，不同的时间、不同的环境、不同的氛围，如何用不同的方式表达自己的谦虚，给人留下一个良好的印象呢？

1. 巧妙转移

如果有人在公众场合表扬或赞美你，这时你难免会不自然，甚至感到窘迫。这时，你把表扬或赞美的对象“转移”到别人的身上，从而转移人们的注意力，使自己巧妙地“脱身”。很多人为了表达谦虚，总是试图强调自己受之有愧。如果直言谦虚，弄不好会给人一种虚假的感觉。特别是两个人之间，如果仅仅说“你比我强多了”这类话，容易有嘲讽之嫌。遇到这种情形，你不妨用比喻的方式，巧妙地表达自己的谦虚。

2. 谦虚有度

谦虚是一种美德。然而，过分谦虚也是过分自我的表现。过分谦虚所产生的影响和自大一样。在有些情况下，过分谦虚反而会让人感到不真诚。因此，有的时候，说话要保证自己有足够的底气。面对别人的称赞，如果把自己说得一无是处，不但起不到谦虚的作用，反倒给人一种傲慢的感觉，所以，谦虚要掌握一定的分寸。

3. 淡化成绩，征求批评

任何称赞和夸奖都不可能毫无缘由，或是因为某件事，或是因为某方面的成绩。这时不妨轻描淡写地回应几句话，以淡化自己的成绩，从而在淡泊之中表露出谦虚之意。如果人们给予的是真诚的赞美，等对方说完后，你可以趁机适时地征求大家的批评，这也是表现谦虚精神的一种方式。但切记态度要诚恳，把握好度，不然虚心也就变成了虚假。

适时保持沉默威力更大

【核心提示】

在适当的时候保持沉默，其实是一种很高明的糊涂术。常看恐怖片的朋友一定会有这样的体验：最令人毛骨悚然的场景，往往是掉落一根针都能听见的寂静。沉默不是无奈，更不是软弱。有时候，不说比说更有威力。

【理论指导】

法国有句谚语，雄辩如银，沉默是金。在我们的生活中，有些时候确实是沉默胜于雄辩。与得体的语言一样，恰到好处的沉默也是一种语言艺术，运用好了常会收到“此时无声胜有声”的效果。

过去，心理学家常常认为人们应该把自己的心里话讲出来，但现在人们逐渐发现，在与他人的交往中，有些时候沉默胜于雄辩。与得体的语言一样，恰到好处的沉默也是一种语言艺术。

古时候，有个农民牵着一匹马到外地去，中午走到一家客栈用餐，他把马拴在了旁边的一棵树上。这时一个商人骑着一匹马过来，将马也拴在了这棵树上。

农民看见了，忙对商人说：“请不要把你的马拴在这棵树上，我的马还没有被驯服，它会踢死你的马。”但那商人不听，拴上马后便进了客栈。

一会儿，他们听到马的嘶叫声，两人急忙跑出来看，商人的马果真被踢死了。商人拽住农民就去见县官，要农民赔马。县官问农民许多问题，农民却装作没听见似的，一字不答。

县官转而对商人说：“他是个哑巴，叫我怎么判？”商人惊讶地说：“我刚才见到他的时候，他还说话呢。”

县官奇怪地问商人：“他刚才说了什么？”商人把刚才拴马时农民对他说的话重复了一遍，县官听后说：“这样看来是你无理了，因为他事先曾警告过你。因此，他不应该赔偿你的马。”

这时农民开了口，他说：“县官大人，我之所以不回答问话，是想让商人自己把事情的全部经过讲清楚，这样，不是更容易弄清楚谁是谁非吗？”

沉默是最有力的武器。在日常交际中，遇到难以说清是非的问题时，你不妨也像这位农民一样，以无言应对喧哗，这会产生比硬碰硬更大的震慑力量。尤其是当时机未到时保持沉默更是一种“大智若愚”的表现。

正像休止符一样，沉默只有运用得恰到好处，才能收到以无声胜有声之效。如果不分场合，不讲分寸，故作高深或多情而滥用沉默，其结果事与愿违，只能给人以矫揉造作或是难以捉摸的感觉。我们在运用沉默时，不应该把它和语言截然分开。恰恰相反，沉默和语言的和谐一致，相辅相成，才是沉默的功效。

下列几种情况要求我们必须把握好沉默的分寸。

1. 对方心不在焉时保持沉默

在与他人交谈时，一旦发现对方对所说的内容心不在焉，要立刻打住，哪怕所说的话非常重要，也要马上保持沉默，盯着对方看，一定要让对方先说话。这时他对你的陈述一定是有异议，即使你接着说下去，对方也不会听进去。

2. 不了解情况的时候要保持沉默

有时候，不了解对方的情况盲目地乱说，往往会给对方造成可乘之机，使自己遭受到莫大的损失，所以，在不知道对方底细的情况下，不要轻易开口，保持沉默，不但能揣摸对方意图，往往能变被动为主动。如果冒失开口，将会造成难以挽回的损失。

3. 别人谈论自己时需保持沉默

当听到别人谈论自己的时候，很多人容易犯这样一个错误：一旦别人谈到自己时，尤其是不利于自己的情况时，往往会打断别人，进行争论。其实，这是最不明智之举。在职场上，如果同事批评或者谈论你时，你不必急于否认或者急于表现自己。

受到别人无理攻击或指责时，你的情绪正在气头上，如果你当场据理力争只会让自己陷入更深一轮的语言轰炸中，非但不能洗刷冤屈，还会让他人更加“团结”起来打击你。不如等以后你们都冷静下来，能够心平气和地讨论问题的时候再安排时间交谈，只有在那个时候你们才能进行有实质意义的讨论而不是相互指责。

因此，这个时候最好保持沉默，闭口不谈，在不指责对方的错误，也不伤害他的自尊心进行说服时，有一个不可忽视的技巧就是在应该批评对方的时候采取沉默态度。

4. 自己做不了主的时候要保持沉默

有时候，自己往往不能够做主，所以，这时候也不能说。如果自己不慎把不该答应的事情答应下来了，到时候所有的问题只有自己来承担了，所以这时候也要保持沉默。

5. 时机未到时保持沉默

说话莫忘看时机，因为心理学告诉我们，在不同的场合中，人们对他人的话语有不同的感受、理解，并表现出不同的心理承受力。正因为受特殊场合心理的制约，有些话在某些特定环境中说比较好，但有些话说出来就未必得当。同样的一句话，在此说与在彼说的效果就不一样。如果环境不相宜，时机未到，最好的办法是保持沉默。

老一辈人总是谆谆教导我们："话到嘴边留半句，不可全抛一片心""言多必失，语多伤人""君子三缄其口"的古训，也把缄口不言作为练达的安身处世之道。今天，我们亦应谨记这些古训，该沉默时一定要沉默。

精心遣词，恰当用字

【核心提示】

交淡时，若是选择使用消极的字眼，就会让人自暴自弃。反之，选择使用积极的字眼，能够振奋人心。

【理论指导】

说话就是一把双刃剑，杀不了别人就会自杀。与他人交谈时，若是你说对了话，就能使人欢笑、排除心病、给人希望；若是说错了话，就会使人难过、伤心，令人绝望。因此，我们在说话时需要精心遣词，恰当用字，这样不仅可以准确地表达自己的意思，而且能够起到感染听者的效果。

西南某地的采购员王强到武汉出差。他走进一家百货商场，看到柜台上摆着小水壶挺好，想买一个，便高兴地叫道："哇，小媳妇（小水壶），挺漂亮！多少钱一个，我要一个！"

售货员是位20岁出头的姑娘，听他喊"小媳妇"，便认为他心术不正，气得骂了一声"流氓！"

"6毛？"王强想：6毛一个可真便宜，多买几个。于是他说："6毛就6毛，你这儿的'小媳妇'我都要啦！"

这下把姑娘气坏了，姑娘骂他无耻。王强一听，这是什么话，售货员怎么骂人，就说："我要'小媳妇'嘛，你怎么骂起人来了？"结果，双方大吵起来。

有些场合说方言实在不合适，容易给人粗俗之感。说话也要有讲究，什么场合该用普通话、什么场合可以用方言，人们规范使用语言的意识还有待加强，否则就会带来不必要的麻烦。许多历史上的伟大人物就是因为善于遣词造句、激励人心，才得以开创伟大的事业、留名青史。

有一位伟人曾在演讲中这样说道：“当我们今天得以享受到充分的自由时不要忘了《独立宣言》，它是两百多年来所给予我们每个人的保障。同样地，当我们这些年致力于种族平等时，不要忘了那也是因为某些字眼的组合而激发出来的行动所致。没有人会忘记马丁·路德·金博士打动人心的那一次演讲，他说，‘我有一个梦想，期望有一天这个国家能真的站立起来，信守它立国的原则和精神’……”的确，用对了字眼不仅能打动人心，还能引导行动。

说话时，要注意选择使用积极性的字眼，能够振奋人心。人类的历史也可以说是由那些具有威慑力的话所组成的，这些话可以调动你的情绪，振奋你的精神，使你有胆量面对一切挑战，让人生过得更有意义。

有一部外国影片叫《风流寡妇》，如若改成《风流遗孀》，就会立刻韵味全无。再如《旧事重题》是鲁迅先生回忆往事的一组散文，后来结集出版时，先生将其更名为《朝花夕拾》，使之立即有了浓重的诗情。试想，在黄昏时分捡起早晨的花朵细看细想，那思绪之联翩，那感慨之万千，不是足以让人细细品味吗？

如果你想让你的声音不仅迷人而且有感染力，那么应该知道以下几个方面：

1. 内涵丰富才能妙语连珠

你若不想说话空洞无物，就应下决心积累大批的、雄厚的、扎实的知识，武装自己的头脑，让自己说话的内容丰富起来。最好在平时多下功夫，多读书多看报，以积累警句、谚语，积累谈话素材，从而提高自己观察问题、思考问题的能力。

2. 说话要会打比方

在我们的日常说话中，常常需要论述一些道理，这些道理如果配以贴切的比喻，就容易让人理解和接受。运用比喻可以达到化繁为简、生动形象的目的。

假如有个人不知道‘弹’为何物，您告诉他‘弹就是弹’，他也不会明白。如果改换一种说法，告诉他‘弹的样子像弓，是用竹子作弓弦’他自然就能明白了。比喻可以把话说得更直观。

需要注意的是，不是任何两个事物都可以随便拿来比喻的，运用比喻这种手法时，本体和喻体之间必须有相似点。本体和喻体必须是性质不同的两类事物。运用比喻时要注意比喻的贴切性、易懂性、巧妙性，以及表意的准确性。

3. 巧用双关，言此意彼

双关的运用具有模仿性、类比性、幽默性，故而在实践中运用这一手法时，要注意以下几个要点：

高雅纯正。在使用这一手法时，要坚持文明表达，以理服人的原则。

隐藏幽默。含而不露，幽默横生，是运用这种手法的基本要求。

沉着冷静。巧妙地把自己的道理寓在其中。

切中要害。我们不仅要善于捕捉对方的隐衷、企图，更要善于发现对方的破绽、矛盾，切中要害，置之于乱处，使之张口结舌，无言以对。同时要充分发挥联想、模拟的作用，加大发挥力度。

4. 巧用俗语更精彩

俗语、谚语、歇后语等语言大都来自社会实践中，是人民群众创造发明的，在讲话时巧妙地运用，能够大大增强语言的感染力，容易被群众理解和接受。俗语是广泛流行的定型的语句，简练形象。恰当地引用俗语，可以增强讲话或演讲中的幽默感和说服力。

与人谈话时，可以适当地引用名人的言论、公认的史料、数据以及广泛流行的成语、俗语等，可以更好地点明主题，佐证观点，使文义含蓄，富有启发性。所以平时要多积累一些约定俗成的语句，这是提高说话水平的一条捷径，同时，要注意恰当地使用。

说话需自律，对失意的人不说得意的话

【核心提示】

说话需自律，对失意的人不说自己得意的话，不张狂高举自己的地位、子女、家里的财产，见老年人不说丧气话，多说鼓励人的话，没有建言不轻易严厉批评人，与人绝交也不必说狠话做狠事。

【理论指导】

不管是家庭还是事业，每个人都会遇到一些得意之事，也许你就是那个春风得意马蹄急的人，此时你自然难掩心中的喜悦，恨不得告诉全世界的人，你升官了，发财了，找到一个相爱的人了……大多数人都会向你道贺，分享你的喜悦。但是，你注意到有一些人并不高兴吗？相对你来说，这些人就是失意的人，在他们面前，无论你多么“人逢喜事精神爽”，你都要“压抑”一下自己心中的“得意”。

生活中，不少人喜欢把自己的成绩挂在嘴边，逢人便夸耀自己如何能干，如何富有，完全不顾及别人的感受，甚至没有顾及当时的听者是不是正处于人生低谷。他们总以为夸夸其谈后就能得到别人的敬佩与欣赏，而事实上，很少有人愿意听你的得意之事，自我炫耀的效果往往是适得其反。

陈琳最近心情很不好，因为公司最近裁员，让她成为一名无依无靠的失业者，眼看着生活陷入困境，她内心焦虑不安。但这时，又赶上同学聚会，陈琳实在不想参加。但好友加同事的王莉非要拉她一起去。

王莉的工作生活顺风顺水，并且节节攀升，最近又被提升了。在同学聚会上，王莉高调地宣布自己的职务又得到了晋升，同时还宣告自己找到了真爱，欣喜兴奋之际，主动承担了所有的聚会费用，整个聚会成为了王莉的庆功宴。

在大家的欢喜鼓舞中，陈琳悄悄退了出去，她感觉自己受到了很大羞辱。从此，陈琳再也不愿意和王莉交往了。

同学聚会本来是件好事情，王莉的职务晋升也是件值得高兴的事情，但是，王莉只顾自己的得意而没有顾及到好朋友失意、难过的心理，从此失去了一个很好的朋友。得意的人很难掩饰自己的欣喜之情，但是如果因为自己的“过度”兴奋而伤害朋友就得不偿失了。

当我们在得意的时候，别人说不定正处于失意的状态，特别是在朋友面前，千万不要炫耀自己的得意，如果你只顾炫耀自己的得意事，对方就会疏远你，于是你不知不觉中失去了一个朋友。所以，每逢开口说话，不管是什么内容，都要力避让别人产生自己被比下去的感觉。

聪明的人知道，在失意的人面前，不能说得意的话。失意的人本身心情不好，情绪也不稳定，他希望的是一些安慰鼓励和祝福，而不是你想要索取的“优越感”。所以，为什么不放下你的“得意”去安慰一下他们，给他们提供你力所能及的帮助呢？当然，这种帮助要从心底出发，不然你在他们眼里就会成为“猫哭耗子假慈悲”的人。

对于正在打拼的我们来说，最欠缺的是朋友，是贵人，你的炫耀只会让你失去更多的朋友。相反，如果我们能对失意的人多一点关心，说不定就会为自己赢得一份机遇。刘墉在《股事名嘴换人做》一文中记下这样一个故事：

王经理、小张、小王、小邱等人一起炒股。刚开始的时候王经理每猜必中，所以大家都把王经理奉若神明，众人开始跟风，王经理买什么，大家必跟定他。而王经理也因此故弄玄虚起来，说自己炒股获得一次又一次的成功完全得益于自己得天独厚的“第六感”。

说来也怪，自从王经理在夸耀自己的“第六感”之后，每炒必亏，直接导致他的“第六感”失灵。这自然引起了众人的质疑。后来，大家不得不想办法自救，小张主动成立了炒股“自救会”，集众人智慧炒股。

小张等人的“自救会”在一次炒股中尝得甜头之后，在王经理面前沾沾自喜，要求王经理加入“自救会”翻身。落寞的王经理转身离开，这时小邱并没有像小张他们那样，对失意的王经理态度依然如故。当炒股“自救会”收盘高呼时，小邱独与王经理黯然神伤，当炒股“自救会”举行庆功宴时，小邱陪王经理躲在一旁吃便当。

其实小邱并不是为了曲意逢迎上级，因为他不想看到王经理被“孤立”，也正是他陪伴王经理渡过了心情低谷，所以他得到了王经理的信任与赏识，在王经理翻身之后，升职之后，让小邱接替了他的职务。

小邱的成功正是因为他用了人性的善，懂得怎样安慰一个失意的人。而小张、小王等人只会在失意人前说自己得意之事——推广炒股“自救会”的成功之道，让王经理跟他们一起干。殊不知，这样的做法只会让王经理更难过，因为这无异于将自己的得意忘形炫耀给失意的人看。

所谓“人生失意无南北”，一个人不可能都是一帆风顺的，自然也不可能都是倒霉连天的。所以，无论在任何时候，都不要去炫耀你的得意，特别是在失意者面前，应尽量保持一颗平常心，对失意者多点同情和理解，适当地给人帮助，这会让你的人生走得更加顺畅。

也许当初你给予他人的帮助只是一点点，比如，一句鼓励的话，一些微不足道的资助，但是在别人的心里意义就重要得多。自然，当你处于失意的时候，这些点滴的帮助，就成为你摆脱困境的源泉。

如果我是你——学会站在别人的角度去说话

【核心提示】

在与对方沟通时，站在对方立场上，才能让别人听着顺耳，觉得舒服。站在对方立场上，设身处地地想，设身处地地说。如此，不仅能使他人快乐，也能使自己快乐。

【理论指导】

在人际交往中，很多人往往习惯将自己的想法、意见强加给别人，总觉得自己的做法、意见才是最好的。虽然出发点都是好心的，是为了帮助别人解决某些问题，但是却始终没有站在对方的立场上想过这样是否适合。所以当我们和别人交淡时，应该站在对方的角度仔细想想，关心询问对方对这件事情的看法和应该如何解决这个问题，而不是直接讲一番自我的大道理来逼迫对方接受。

孔子说："己所不欲，勿施于人。"耶稣说："你要别人怎样对待你，你就要怎样对待别人。"这两句名人名言是换位说话的准确注解。说话有不同的方式，有不同的技巧。世界上没有说不好的话，关键看你会不会转变一下思想，站在对方的立场，先想想别人。

虽然我们无法成为他人，但我们可以站在他们的位置，进入他们的世界，体会他们的感受，从而成为一个拥有广阔胸怀以及受欢迎的人。站在他人角度思考问题，说话做事，不仅能化解矛盾，甚至还能成就一个人的未来。

在非洲的巴贝姆巴族中，至今依然保持着一种古老的生活仪式。当族里的某个人因为各种原因而犯了错误，族长就会让犯了错误的人站在村子的最高处，公开亮相，以示惩戒。每当这时，整个部落的人都会放下手中的活计，赶过来将这个犯错的人团团围住，来赞美他。

旁观的人们，会自动按照老幼开始发言，先是从最年长的人开始，告诉这个犯错的人，他曾经为整个部落做过哪些好事。就这样，每个族人都会将自己眼中那个犯错人的优点叙述一遍。叙述时不能夸大事实，不允许出言不逊，必须用真诚的语言，而且不能重复别人已经说过的赞美。整个赞美的仪式，要持续到所有族人都将正面的评语说完为止。

巴贝姆巴族人站在了犯错的人的角度思考问题。他犯了错，现在当然十分懊悔，想改正自己的做法。如果在此时，大家提起他以前做过的好事，那他改正错误的决心肯定会更坚定；但在此时，大家去批评他，说他的种种不是，那他心中肯定会责怪自己，那将来的生活也可想而知了。

巴贝姆巴族人是智慧的，他们对待犯错人的态度是：尽管你犯了错，有了缺点，但我们依然爱护你、关心你、接纳你。既然你曾为整个部落做过那么多的好事、善事，有着那么多的优点，那么，请你认真地反思，然后心悦诚服地改正自己的错误。我们整个部落的人都坚信：你一定具备改过向善的信心与能力。

当我们遇到与他人意见相异时，不妨也换位思考一番，从对方的角度去考虑某些问题，设身处地从对方的角度去思考及处理问题，有可能在我们"山重水复疑无路"时，因为我们的换位思考而进入了"柳暗花明又一村"的境界。

卡耐基曾用某宾馆大礼堂讲课。有一天，他突然接到通知，对方提出租金要提高3倍。卡耐基不得不前去与经理交涉。卡耐基一见到宾馆经理，并没有表现出生气的表情，而是心平气和地说："我接到通知，有点震惊，不过这不怪你。如果我是你，我也会这么做。因为你是旅馆的经理，你的职责是使旅馆尽可能赢利。"

接下来，卡耐基又设身处地为他算了一笔账，如果将礼堂用于办舞会、晚会，当然会比租给自己更划算。但是，如果你不与我合作，也等于放弃了成千上万有文化的中层管理人员，而这些人是你花再多的钱也买不到的活广告。也许他们光顾了贵宾馆，会给你带来更多的合作机会。那么哪样更有利呢？"经理被他说服了。

卡耐基之所以成功地说服了经理，在于当他说"如果我是你，我也会这么做"时，他已经完全站到了经理的角度。接下来，他又站在经理的角度上算了一笔账，抓住了经理的兴奋点——赢利，使经理心甘情愿地把天平砝码加到卡耐基这边。

千万别认为话中的“如果我是你”只是单纯的一句话而已，殊不知它发挥的效力是不可限量的。对于不易说服的人，最好的办法就是使对方认为你与他是站在同一立场的。

当你学会换位思考的时候，就会在遇到问题的时候多站在别人的角度看问题，设身处地为别人着想。然而只有我们做到这些的时候，我们才能够更多地理解别人，那么，一切都将变得美好起来。

说话要有自己的独特风格

【核心提示】

一个人说话有自己的风格，说话才容易吸引别人，并产生应有的魅力。要想树立自己的讲话风格，说话就不能忽左忽右、变化无常，更不要试图去模仿别人，表现出不属于自己风格或不适合自己风格的东西。

【理论指导】

款式新颖、造型独特的物体常常是市场上的畅销货；见解与众不同、构思新奇的著作往往供不应求。独特、新颖便是价值。物如此，人亦然。培养自己讲话的风格，使其独树一帜，对你的讲话将起到意想不到的效果。

如果想让别人记住自己，必须有某种独特的地方，可以给他人留下深刻的印象。也许你可以利用自己的长相，如一绺红胡子，但是这只能帮助我们引起人们的注意。除非有伟大人物的那种超凡的魅力，否则我们就必须培养自己的与众不同风格，这是让别人永远记住我们的最好方法。

某公司在一次“形象大使”的挑选赛中，为了测试参赛小姐的应对技巧，主持人提出了这样一个难题：“假如你必须在肖邦和希特勒两个人中间，选择一个作为终身伴侣的话，你会选择哪一个呢？”

其中有一位参赛小姐是这样回答的：“我会选择希特勒。如果嫁给希特勒的话，我相信我能够感化他，那么第二次世界大战就不会发生了，也不会有那么多家破人亡的事故发生。”这位小姐的巧妙回答赢得了人们的掌声。

这个问题难度较大，大多数人估计都不会回答“选择希特勒”，因为如果回答“选择希特勒”，很难给予合理的解释。那位小姐却选择了出人意料的答案，又给出了合理而又充满正义的解释，从而成功地推销了自己的特色，以幽默、机智给评委留下了深刻印象。

美国人类行为研究者汤姆士说过：“说话的能力是成名的捷径，它能使人显赫、鹤立鸡群、受人爱戴、得人拥护。它使一个人的才学充分拓展、熠熠生辉、事半功倍、业绩卓著，发生在成功人物身上的奇迹，一半是由口才创造的。”

独特的谈话风格能为我们的成功提供很大的帮助。讲话的风格，不仅仅是使用词汇的问题，而且是使用词汇的方式方法的问题，因此讲话风格也能反映出说话者的态度和修养。

美国第36任总统林登·贝恩斯·约翰逊的形象化的语言被评论为“残酷而粗鲁，蛮横又无礼，却常常有声有色”。他的前新闻部长也曾经感叹：“他能创造出一些诙谐有趣的词语……”当约翰逊还是副总统时，曾在一次国会秘密会议上，因没人认同他而气冲冲地走出议会室，并对他的助手说：“我现在才明白 caucus（国会秘密会议）和 gactus（仙人掌）的区别，那就是仙人掌的刺是长在外面的。”

像约翰逊那样在言谈中发挥你的创意吧！彰显你的个性，从而形成自己独特的说话风格。树立自己讲话的风格对你是特别有利的。如果你想成为谈话高手，可以从以下两个方面做起，以便引起人们的注意，给他人留下深刻的印象。

1. 可用真诚的思想和坦率的语言

要想说话有自己的风格，一方面，不要模仿别人，也不要表现不属于自己风格的东西。向别人学习是件好事，但不能模仿别人的风格或说话的口吻，这就要求我们在谈话的时候要自然。

有些人与别人谈话时，认为自己有必要装腔作势，或者戴上一副假面具；有些人试图表现得过于热情，有的时候甚至表现出媚态；有些人急功近利，就像做电视商业广告一样。这些人的失误之处在于他们表现的不是自己的本色，因此别人自然不会认同他们的观点。

事实上，真实的思想和坦率的语言就是个性突出的最佳表现。你不妨实事求是，个性鲜明地怎么想就怎么说（当然，除一些敏感性问题需有适度的分寸之外）。你所表现出的机敏、坦诚与个性，一定是对方最为欣赏的。

2. 根据现场情况随机应变，避“长”扬“短”

现实中，经常会出现这样的情况，就是在同一时间、同一场合进行交淡时，由于受时间、地点、气氛及相同主题的制约，经常会陷入俗套，甚至发生程序化的“千人一腔”的现象。在这样的情况下，要想与众不同，就需要有创新精神。

因为新奇的事物刺激度强，而“喜新厌旧”又是人们与生俱来的特点，因此，能否出新就成了讲话的关键。比如，如果讲话者本身是一个不善用修饰词令进行说话的人，那么，便不必使用那些生硬的修辞，可以运用平实质朴的语言，突出自己的真诚，这样反而会更加亲切。这种方法既快捷又方便，如果用得恰当，往往可以达到以弱胜强的效果。

第 3 章

幽默口才

认识幽默感的重要性

【核心提示】

在社交场合，幽默的语言如同润滑剂，可以有效地减少人与人之间的“摩擦”，化解冲突和矛盾，并使人们从容地打开局面，使谈话气氛轻松、融洽。

【理论指导】

幽默可以说是一种优美的、健康的品质，能使人们平淡的生活充满情趣，是生活的润滑剂和开心果。可以说，哪里有幽默，哪里就有活跃的气氛；哪里有幽默，哪里就有笑声和喜悦。

有人说：“没有幽默的语言是一篇公文，没有幽默感的人是一尊塑像。”这话是有一定道理的。

当今社会高效率、快节奏、信息量大，必然容易使人的大脑产生疲劳。如果我们的生活多点儿笑声、多点儿幽默就会消除人们烦躁的心理，保持情绪的平衡，让人有一种轻松愉悦之感，给人以美的享受。

拉斐尔是意大利文艺复兴时期的著名画家，他曾经在梵蒂冈教皇皇宫里绘制壁画。拉斐尔对这个工作倾注了大量的心血，表现了极大的虔诚，他按自己对《圣经》的理解和想象，十分仔细地勾勒着每一个线条。经他手，一个个宗教人物栩栩如生地呈现在墙壁上。

一天，有两位红衣主教来观看拉斐尔作画。当时的拉斐尔正站在支架上，酸痛的手臂吃力地挥动着画笔。红衣主教看了一会儿，然后半开玩笑地批评拉斐尔，说他把壁画上的耶稣和圣保罗的脸都画得太红了。

说者无心，听者有意。拉斐尔停下画笔，背对着主教，用非常低沉的声音回答道：“阁下，我是故意这么画的，因为圣主在天堂里看到教堂被你们这些人管辖而感到有些羞惭。”

拉斐尔的话让人发笑，既为自己解围，又给人以美的享受。对于每个人来说，幽默是人们的一种精神食粮，它可以减少人们的压抑与忧虑，维护心理的平衡，给人一种轻松愉快的感觉。

有一次，美国329家大公司的行政主管，参加由一家业务咨询公司的总裁霍奇先生主持的一项幽默意见调查。调查发现：

97%的主管人员相信：幽默在商业界具有相当的价值。

60%的人相信，幽默感能决定一个人事业成功的程度。

在《芝加哥论坛报》里工商专栏的作家那葛伯，访问了参与调查的几位主管人员，而后整理出几位高级经理人员的意见：

克雷夫特公司总裁毕尔斯认为，幽默感对于主管人员十分重要。“它是表示一个管理者具有活泼、弹性的心态的重要指标。”毕尔斯说，“这样的人通常不会把自己看得太严肃，而且比较能做出好的决策。”

还有一家公司的总裁，从创造和谐快乐的同事关系的观点来看幽默感，“这是一个基本原则，”他说，“就是你若能做些自己引以为乐的事情，那么你会是一个较好的老板，或较好的下属。”

幽默称得上是一个具有亲和力的“形象大使”，很多工商业界高阶层的负责人，都运用幽默力量来改变他们的形象，甚至改善大家对整个公司的看法。每一阶层的领导人和经理人在人事的甄选与训练上，都转而向幽默力量来求助。

在美以美教会的一次聚会上，洛伊德·乔治曾做了一次演讲，要求教徒们为著名传教士、美以美教会的创始人卫斯理的墓地维护提供帮助。尽管这个题目极为严肃，大家都想不出它有什么好笑的，但洛伊德·乔治还是做到了这一点，而且十分成功。请注意，他的演讲结束得多么完美而漂亮：

“我很高兴各位已经开始修整他的墓地。他对任何不整洁和不干净的东西极其讨厌。他曾说过：‘不可让人看到一名衣衫褴褛的美以美教徒。’由于这个原因，所以你们永远不会看到这样的美以美教徒？（笑声）如果任由他的墓地一片脏乱，那就是大不敬。各位应该都记得，有一次他经过德比夏郡时，有一位女孩跑到门口对他说：‘上帝祝福你，卫斯理先生。’但是他回答说：‘小姐，如果你的脸和围裙能够更干净一点的话，你的祝福将更有意义。’（笑声）这就是他对不洁净的感觉。因此，请不要弄脏他的墓地。你们一定要好好照顾这块墓地，这是一个神圣的墓地。它是你们的信仰和情感得以寄托的地方。（欢呼声）”

幽默是一种机智和成熟的表现，是生活的调味品，是人际关系的润滑剂，它给人们带来轻松的笑声和欢乐、消减矛盾和冲突，缩短人与人之间陌生的距离。幽默能改善人际关系或摆脱困境，更有利于个人的身心健康、社会的轻松和谐，它是一种高雅的生活情操。善用幽默的人不仅受人喜爱，能获得别人更多的支持和帮助。

当然，幽默的重要性远不止上面这些。只要我们学会并且善用幽默，我们会发现幽默的力量真是无穷大。运用幽默的方式来办事，我们会活得更加轻松愉快。

其实，幽默是人的天性，所有人都向往愉悦和欢乐的生活。在生活中遇到不如意的事，会调侃的人懂得如何调剂，通过调侃传递出快乐的信息，这样的人乐观且幽默，看待问题达观，对生活充满激情和憧憬，浑身上下洋溢着使人愉快的气息。

谈吐幽默，会让你更受欢迎

【核心提示】

幽默是良好的修养，是充满魅力的语言，可以让你在各种社交场合中更受他人欢迎。

【理论指导】

幽默是一种才华，一种智慧，一种力量，富有幽默感的人本身就是一个强磁场，它能聚拢人脉、扩大圈子，更容易成就一番事业。正如美国一位心理学家说的：幽默是一种最有趣、最有感染力、最具有普遍意义的传递艺术。学会幽默，你便拥有了受大家欢迎的一大资本！

在生活中，幽默能够帮助我们在社会交往中与人建立一种和谐关系。当我们希望成为能克服障碍、具有乐观态度、赢得别人喜爱和信任的人时，它就能帮助我们达到目标。

一次，一位英国出版商想得到萧伯纳对他的赞誉，借此抬高自己的身价。于是，他就去拜访萧伯纳。当他看到萧伯纳正在评论莎士比亚的作品时，就说："先生，您又评论莎士比亚了。是的，真正懂得莎士比亚的人太少了，算来算去，到目前为止也只有两个。"

萧伯纳已明白了他的意思，让他继续说下去。

"是的，只有两个人，这第一个自然是萧伯纳先生您了。可是，还有一个呢？您看他应该是谁？"

萧伯纳说："那当然是莎士比亚自己了。"

还有一次，萧伯纳应邀参加了一个丰盛的晚宴。在宴会期间，有一个青年在他的面前滔滔不绝地吹嘘自己的才能，表现出一种不可一世的样子。

一开始，萧伯纳仔细地倾听，一言不发。但是听到最后，他终于忍不住了，便开口说道："年轻的朋友，只要我们两人联合起来，世界上的事情就无所不晓了。"

那人惊愕地说："真的吗？".

萧伯纳说："怎么不是？你是这样地精通世界万物，不过，你尚有一点欠缺，就是不知夸夸其谈会使丰盛的佳肴也变得淡而无味，而我刚好明了这一点。咱俩合起来，岂不是无所不晓了吗？"

社交中的语言风采是人们在他人眼中形成印象的最主要部分，细数那些优秀的成功人士，他们的共同特征就是言语幽默。真正的恰当的幽默是需要遵守一定规范的，只要你能在幽默的时候提醒自己要合乎礼节，适时且适当，就能成为一个受欢迎的人。

幽默是良好的修养，是充满魅力的语言。不可否认，言语幽默的人更容易获取成功的机会，但是在运用幽默的时候，有些忌讳是千万碰触不得的。

1. 忌不明确目的，不掌握尺度

幽默的目的有大有小、有远有近，一般的社交场合中，幽默家一试身手的目的有二：一是把听众逗乐，让他们哈哈大笑，在自己努力创造的欢乐气氛中联络感情，办好事情；二是展示才华，表现自我。因此在制造欢乐的过程中，我们必须注意幽默尺度的选择。

2. 忌胡乱借用英雄形象来幽默

每个时代不同的人群都有自己尊崇的"圣贤"，即神圣、崇高的事物。当今社会，为众人所接受的英雄形象，能维护公众利益的权威形象，似古时"圣贤"一般，不可拿来作为幽默打趣的对象。

3. 运用幽默避免粗俗的内容

任何一种幽默都是建立在礼貌用语的基础上的，不管在什么场合，好的语言习惯，才能成就好的语言风格。在现实生活中，常常会有这样的人，说起玩笑话完全不顾场合、不分时机，甚至拿恶俗、不雅的语言当作幽默哗众取宠。这不仅是不文明、不礼貌的表现，更是一种侮辱他人，有损自己人格的表现。

4. 不调侃不如自己的人

客观地说，站在你的角度上，比你混得差的人可笑之处肯定不少，但如果总是津津乐道地笑话不如你的人，你就会被别人笑话，笑你不厚道、笑你没出息，专拣软柿子捏。高明的幽默一般是将聚光灯对准"大人物"。

5. 忌拿别人的伤疤作为幽默对象

这其中的道理，即使不讲，大家也会明白，只要心智健全、富有同情心的人都会理解这一点。拿别人伤疤作为搞笑材料，显示自己的幽默感是非常愚蠢的做法。不仅不会给人带来乐趣，反而会令人反感。

幽默是智慧的闪现

【核心提示】

幽默无时无刻不折射出智慧之光，幽默似乎成了智慧的另一种表现形式。

【理论指导】

幽默是智慧的象征，是自信、宽容、豁达、乐观的心理素质的综合体现。当你沮丧于某件事情的时候，和有幽默感的人相处，那么幽默就会抚平你的情绪，让你忘却曾经的伤痛，感受幽默的快乐。

莎士比亚说："幽默和风趣是智慧的闪现。"幽默决不是肤浅、无聊、油滑、庸俗的搞笑。幽默是对智慧、聪明和博学的巧妙应用；使人发笑、惊异，或啼笑皆非，使人开心、欢乐。

幽默需要智慧，智慧者必善幽默，幽默和智慧是一对双胞胎。一个思维不机智的人，当然谈不上语言的幽默了。当机智在幽默中以其理性姿态出现时，则赐予了幽默智慧的内涵。

在一次电视台主持人招聘面试中，考官问一位女学生："三纲五常中的'三纲'指什么？"这名女学生答道："臣为君纲，子为父纲，妻为夫纲。"她刚好把三者关系颠倒了，引起哄堂大笑。

这时，女学生依然镇定自若，幽默地说："我指的是新'三纲'，我们国家人民当家做主，领导是人民的公仆，当然是'臣为君纲'！现在很多家庭中的孩子是'小皇帝'，这不是'子为父纲'吗？如今，妻子的权利逐渐升级，'妻管严''模范丈夫'流行，岂不是'妻为夫纲'吗？"

这位女学生机敏幽默的回答，显示了她的口才与智慧，显示了她竞争的实力，最终，她顺利通过了面试。

幽默是自信的表现，是善于处理人际关系的反映。在非常严肃、紧张、决定前途的面试中，不妨来点幽默，不仅可以使自己放松，能使考官记住你，还会让你因此在面试中脱颖而出。

幽默是对生活的洞察，其中既有成功的、含蓄的喜悦，亦有失败的、委婉的伤悲；而拥有了幽默这门艺术，胜固可喜，败亦欣然。一般而言，拥有了这种机智巧妙的思维方式，也就等于拥有了美好快乐的人生。

所有的人都会年华已逝，红颜不再。但岁月只能风干肌肤，而睿智和幽默的魅力却不会减去分毫。

著名艺术家乔羽一生勤于创作，写下歌词上千首。其实他不但歌词写得好，而且话也说得妙，乔羽的幽默诙谐、能"侃"会说。

乔羽由于头发稀少，不熟悉他的人往往容易将 65 岁的乔羽判断为七八十的老人。但乔羽从未感到自己老了，他说："我从 18 岁就开始脱发了，看来是不会再长了，索性毛全掉光，成了老猴子，倒用不着理发了。年龄是你的一种心理上的感受，你觉得自己老了，即使年轻也就真的老了；你觉得自己还年轻，即使老了你也还年轻。"

这段话充分展示了乔羽乐观向上的精神面貌，他善于幽默自己，他用自嘲的手法跟自己开起了玩笑，不言头发而称"毛"，并自喻"老猴子"，让人闻之不禁莞尔，而"倒用不着理发了”一句则在幽默之中透露出了乔羽的豁达心境。

在培养自己幽默感的道路上，一定要注意的是，幽默不是吹牛拍马，卖弄聪明，不是轻视讥笑、损人找乐儿。幽默应该是宽容与善意，并以为别人带来快乐为目的。真正具有幽默素质的人，在人际交往中会表现出积极乐观、平等待人、与人为善等各种优秀品质，因为幽默的本质就是优秀而丰富的内涵。

幽默无时无刻不折射出智慧之光，幽默也是智慧的另一种表现形式。那么，我们应该怎样才能提高幽默感？

1. 开拓知识面

一个孤陋寡闻、知识浅薄、经验贫乏的人是不会有幽默感的。只有深通古今中外的文化、学识宏富渊博、阅历丰富的人，才能借助于较高的语言素养，说出幽默的话。知识面是幽默的基础，也是幽默的来源。要培养幽默感必须先广泛涉猎知识，充实自我，不断从浩如烟海的书籍中收集幽默的浪花，从名人趣事的精华中撷取幽默的宝石。

2. 陶冶情操

以乐观的心态洒脱面对人生，同时还要乐观对待现实，乐观与幽默是亲密的朋友，生活中如果多一点趣味和轻松，多一点笑容和游戏，多一份乐观与幽默，那么就没有克服不了的困难，也就不会整天愁眉苦脸、忧心忡忡了。因此，我们要有一颗宽容之心，善于体谅他人，学会雍容大度，克服斤斤计较的心理。

3. 培养洞察力和提高观察事物的能力

培养机智、敏捷的能力，是提高幽默素养的一个重要方面。只有迅速地捕捉事物的本质，以恰当的比喻笑谈诙谐语言，才能使人们产生轻松的感觉。当然在幽默的同时，还应注意在处理不同问题时要把握好灵活性，做到幽默而不落俗套，真正体现幽默的魅力。

随机应变，巧用幽默来解围

【核心提示】

在某些尴尬的场合，恰如其分的幽默能使自尊心通过自我排解的方式受到保护，而且能体现出说话者宽广大度的胸怀。

【理论指导】

尴尬是生活中遇到处境窘困、不易处理的场面而产生的张口结舌、面红耳赤的一种心理紧张状态。此时，如果能调整心态、急中生智，以戏谑来冲淡它，就可以收到良好的效果，从而化解紧张的气氛。

丘吉尔说过：“除非你绝顶幽默，否则就无法处理绝顶重要的事，这是我的信念。”杰出的政治家就经常用幽默化解对手的攻击或一些不便回答的问题。

丘吉尔任国会议员时，有位女议员十分嚣张。一天，她居然在议席上指着丘吉尔说：“假如我是你老婆，一定在你咖啡杯里下毒。”

狠话一出，人人屏息。却见丘吉尔顽皮地笑答：“假如你是我老婆，我一定一饮而尽！”结果，全场人士及那位女议员都忍不住笑了起来。

在有些尴尬的场合，恰如其分的幽默能使自尊心通过自我排解的方式受到保护，而且能体现出说话者宽广大度的胸怀。

幽默历来是最妙的语言艺术，世界上很多伟大的人物都曾经展现过自己幽默的语言天赋，并以此化解自己或他人遭遇的尴尬局面。

大哲学家苏格拉底的妻子是一位性情非常急躁的人，往往当众给这位著名的哲学家以难堪。有一次，苏格拉底在与几位学生讨论某个学术问题时，他的妻子不知何故，忽然叫骂起来，震撼了整个课堂。继而，他的妻子又提起一桶凉水冲着苏格拉底泼了过来，致使苏格拉底全身湿透。

当学生们感到十分尴尬而又不知所措的时候，只见苏格拉底诙谐地笑了起来，并且幽默地说：“我早知道打雷之后一定要跟着下雨的。”这一忍让的幽默虽话语不多，却使妻子的怒气出现了“阴转多云”到“多云转晴”的良性变化。大家听了都欣然大笑起来，更敬佩这位智者明哲高超的文化素质、艺术修养和坦荡胸怀。

幽默是恰当运用语言的艺术，许多成功的人都深谙讲话之术，能把幽默运用得当一定会为你的事业推波助澜。

1832 年，安德罗·杰克逊参加美国总统竞选时，一位母亲把一个脏兮兮的小孩交到杰克逊的怀里。杰克逊真想马上把小孩还给那个母亲，但他随机应变，热情地说：“看这孩子的眼睛多么明亮，四肢多么强壮，而嘴唇又多么甜蜜。”说到这里杰克逊把小孩交到他的朋友约翰的手里，并吩咐道：“吻吻他，约翰！”约翰不得不在众目睽睽之下，亲了亲小孩那肮脏的脸蛋。而这一幕却使人们认为杰克逊是一个充满爱心的人。这一年，杰克逊终于如愿以偿，当选为美国第七位总统。

幽默是一种奇妙的语言，它能够激起普遍的欢乐和快感，把大家带进愉悦的氛围。那么，当我们遭遇窘境时，该如何利用幽默为自己解围呢？不妨从以下两点入手：

1. 采用“趣味思维”方式

“趣味思维”是一种反常的“错位思维”，就是不按常规的思路走，而是“岔”到有趣的方面去，进而捕捉到生活中的喜剧因素。

拿破仑的身高只有 168 厘米。当年他担任意大利军总司令时，曾对比他身材高大的部下说：“将军，你的个子正好高出我一个头；不过，假如你不听指挥的话，我就会马上消除这个‘差别’。”严厉中，显示出了拿破仑的幽默和自信。

在这里，拿破仑并不避讳自己个子矮的弱点，反而从自己身上找到了“喜剧因素”。他的思维“错位”使他想的同别人不一样，于是便产生了幽默。

2. 在瞬息构思上下功夫

用幽默解围是一种“快语艺术”，它需要的是灵光一闪的智慧。你必须想得快，说得快，触景即发，涉事成趣，既出人意料之外，又在情理之中。

比如，有位老师问一位学生：“马克思是哪国人？”

学生说：“是英国人吧？”

教师煞有介事地说：“哦，马克思有时也会搬家的。”

学生对这样常识性的问题都答不出，可能令老师不快，但他幽默的语言脱口而出，包含了对学生善意的批评，又给对方解了围。

尴尬场合，得体合适地运用幽默可以平添风采。做一个说话幽默的人，需要我们用一种趣味的角度看待发生在自己身边的种种事情，只在一念之间，悲剧变喜剧。请在自己的心里撒下幽默的种子，不用多久，你会发现，自己是世界上最富有的人！

诙谐的语言能带给人欢乐

【核心提示】

说话的最高境界就是能够运用巧妙的语言，化腐朽为神奇，虽然轻描淡写，却给人带来欢乐和笑声，并产生幽默的效果。

【理论指导】

幽默的语言能够活跃气氛，缓解紧张，化解矛盾。它能使紧张的气氛由冷变热，使消极的情绪由阴转晴，使双方对话能在愉快、轻松的氛围中顺利进行，达到预期的目的。一个善于运用幽默诙谐语言的人，能给他人带来欢乐，也能使自己成为一个吸引人的社交高手。

抗日战争初期，陈毅率领新四军到达浙江开化县，当地的一抗日组织召开了一个盛大的欢迎会。当请陈毅讲话时，主持人称陈毅为“将军”。陈毅登上讲台，接过话头大声说：“我叫陈毅，耳东陈，毅力的毅。刚才主持先生称我将军，实在不敢当，我现在还不是将军。当然叫我将军也可以。我是受全国老百姓的委托去‘将’日本鬼子的‘军’。这一‘将’直到把它们‘将’死为止……”这段讲话，既自然风趣，又富有哲理，既活跃了会场气氛，又紧紧抓住了听众。

幽默的语言往往给人以诙谐的情趣，又使人在笑意中有所领悟，因而幽默往往是缓解紧张、去除畏惧、平息愤怒的最好方法。

德国著名的将军霍夫曼，有一次他到慕尼黑对军队进行考察。

当晚，慕尼黑的军官俱乐部举行宴会，对他的到来表示欢迎。在大家举杯喝完酒后，一个服务员来给将军斟酒，由于紧张和激动，服务员居然一下子把酒洒到了将军的秃头上。

当时，在场的军官和士兵看到这种情况后都非常紧张，不知道将军将如何大发雷霆来惩罚那个可怜的服务员。这时服务员也吓得脸都白了，脸上不自觉地流下了一道道汗水。

这时，只见霍夫曼将军拿出口袋里的手帕，擦了擦脑袋，笑着说：“小伙子，我这脑袋已经秃了二十年了，你这个方法我也用过的，谢谢你。可还是得告诉你，这样根本不管用！”

就在大家一阵哄笑声中，那个服务员也终于恢复了平静，他感激地向将军敬了个礼，流着眼泪退了下去。这时，大厅里响起了一片热烈的掌声……

试想，假如不是霍夫曼将军善用幽默，不知道那个可怜的服务员会陷入怎样的尴尬和自责中，而将军一句宽宏大量的玩笑话，把尴尬的气氛缓和了下去，而且也赢得了全体将士们的尊重。

在交谈中，适当地使用幽默的语言，可以打破僵局，可以回敬对方不礼貌的言辞，也可以使严肃紧张的气氛顿时变得轻松活泼起来，甚至可以缓和或解决矛盾。

在一辆公共汽车上，由于急刹车，车厢里的一个小伙子猝不及防，撞到了一位姑娘身上，姑娘当时很不高兴，气冲冲地说了一句："德性！" 意思是指责那个小伙子缺德。那个小伙子立刻解释说："对不起，这和'德性'无关，是惯性。"

一句话引起了乘客们的一片笑声，那位姑娘也在众人的笑声当中原谅了小伙子的无意失礼行为。

人与人之间因为各种小的摩擦造成彼此之间不愉快的场面很多。上面的例子中的那位小伙子如果一本正经地加以解释，恐怕要大费口舌也起不到太好的效果，或者是针锋相对地回敬一句，则可能引起一场无谓的争吵而导致不欢而散。而这一句"对不起，这与'德性'无关，是惯性。"既不失礼貌，又对自己没有站稳的原因进行了准确恰当的辩解，同时在幽默诙谐中对那位姑娘极不礼貌的话给予了反击，真是无可挑剔的回答。

有人说："一颗快乐的心，更胜于怀着一只药囊，可以治疗心中的百病。"让生活中增添笑声和乐趣，幽默诙谐的语言少不了。但是，要想提高说话的幽默水平，掌握适当的幽默技巧是必须的。

1. 巧用笑话

适当地讲些笑语，可以使语言充满幽默感，从而缓解人们的紧张情绪。某公司的一次非正式会议中，面对一个棘手的问题，经理感叹地反问："恐怕再也没如此巧合的事情了？" 坐在对面的小张说："有，我爸爸的婚礼和我妈妈的婚礼恰好在同一天举行。"一句话打破了整个沉闷的气氛，给大家带来了欢乐。

2. 适度夸张

运用夸张的方去来表现幽默，博人一笑的效果也非常鲜明。比如你有事找一位朋友，但对方就是不接听电话，你只好亲自找上门去。一见面你可以这样说："你可真难找，给你打了100 多个电话，打得我的手机都死机了……" 运用夸张式的幽默语言，既巧妙地批评了对方不接电话，又避免让对方生气。

3. 自我解嘲

有的时候，自我解嘲也能造成一种幽默的气氛。比如，在别人请你唱歌时，而你又不善歌唱，便说一句："我五音不全，唱起来怕把你们吓跑了。"再如，有人见你唱歌跳舞，说你生活很充实，业余娱乐不错时，你便说："我这是叫化子过年——穷欢乐。"所以这样的自我解嘲，也是幽默的表现。

幽默是化解敌意的良药

【核心提示】

当两人心存芥蒂或谈话出现抵触情绪时，运用幽默可以灵活解脱僵局，让人与人间消减敌意，增强好感，从而化解敌对情绪的“冰点”。

【理论指导】

我们可能都有这样的体验：与人谈话的时候，发现对方将我们的话驳回，换之不友好的应答。这是对方产生了敌对情绪所致。言谈中的敌意，使对方不再接受我们的观点，从而破坏原有的人际关系，或者破坏了谈判交涉的顺利进行。

这时，如果用幽默巧答，灵活解脱，就可以让人与人之间消减敌意，增强好感，从而化解敌对情绪的“冰点”。

1943 年，英国首相丘吉尔与法国总统戴高乐由于对叙利亚问题的意见产生分歧，两人心存芥蒂。直接原因是戴高乐宣布逮捕布瓦松总督，而此人正是丘吉尔颇为看重的，要解决这件令双方都颇为棘手的事，只有依靠卓有成效的会晤了。

丘吉尔的法语讲得不是很好，但是戴高乐的英语讲得很漂亮。这一点，是当时戴高乐的随员们以及丘吉尔的大使达夫·库柏早就知道的。

这一天，丘吉尔是这样开场的，他先用法语说道：“女士们先去逛市场，戴高乐，其他的先生跟我去花园聊天。”

然后他用足以让人听清的声音对达夫·库柏说了几句英语：“我用法语对付得不错吧，是不是？既然戴高乐将军英语说得那么好，他完全可以理解我的法语的。”戴高乐及众人听后哄堂大笑。

案例中丘吉尔的这番幽默消除了双方心中的芥蒂，建立了良好的会谈气氛，使谈判在和谐信任中进行。由此可见，幽默不仅能够活跃谈话的气氛，如果运用得好，还能化干戈为玉帛。

每个人的脖子上都是不同的脑袋，人的思想也不可能相同。因此，当意见不一致时，要学会运用幽默来化解，避免让双方进入对话的死胡同，化危机为转机。

1717 年，伏尔泰因为讥讽摄政王奥尔良公爵，被囚禁在巴士底狱 11 个月之久，出狱后，吃尽了苦头的哲学家知道此人冒犯不得，便去请他宽宏大量、不计前嫌。摄政王深知伏尔泰的影响，也急于同他化干戈为玉帛。于是两个人都讲了许多恰到好处的抱歉之词。

最后，伏尔泰再一次表示感谢说：“陛下，您真是助人为乐，为我解决了这么长时间的食宿问题，我衷心地再次向您表示感谢。可今后，您就不必再为这件事替我操心啦。”

幽默是化解敌意的良药。我们可以用有趣且有效的方式来运用敌意的幽默——因为当我们把自己放进其中时，原本敌意的幽默也就变成没有敌意了。

一天晚上，张鹏正在家休息，可邻居家的音响却响个不停。他迫于无奈，几次想出去问罪于对方，但理智又告诉自己，这样会破坏了邻里关系。张鹏灵机一动，计上心来，他手里拿着一个螺丝刀敲开邻居家的门，说："我是来帮你修音响的。"

邻居不明所以地一愣，张鹏又接着说："你的音响是不是音量控制键坏了。"

邻居这才明白，忙莞尔一笑说："对不起，我太大意了，吵到你了吧？"

张鹏其实并不是真的想给邻居修音响，他不过是想表达对邻居太嘈杂的音响的不悦，这样既避免了对邻居大发雷霆，又化解了可能出现的一场争执。这样，张鹏巧妙使用幽默维护了自我。使用幽默我们可以用更有效的方式，把平常不便对某些人讲出来的话，适当地表达出来。

幽默是一种很巧妙的语言，它可以缓解紧张、去除畏惧、平息愤怒。所以，如果能从白热化的僵局中看出幽默成分，便可巧妙地避免麻烦和纠纷。但运用幽默也要把握好分寸。在社交中，幽默语言的应用要力求做到"三戒""三要"：

"三戒"是：一戒俗，"包袱"切不可庸俗、低级。二戒离，切不可离题，只顾逗人乐而忘记了演讲的主题。三戒多，一次演讲切不可有过多的滑稽，因为演讲比起相声和其他表演艺术来更加要求严肃性。

"三要"是：一要及时，"包袱"要甩在火候上。要注意观察对方的情绪，做好铺垫，甩"包袱"时才能给人以"水到渠成，瓜熟蒂落"之感。二要适度，不顾会场气氛，听众情绪、讲话内容而随意玩笑，信口戏谑，只会使人感到厌烦。三要庄重，当引发听众大笑时，讲话者自己不能站在台上跟着大笑，而应有控制自己情绪的能力。

把握好言语幽默的分寸

【核心提示】

幽默风趣并不是油滑、浅薄地耍贫嘴、打哈哈，它应当是智慧和灵感的闪光。如果你的幽默带着恶意的攻击，以挖苦别人为目的，还是不说为妙。

【理论指导】

言语幽默的人处处受人欢迎，言语幽默的人更容易获取成功的机会。但是幽默要说得合理，即要把握好一个"度"的原则，也要分清场合。无规矩不成方圆，同样玩笑开得过火也会惹是生非。所以幽默也要注意分寸问题。

美国第 40 任总统里根有一次在国会开会，开会前他想试试麦克风是否好使，张口便说了句：先生们请注意，5 分钟之后，我将宣布对苏联进行轰炸。一语既出，全场哗然。其实，里根总统并没有轰炸苏联的打算，他只是随口开了个玩笑，一来试试麦克风，二来活跃一下气氛。可是，消息很快传到了苏联人的耳朵里，苏联为此提出了强烈抗议，还差一点引发国际争端。

如果不把握幽默的分寸，为幽默而幽默，必将损害自己在别人心目中诚实、庄重、可信的形象，减轻自己在别人心目中的分量，甚至直接影响到两人之间的关系。因此，幽默话要适度，超越分寸，有时变成油腔滑调，令人生厌；有时变成狂言，受人指责。

多年前，英国大文豪萧伯纳到上海访问时，林语堂上船迎接。林语堂说："上海许多天来不是大风就是大雪，直到今天才放晴。你真是好福气，一到上海就看见太阳。"萧伯纳听了，说："是太阳有福气，能在上海见到我。"

"是太阳有福气……"出自萧伯纳，听起来很俏皮，令人开心。如果是东西两村洽谈事宜，其中一方一时高兴，对对方说："太阳有福气，能在东村见到我。"东村人听起这话自然不爽，说不定还要去教训他一顿。

如果你的幽默带着恶意的攻击，以挖苦别人为目的，还是不说为妙。再好的糖衣，如果里面包的是毒药，也会置人于死地。

在工作中，幽默也是如此，特别是办公室这个无风还起三尺浪的地方，就更要注意开玩笑的艺术，哪怕是最轻松的玩笑话，都要注意掌握分寸。

幽默风趣并不是油滑、浅薄的耍贫嘴、打哈哈，它应当是智慧和灵感的闪光，含而不露地引发联想，出神入化地推动人们领悟一种观点、一种哲理，它有情的酿造、有理的启迪，传达着丰富的信息。

幽默有时是文雅的，有时是含有暗示用意的，有时是高级的，有时是低级趣味的。我们切忌在交际中开低级趣味的玩笑，以此为幽默，会使人当场丢脸，反目成仇，所以在社交场合中，幽默应该显示人的高尚、斯文。

谈笑应恰如其分，因地因时适宜。比如大家正在聚精会神地讨论研究一个具体问题，你突然在这里插进了一句毫无关系的笑话，不但不令人发笑，反而使人觉得无趣。

在社交场合中，如果一味地说俏皮话，无限制地幽默，其结果也会适得其反。譬如：你把一个笑话反复了讲了三遍，起初人家还以为你很风趣，到后来听厌了之后，会使人感到呆板、恶心。

恰当的幽默会助人成功，但不当的幽默也会让自己陷入窘境。事实上，幽默是有很多禁忌的。

1. 忌目的不明确，尺度不适当

打个比方来说，这恰如用杠杆原理去撬一块石头，目的是搬石头，所以弄清石头的支点在哪里是关键。幽默的目的有大有小、有远有近，幽默的尺度，则是幽默的支点。找到这一支点，能缓解气氛；掌握不好，将成为社交场合的破坏性炸弹。

通常人们所运用的都是嘲讽假恶丑、颂扬真善美的道德尺度。即对幽默题材对象运用正确的道德评价，不用愚昧去嘲笑科学、不用错误的标准去攻击正确的事物。

2. 忌拿庄严的事物当作幽默的对象

比如说，一个民族、国家、社会制度和人生的信仰等。

开玩笑、玩幽默，同样应注意有礼的问题，污秽、粗俗之物不可拿来造幽默。避开这些题材，并非幽默烹调的特殊要求，而是一般社交中应注意的礼貌常识。

3. 忌拿不如自己的人调侃

面对不如自己的人少调侃，少拿别人的疮疤做娱乐话题。另外，幽默语言不可在伦理辈分上占便宜。一些趣味低级的人往往喜欢找空隙给身边的同事当一会儿"父亲"或是"爷爷"辈之类的，这样也会闹得彼此都不开心。

4. 忌自我为中心

哪怕你有一肚子的笑话，也别滔滔不绝地说起来没完没了。这样总是以自己为中心，难免会让别人感到不快或受冷落，甚至还可能会让人误会你想表现自己。要知道，聚会也是别人的社交，你得让别人也有表现的机会。需要幽默时，你只需恰到好处地说上几句画龙点睛的话就好，不要过分出风头。

综上而言，幽默不可不注意对象的地位和一些背景。掌握了幽默中的禁忌，才能让人喜爱、处处受欢迎，人际关系才能融洽、和谐。

幽默必须言之有物

【核心提示】

要使幽默“言之有物”，让自己的语言内容充实，幽默必须建立在丰富的知识之上，否则说出来的话会变得不入流。而言之有物就是你知道怎么说可以达到幽默的效果，这样既能体现自己的说话水平，又能打动人心。

【理论指导】

有口才的人说话具有条理清晰、言之有物、有理有据等特征。孟子曰：“言无实不祥。”意思是说，言语没有实际内容是不好的。因此，我们说话要言之有物，切忌言之无物，废话、空话连篇。

据说，苏格拉底曾经用“三个筛子”的理论教育他的学生。

有一天，苏格拉底的一位学生兴冲冲地跑来对他说：“老师，告诉您一件您绝对想不到的事。”

没想到苏格拉底竟然毫不留情地制止了他：“请等一下，你想讲的这件事，用三个筛子过滤了吗？”

学生不解地摇了摇头。

苏格拉底继续说：“当你准备向一个人讲述一件事情的时候，一定先用三个筛子过滤一遍。这第一个筛子是‘真实’，你能保证这件事情的真实性吗？”

学生惭愧地说：“这件事我是道听途说的，大家都这么说，所以我想到要来告诉你，但是不能确保它一定是真实的。”

苏格拉底继续说：“那就应该用第二个筛子去筛查，这件事是善意的吗？”

“不是，正好相反，这件事情充满了恶意。”学生越发羞愧难当。

苏格拉底依然不厌其烦地讲道：“那么，再用第三个筛子分析一下，这件事是重要的吗？”

“也谈不上很重要。”学生的头完全垂了下来。

苏格拉底这时候才语重心长地说：“既然这件事情并不主要，也不是出于善意，更不知道它的真假，那又何必说呢？说了只会造成我们彼此的困扰罢了。”

学生使劲点了点头，牢牢记住了老师的话。

苏格拉底“三个筛子”的理论中，真实性也好、善意也好、重要性也罢，其实都是在强调讲话要有内容，如果一件事是编造出来的，讲话者是不怀好意的，或者内容是鸡毛蒜皮的小事，那么即使情节再生动曲折，也不应该讲出来。

现实生活中，我们都喜欢那种在最短的时间，讲出最多信息的人，却不喜欢长篇累牍，让人听得一头雾水，却不知所云的人。所以，我们在各种场合讲话运用幽默时，一定要言之有物，不能光耍嘴皮子，那叫作刻薄。刻薄的人总是拿着剑去刺伤别人，却不检讨自己。

幽默的人，给别人的感觉是温暖、仁慈、敦厚，说出来的话能让人哭、让人笑、让人反省、回味无穷。即使是讲笑话，除了令人发笑之外，也要讲究深度，如果只是为了开玩笑而已，那会令人倒尽胃口。

要使幽默“言之有物”，让自己的语言内容充实，幽默必须建立在丰富的知识之上，否则说出来的话会变得不入流。而言之有物就是你知道怎么说可以达到幽默的效果，这样既能体现自己的说话水平，又能打动人心。

孙中山曾在广东大学（即今中山大学）发表演讲，内容是三民主义。当时听演讲的人很多，但是礼堂小，通风不够，所以导致很多人精神不佳，现场的气氛比较无趣，很多人听讲座的兴趣并不高。

孙中山先生看到这种情况，为了提起听众的精神，改善场内的气氛，他巧妙地讲了一个故事：“我小时候在香港读书，见过有一个搬运工人买了一张马票，因为没有地方可藏，便藏在时刻不离手的竹竿里，并牢记马票的号码。后来马票开奖了，中头奖的正是他，他便欣喜若狂地把竹竿抛到大海里去了，因为他以为从今以后就不再靠这支竹竿生活了。直到问及领奖手续，知道要凭票到指定银行取款，他这才想起马票放在竹竿里，便拼命跑到海边去，可是竹竿连影子也没有了。”

故事讲完了，听众的精神振奋了，大家议论纷纷，礼堂里充满了笑声、叹息声，气氛一下子变得活跃起来。

于是，孙中山抓住时机，紧接着说：“对于我们大家，民主主义这根竹竿，千万不要丢啊！”他很自然地把话题引到原来的轨道上。

孙中山所讲的这个幽默故事，不仅调节了听众的情绪，而且让大家在笑声中认识了真理，达到了良好的效果。

总之，幽默的语言要真实、形象生动，这样能引人联想，让人回味无穷。

望文生义，幽默风趣

【核心提示】

望文生义法需要听者对你所曲解的意思心领神会，对方至少要熟悉你所歪曲的经典原义，同时以对方的智力能够明白你是故意歪曲的，否则达不到幽默的效果。

【理论指导】

望文生义幽默法，即明知故错，只按字面理解词义，得到与原解释截然不同的结果，也会使说话十分诙谐，充满幽默感。

望文生义法是一种巧妙的幽默技巧。运用它，一要“望文”，即故作刻板地就字释义；二要“生义”，要使“望文”所生之“义”变化得与这个“文”通常的意义大相径庭，还要把“望文”而生的义，引向一个与原义风马牛不相及的另一个内容上。从而在强烈的不协调中形成幽默感。

望文生义需要一个条件，即对你所曲解的意思要让别人心领神会。对方至少要熟悉你所歪曲的经典原义，同时以对方的智力能够明白你是故意歪曲的。如果他达不到这种水平，把你的故意歪曲，当作无意的错误，再来纠正你，那就必然导致幽默感的丧失。

有位主管主持会议，开宗明义地宣布：“今天的会议十分重要，研究全厂改革大计，故应明令禁止说普通话。”参会者感到十分困惑：普通话是国家大力推广的便于人们沟通的语言，为什么要禁止呢？不说普通话，莫非要说方言或外语不成。面对众人不解的目光，这位主管缓缓解释说：“所谓普通话，就是指那种普通、平庸、没有独到见解的话，难道这种话不应该禁止吗？所以，在今天的会上，大家一定要说切实有用的话！”听到这里，众人才恍然大悟，全场大笑，鼓掌赞同。

望文生义这种方法可以在讽喻他人时使用。有些场合不便直接指出对手的错误，就可以借讲故事的形式，把对手的错误转移到古人头上去，既不会伤害对方的自尊，又能显示自己幽默的魅力。

周恩来是一位博学多谋、辩才杰出、富有幽默感的人。在接受国外采访中，难免遇到冷嘲热讽。在这种情况下，他总是思维敏捷，善用“望文生义”幽默法，明知故错地就字释义，取得了与问者截然不同的结果。

一天，周恩来接见美国记者，对方不怀好意地问：“总理阁下，你们中国人为什么把人走的路叫作马路呢？”周恩来听后没有急着用刺人的话语去反驳，而是妙趣横生地说：“我们走的是马克思主义之路，简称马路。”

对方又问：“总理阁下，在美国，人们都仰着头走路，而你们中国人为什么低着头走路呢？”他又微笑道：“这个问题很简单嘛，你们美国人走的是下坡路，当然要仰着头走路的，而我们中国人走的是上坡路，当然要低着头走了。”

寥寥数语，使对方哑口无言。在这里周恩来将“望文”得到的意思，巧妙地引申到要说的后一个内容上，又让所生之义与前者通常的意义大相径庭，使之在强烈的不协调中产生幽默感，维护了祖国的尊严。

当然，这时需要类比得当，而且分寸也需斟酌。如果类比不当，对方可能无所感觉，如果类比过分直露，可能失去分寸，不但显不出你的智慧，而且招致对方的反感。立志于谈吐幽默诙谐者切忌“引喻失当”。

以望文生义法幽默，既可产生亲切感，也可导致轻浮感，其间分寸，应视具体环境与关系性质灵活掌握。只有在长期的实践中，才能深深体会，准确掌握，除此之外的任何“捷径”均非最有效良策。

理不歪，笑不来

【核心提示】

欲达到语言幽默的效果，有时需要去故意营造一种让人“误解”的语境。

【理论指导】

俗话说，理不歪，笑不来。“歪解幽默”法就是以一种轻松、调侃的态度，随心所欲地对一个问题进行自由自在的解释，硬将两个毫不沾边的东西捏在一起，以造成一种不和谐、不合情理、出人意料的效果，在这种因果关系的错位和情感与逻辑的矛盾之中，产生幽默的技巧。

三位母亲自豪地谈起她们的孩子，第一位说：“我之所以相信我家小明能成为一名工程师，是因为不管我买给他什么玩具，他都把它们拆得七零八散。”第二位说：“我为我的儿子感到骄傲。他将来一定会成为出色的律师，因为他现在总爱和别人吵架。”第三位：“我儿子将来一定会成为一名医生，这是毫无疑问的，因为他现在体弱多病。俗话说‘久病成良医’。”

读到这儿，我们都会忍俊不禁。这种幽默的力量是从哪里来的呢？很显然，是从这三位母亲的滑稽的解释中得来的。如果说儿子能当上工程师是因为喜欢用积木搭桥盖房子；说儿子能当律师是因为喜欢法官的大盖帽；说儿子能当医生是因为他常玩给布娃娃打针的游戏，那就没有多少幽默可言了。这种解释是从生活的常理中来的，人们听来毫不觉得意外，所以并不可笑。

而这里的三位母亲却都跳出了这些常理的框框，给这些问题找到了一个似是而非、驴唇不对马嘴的解释，结果和原因之间显得那样不相称，那样荒谬，两者之间造成了巨大反差，于是形成了幽默感。这就是“歪解幽默”法的奥秘所在。

“歪解幽默”法作为一种幽默技巧，并不神秘，也不深奥，只要是出于表达情感的需要，只要是不那么死心眼地有一说一，有二说二，那么，在日常交际中，谁都可以用它幽上一默。

比如，有人问你：“你怎么越来越年轻了，用的什么美容霜？”你可以说：“我用的是不花钱的‘哈哈霜’。笑一笑，十年少嘛。”“你怎么老这么又黑又瘦？”“干我们这行的都是属‘老鼠’的，就会‘咬文嚼字’，吸收的全是墨汁，能不又黑又瘦吗？”这样的幽默，我们不是一样可以制造出来吗？

“歪解幽默”法最常用于自嘲。如故作蠢言或故作大言时加以引用，以大智若愚的姿态出现，使对方与你之间缩短心理距离，增加分享谐趣的渠道。

某人有一次在宴席上问鲁迅：“先生，你为什么鼻子塌？”鲁迅笑答：“碰壁碰的。”

这个回答里面，既有对社会现实的不满，又有对自己生活坎坷经历的嘲讽，这样丰富的具有社会意义的内容与“塌鼻梁”这样一个具有丑的因素的自然生理特征结合在一起，便产生了无法言喻的幽默感。

幽默的精髓在于超乎常理。歪解幽默法作为一种说话技巧，并不神秘，也不深奥，如果是出于表达情感的需要，那么你就可以在日常交际中使用。

幽默也是可以模拟的

【核心提示】

模拟的要诀在于出人意料地把毫不相关的事扯在一起，内容越是风马牛不相及越好，距离越大越能引起惊讶；在形式上则越是接近，越有幽默的效应。

【理论指导】

模仿很简单很直接，也是最容易制造喜剧效果的幽默方法之一。“模拟幽默”法就是把大家熟悉的原本的语言情境，移置新义，与原义形成对照，从而产生不协调之趣，造成幽默感。

一位美国女教师总爱板着面孔上课，动不动就批评学生的顽劣，弄得学生怨声载道。一次她在课堂上提问：“‘要么给我自由，要么让我去死’这句话是谁说的？”

“1775 年巴特利克·亨利说的。”有人用不熟练的英语答道。

“对。同学们，刚才回答问题的是日本学生，你们生长在美国却回答不出来，而来自遥远的日本的学生却能回答，多么可怜啊！”女教师借机讽刺了一下其他同学。

“把日本人干掉！”教室里传来一声怪叫。

女教师气得满脸通红，问：“谁？这是谁说的？”

“1945 年，杜鲁门总统说的。”

这位同学话音一落，全场一片哄笑，就连那位日本学生也忍俊不禁，哈哈大笑起来。

瞧，这就是模仿的魅力。

模仿既是一种抄袭，也是一种学习，我们不仅可以模仿原来语境中的语言要素，还可以模仿一些幽默大师、一些搞怪的动作、独特的声音等等。这种幽默简单易行，也更容易为自己和别人带来快乐。

模拟的要诀在于出人意料地把毫不相关的事扯在一起，内容越是风马牛不相及越好，距离越大越能引起惊讶；在形式上则越是接近，越有幽默的效应。“模拟幽默”法的技巧有顺拟法、反拟法、别拟法等。

1. 顺拟法

顺拟法是顺着旧格式拟出新的内容。由于这种手法多用于触景生情而即兴创作，所以，常能引出新的寓意和偶发词。

比如，有些人精力过剩，浪费过度，有劲没处使，有力没处用，整天泡在麻将里，于是有人便讽刺道：“春眠不觉晓，时间何时了，夜来麻将声，输赢知多少。”

2. 反拟法

反拟法就是把我们日常生活的习惯用语，偶尔反用其意，造成新奇的幽默感。比较而言，反拟比顺拟更能留下深刻的印象，这是反差造成的效果。

有一位领导，在大会上做报告。为了同腐败现象斗争到底，他坚决地说：“谁说我们总是杀鸡给猴看？我们还要杀猴给鸡看！”

反腐败关系到我们党和国家的生死存亡，“杀猴给鸡看”这个反拟的幽默在这场斗争中，不是扮演了一个恰如其分的角色吗？

反拟法看起来简单，只是要将现成话反过来说，但是必须说到点子上，才有幽默感。只要你懂得点到为止的道理，强扭的瓜也甜。

3. 别拟法

别拟法就是要拟出幽默的别拟来，这也是我们经常有意识无意识地运用的。比如，我们讽刺那些为儿子去安排锦绣前程的父亲叫作“孝子”，这已不是封建礼教所指的“孝子贤孙”了，而是孝顺自己儿子的“孝子”了。

别拟法要拟得自然贴切，切忌生搬硬套，应当追求一种天然的妙趣，人为的痕迹越少越好。

我们说好作品百读不厌，这是夸张。不管什么人，只要口头禅一多，就会缺少幽默感，这时，一个最好的办法，就是运用“模拟幽默”法来推陈出新。

那么，我们怎样才能通过模拟的方法，使幽默感在模拟中创新呢？一方面是顺应人们喜新厌旧的心理，另一方面也不忽视人们喜新恋旧的心理，将这两种心理移植在一起，也便产生了模拟幽默法。

模仿虽然简单，但要制造出理想的幽默效果，还需要你认真把握。如果你善于形体模仿，可以尝试用直观的形象来创造喜剧效果；如果你头脑机智灵敏，初通文墨，则可以利用语言模仿创造幽默，这种幽默不仅有趣，还能成为你的有力武器。

运用“模拟幽默”法要把握好这样三个字：名、热、新。

1. 名

名就是你所模拟的应当是知名度高的名篇、名言、名句，或大家熟悉的成语、台词、俗话等。

2. 热

热就是你要表达的内容应与时代合拍，最好是人们关心思考或者有争议的热门话题，这样就能很快引起人们联想，产生共鸣。

3. 新

新就是观点新。这是模拟幽默法的灵魂。也就是说，旧瓶装新酒还不够，还必须装上新的气息，以造成幽默的醉人气氛。

随意而就，自然成趣

【核心提示】

运用“随意成趣”法幽默技巧，要具备以下两个条件：一是和谐，二是自然。

【理论指导】

“随意成趣”法，是对产生幽默趣味的种种技巧的综合运用，乍一听，是信口开河，再一想，却耐人寻味。

我们这里所说的随意，就是顺其自然，自然才能成趣，并不像海市蜃楼那样虚无缥缈，使人难以捉摸，而是贴近生活的。因此，运用“随意成趣”法幽默技巧，要具备以下两个条件：一是和谐，二是自然。

夏夜，有个人在朋友家小坐。“啪”的一声，他打死一只蚊子。一摸，胳膊上已经鼓起了一个大包。“咦！这蚊子怎么专叮外来人啊？”

“这是我们家的看家蚊子！”男主人笑了。

“哼！”女主人却借题发挥，说，“连我家的蚊子也学会喜新厌旧了。”

一时不知道这话里包的是什么馅，客人坐也不是，走也不是。

“嗯……啊……明白明白……”客人突然自言自语，念念有词。

“你在跟谁说话呢？”女主人惊异地问。

“你没看到你们家的看家蚊子在跟我咬耳朵吗？”

“那它跟你说什么？”女主人脸上的乌云松开了。

“其实它对我说，我咬了你一口，才知道你是个男的，要不然，我还当你是第三者插足呢？”

大家都笑了。幽默趣味驱散了夫妻间即将发生的一场风波。这就是和谐。

随意成趣幽默一般根据对方问题的方式、方法或语言形式，随机应变来构思自己的回答。这种方法多适用于一些特殊的场合。在这些场合中，或者出现了不便于直接回答的问题，或者出现了别有用心的议论，或者出现了暗含侮辱的诘难……倘若应对不当，常常会使自己陷于难堪的境地。

于是，“敏捷含蓄，机变应答”式幽默在回避、辩辱、规劝、解窘等方面，能发挥出一些特殊的作用。

随机应变法，突出的就是人与人之间的自然与和谐。强调的是自然而然，顺其自然，随意成趣。但这里的“随意”并非虚无缥缈、信口开河，而是智慧的开窍，幽默的体现。它往往能使家庭生活充满幽默，带来幸福快乐。学习实践随机应变法，不仅需要掌握灵活多样的各种幽默技巧，而且应当掌握丰富的科学、文化知识，丰富内涵。

“张冠李戴”，巧用替代说话

【核心提示】

选择恰当的替代性语言，常常可以产生很好的喜剧效果。

【理论指导】

两个语词意义相同或有某种联系，人们在说话时，用其中一个去替代另一个，这种手法就叫替代法。替代之所以能造成幽默，是由于替者与被替者往往不谐调，将此代彼，就表现出一种滑稽可笑的效果。

一个学校进行考试，老师在监考时对学生说："今天的考试，我们要求同学们'包产到户'，不要走'共同富裕'的道路。"

这位老师的话引起了同学们的会心一笑，知道老师说的是不允许相互提供方便，要自己答自己的卷子。但老师的话妙就妙在没有直言考场纪律，而是用两个农村改革中的专业词语来代替："包产到户"代替"自己答自己的卷子"，"共同富裕"代替"相互帮助"。由于"包产到户"和"共同富裕"的巧妙借喻与考场上紧张严肃的气氛格格不入，形成强烈的反差，所以产生了幽默。

这种不直接表述某种事物，或不直说某事某人的名称，而是用其他相关的词语、名称来取而代之的幽默方法，我们称之为"张冠李戴"，它与修辞中的借代（或叫换名）基本上是相同的。

我们在观赏马戏团的演出时，经常会觉得那些穿人类服装的猩猩、猴子之类非常滑稽可笑，因为兽类本来不具有文明的特征，把人类文明的东西强加于动物身上，自然给人以不协调感，所以容易为之发笑。这就是张冠李戴造成的喜剧效应。说话也是这个道理，故意用甲来代替乙，并使之在特定的环境中具有不协调性，且意味深长，便是幽默了。

赵本山很幽默，因幽默而走红，成为招人喜欢的大明星。

在《相亲》中一亮相，这老兄就自言自语道，"哎呀来早了，说是 8 点，现在 7 点 60 了。"两人见面后，女方问，老伴在哪工作呀？赵回答："她那工作谁也没法比，地下工作者。阎王爷给办的，那破地方去了就后悔了，调不回来了！"这比直接说不更有意思吗？

小品《不差钱》中的最大包袱，是小沈阳与赵本山事前的默契：凡太贵的东西，就"换一种说法"，说成是"没有"。于是，两人有了以下令人捧腹的对话。

赵本山：龙虾 4 斤多的有吗？

小沈阳：这个没有。

赵本山：龙虾 1 斤多的有吗？

小沈阳：你看是有还是没有呢？

赵本山：那就来个小鸡炖蘑菇。这个可以有。

小沈阳：这个真没有。

"这个真没有"，成了当年春晚经典语言。为啥观众听到此会笑得前仰后合，止也止不住呢？因为此处将幽默之替代手法，用到了极致！

当然，后面这句，也非常可乐。

小沈阳：别说话了，万一一会儿真有了咋整呢？

这"真有"暗含威胁之意，观众心里明白，赵本山也明白，只有毕姥爷蒙在鼓里，能不惹得大伙哈哈直乐吗？

修辞上的借代，也可归入替代一类中去，其间能造成幽默者，也必是显示了代者与被代者的不谐调。用人或事物的特征代本体也是制造幽默的有效方式。比如鲁迅先生在小说《故乡》里有一句话："圆规一面愤愤地回转身，一面絮絮地说，慢慢向外走……"这个"圆规"代称小说中的杨二嫂。为什么这么借代呢因为杨二嫂身材细瘦，圆规最能体现她的身材与姿势的特征。这样一代，更加突出了她身材与姿势的滑稽可笑性，读来倍感有趣。

所谓张冠李戴，选择恰当的"冠"，主要有两个渠道。一是从现成的行业术语、专业术语、政治术语中去选择，像前边提到的"包产到户""共同富裕"等都属此类，相对来讲，这样的选择比较容易。二是在交际过程中选择适当的词语来完成换名，这种选择和应用相对要难一些，但只要替代得好，更有现场效果和机智的幽默感。

在一次访美期间，丘吉尔应邀去一家专门做烤鸡的简易餐厅进餐。丘吉尔很有礼貌地对女主人说："我可以来点儿鸡胸脯的肉吗？""丘吉尔先生，"女主人温柔地告诉他，"我们不说'胸脯'，习惯称它为'白肉'，把烧不白的鸡腿称为'黑肉'。"

第二天，这位女主人收到了一朵丘吉尔派人送来的漂亮的兰花，兰花上附有一张卡片，上写："如果你愿把它别在你的'白肉'上，我将感到莫大的荣耀——丘吉尔。"

女主人称"胸脯"为"白肉"，弄得丘吉尔当时很被动。但丘吉尔很快就从被动中走出来，他现买现卖地把"白肉"借用过来，以"白肉"来代称女主人的"胸脯"，这显然是把鸡和人扯到了一起，给人赋予了鸡肉的名称，诙谐的讽刺中多了几分幽默感。借用现场的交际语来实现张冠李戴的幽默，体现了丘吉尔的聪明机智。

借用交际语必须有一个前提，就是双方都是当事人，都明白那个借体用来代替的事物是怎么回事。如果你将一个地方的交际语拿到另一个交际场合去张冠李戴，由于对方不明真相，你的幽默力量便不会传递给对方，那么你的幽默也就失败了。

巧设悬念，吊足听众的胃口

【核心提示】

越是有悬念的东西，越是能吸引人的好奇心。

【理论指导】

吊足胃口其实就是设制悬念。制造悬念是一个非常有用的幽默技巧，是抓住听众的好办法。通常是讲话者先说出一个令人吃惊的"结论"，即从"另类"的角度说出结果，然后巧言解释，使接受者产生心理落差，"期望值"突然落空，笑声便出。

对演讲者来说，在开场白的时候，他们只有通过巧设悬念才能进一步抓住观众的心，这样可以使演讲更加有趣、生动；就听众来说，如果演讲与一般逻辑不同，那么他们就会紧跟着向演讲者走，这样才足以吊起听众的胃口。

当代著名作家冯骥才机智幽默，口才不凡，经常妙语迭出。1985 年，冯骥才应邀到美国做演讲。他的开场白新颖独特，构思奇巧让人赞叹。演讲即将开始，大厅里座无虚席，鸦雀无声。主持人向听众介绍说："冯先生不仅是作家，而且还是画家，以前还是职业运动员。"简短介绍完毕，大厅里一片寂静，只等这位来自中国的作家开讲。此时的冯骥才也十分紧张，因为美国人参加这类活动是极其严肃认真的，必定是西装革履，穿着整整齐齐，对演讲者要求很高，必须是口若悬河，机智敏锐，而且要幽默诙谐，否则他们就不买你的账，甚至会纷纷退场，让你下不了台。

只见冯骥才沉默了片刻，当着大家的面，把西服上衣脱了下来，又把领带解了下来，最后竟然把毛背心也脱了下来。听众都愣了，不知他这是什么意思。大厅里静得连掉根针也听得见。略停了一会儿，冯骥才开口慢慢说道："刚才主持人向诸位介绍了我是职业运动员出身，这倒引发了我的职业病。运动员临上场前都要脱衣服的，我今天要把会场当作篮球场，给诸位卖卖力气。"独具一格的开场白，引得全场听众大笑，掌声雷动。

一开场，冯骥就制造了一个悬念，他并不急着演讲，而是从容不迫地脱起了衣服，如此出人意料的行径，让听众大惑不解。吊足了听众的胃口后，冯骥才不露声色地说出开场白，幽默地说出用意，寥寥数语就让听众恍然大悟：原来他刚才的所作所为都是铺垫与烘托，他是接着主持人介绍自己曾是职业运动员的话头，来了个"借梯登楼"，"运动员临上场前都要脱衣服的"，所以他也"照葫芦画瓢"脱衣服为演讲做准备。

这样别开生面而幽默生动的开场白，令人耳目一新，一下子吸引了美国听众的注意力。冯骥才的演讲，以动作设悬念，开场白释悬念，如此睿智幽默，引起听众的满堂喝彩也是顺理成章的了。

设置悬念又称"卖关子"，即说话者先提出一个故意使人产生误会的结论，然后再做出一个出人意料的分析和解释，其目的是为了抛砖引玉，利用听者的好奇心理，先说出一个发人深思或出人意料的现象、结论，设一"关卡"又秘而不宣，吊住别人的胃口，再巧解谜团，让听者自我猜测思考后才加以分析，和盘托出真情或道理。

著名作家刘绍棠就是利用巧设悬念法，使演讲成功的结束。

有一次，刘绍棠要在南开大学做报告。在他讲到"每一位作家都是有所为有所不为的，即使是真实的东西，也是有所写有所不写的，无产阶级的文学更是如此"时，台下有人递来一张纸条，上面写着："刘老师，您说作家有所为有所不为，我觉得不应该这样。既然是事实的，就是存在着的；存在着的，就应该给予表现，就可以写。"

刘绍棠对于这张纸条提出的问题，并没有采取简单的批评的方法去回答，而是找到这位写纸条的女同学，说："你把你的学生证给我看看好吗？"这位女学生充满疑惑地反问："为什么要看我的学生证？""我要看看你的学生证上是不是贴着脸上长疮的照片。""我为什么要把长疮的照片贴在学生证上啊？""长疮时你为什么不照个照片呢？"刘绍棠追问一句。"长疮时谁还照照片啊，怪寒碜的。"女同学很轻松地回答。

"你不在长疮时拍照片，更不会把长疮的照片贴在学生证上，这说明你对自己是看本质的。因为你是漂亮的，长疮时的不漂亮是暂时的，它不是你最真实面目。所以你不想照相留念，更不想照这样的像片贴在学生证上。不良词语，无法显示的某些缺点是需要批评的，但有些事情是有特殊原因的，是涉及到许多方面问题的，可你非把它揭露出来，这岂不是明知故做，岂不是跟把长疮的照片贴在学生证上一样道理吗？"

这位女同学提的问题应该够"刁"，因为她针对刘绍棠演讲中的部分话语大做文章，如果照常理来讲，是需要付出很多的精力与时间的，但刘绍棠巧妙地跳出这个圈，使出了"卖关子"手段，不与她进行正面"较量"。他从听众的角度出发，根据照片与本人的可比性，先使对方不知不觉地进入自己预设的语言"圈套"中，然后就此展开说理，使道理犹如拨云见日般地显露出来。

可见，设置悬念法对调节生活中的尴尬及不快有很大效果。但设置悬念也是需要技巧的，其前提是做好充分的铺垫，不要急于求成。你所说的话要让听众对结果产生错误的预料，然后在听众的强烈好奇心下再把结果点明。给听众一个思考的时间，这样听众就能更加深刻地领略话中的奥妙。

一语双关，娱乐无极限

【核心提示】

当遇到棘手的问题不好回答或不能回答时，一语双关往往能收到出人意料的效果。

【理论指导】

一语双关是利用语意相关或语音相似的特点，使语句具有双重意义，造成言在此而意在彼的效果。善用双关语，能曲折地表达思想感情，使语意含蓄，也使语言幽默诙谐。

所谓双关，也就是你说出的话包含了两层含义：一是这句话本身的含义；另一个是引申的含义，幽默就从这里产生出来。也可说是言在此意在彼，让听者不只从字面上去理解，而能领会言外之意。

美国第 38 任总统福特，他说话喜欢用双关语。有一次，他回答记者提问时说："我是一辆福特，不是林肯。"众所周知，林肯既是美国很伟大的总统，又是一种高级的名牌小汽车；福特则是当时普通、廉价而大众化的汽车。福特总统说这句话，一是表示自己谦虚，一是为了突显自己是大众喜欢的总统。

使用双关语是产生幽默的最常见的方法。双关具有一箭双雕的特点，在文章或说话中是一种幽默的机智，只要用心观察，就会发现日常生活中有不少具有创意的双关语。

有一天，一位年轻的作者来到某编辑部，递上自己的作品。编辑看了作品以后问他："这篇小说是你自己写的？""是我自己写的。我构思了一个多月的时间，整整两天才写出来的！""啊，伟大的契诃夫先生，您什么时候复活了啊！"编辑大发感慨。听了编辑的话，年轻人赶紧离开了编辑部。原来，"契诃夫先生，您什么时候复活了啊"这句话，暗指"你抄袭了契诃夫先生的作品"。其效果远胜于明言快语地指出作品是抄袭的。

在社交中，当遇到棘手的问题不好回答或不能回答时，一语双关往往能收到出人意料的效果。由于双关语含蓄委婉，生动活泼，又幽默诙谐，饶有趣味，能给人以意在言外之感，又使人回味无穷，因而经常为人们所使用。

有时候，相同的一句话，因为场合、说话对象等外在因素的变化，说出来就会表达出不同的意思。因为有些词语本身就包含有两种相反的意思，在特定的场合表达出与人们期望相反的意义。

在延安的一次演讲会上，当演讲快结束时，毛泽东掏出一盒香烟，用手指在里面慢慢地摸，但掏了半天也不见掏出一支烟来，显然是抽光了。有关人员十分着急，因为毛泽东烟瘾很大，于是有人立即动身去取烟。毛泽东一边讲，一边继续摸着烟盒，好一会儿，他笑嘻嘻地掏出仅有的一支烟，夹在手指上举起来，对着大家说："最后一条！"

这个"最后一条"，毛泽东的话是最后一个问题，又是最后一支烟。一语双关，妙趣横生，全场大笑，听众们的一点疲劳和倦意也在笑声中一扫而光了。

由此可见，语意双关是一种非常实用的幽默技巧，它可以避免把话说得太直、太透，我们要学习并利用它，使之成为社交中与人交流的沟通方式。

随机套用玩幽默

【核心提示】

在使用随机套用幽默法时，要将所讲的幽默故事与当时的话题天衣无缝地结合起来。

【理论指导】

随机套用幽默法是预先熟练地掌握些与本人工作生活有关的幽默故事，然后加以灵活地套用，最好能根据自己所处的环境特点即兴发挥。

随机套用是最有实践价值的幽默手段，因为它本身是建立在日常偶发事件——一件事，一句话，一个动作等基础上，将这些事件作为素材来使用，寻找其与自己所要达到的目的之间的契合点，然后通过类比、套用等方式，顺水推舟，既不做作，又充满幽默的乐趣。

煤气公司门前排着长队，老吴一连跑了几天依然带着空罐回家。

妻子："灌上气了吗？"

老吴："灌得满满的。"

妻子欣然打开煤气灶准备做饭，但连点几次也点不着火。"喂，老头子，你灌的这是什么气啊？"

"霉气。"

"怎么点不着火呢？"

"火在我肚子里憋着呢！"

老吴套用了"煤气"——"霉气""点火"——"发火"中的"火"和"窝火"中的"火"的联系，用一种委婉的方式表达了心中的怒火。

这显然是随机套用的精髓所在，不仅显示了个人的幽默情调，而且顺势"解决"了现实问题。所以幽默的出现绝不是空洞的说辞，它们通常是用来表达说话者的思想感情的，只是方式更加委婉。因为幽默的委婉性，它经常被用来表达某种不满或者讽刺。

汤姆答应女朋友过生日时送她一条金项链。可是，当珠宝商报出汤姆女朋友看中的那条项链的价格时，汤姆低声地吹了一声口哨。"那这条项链多少钱呢？"汤姆指着另一条项链问道。"三声口哨。"珠宝商答道。

虽然汤姆作为顾客不应该受到这样的"待遇"，但是却又无话可说，因为这位聪明的珠宝商只是套用了汤姆的行为，说出了不方便直接说出的事实。他用贴切的类比委婉地回答了顾客的问题，也顺便表达了自己对于这位穷小子的嘲讽。

当然，随机套用的讽刺幽默不仅适用于谈话中的主动"攻击"，更适合于"防守自卫"。随机套用的幽默，需要机敏，需要智慧，更需要一种乐观向上的生活态度，这也是幽默的本质所在。

真正高层次的幽默对幽默不能刻意追求，而是对日常生活的突如其来的反应有针对性地出口，有的放矢，才能百发百中。

张大千是我国著名的画家。他留长须，讲话诙谐幽默。一天，与友人共饮。友人讲笑话，而且讲的都是嘲弄长胡子的笑话。

张大千默默不语，等大家讲完，他清了清嗓门，讲述了一个有关胡子的故事：

三国时候，关羽的儿子关兴和张飞的儿子张苞随刘备率兵讨伐东吴。他们两个为父报仇心切，都想争当先锋去打仗，这却使刘备左右为难。没办法，他只好出题说："你们比一比，各自说出自己父亲生前的功绩，谁父亲的功劳大谁就当先锋。"

张苞一听，不假思索地顺口说道："我父亲当年三战吕布，喝断当阳桥，夜战马超，鞭打督邮，义释严颜。"

轮到关兴，他心里一急，加上口吃，半天才说了一句："我父五缕长鬓……"就再也说不下去了。

这时，关公显圣，立在云端，听了儿子这句话，气得怒发冲冠，大声骂道："你这不孝之子，我生前过五关斩六将之事你不讲，偏偏在我的胡子上作文章！"在座的无不大笑。

张大千巧妙地套用了关羽胡子的幽默故事，反击了友人善意的嘲弄。

在运用随机套用幽默法时，你要将所讲的幽默故事与当时的话题天衣无缝地结合起来。在这里，最重要的是具有套用以及自由转换这些幽默故事的能力。

随机套用既可以是生活化的，简洁朴素；又可以是文学化的，文雅抒情。随机套用既可以表现俏皮可爱，又能够表达讽刺与不屑。它的形式和内容与说话者的目的紧紧相连，决不能放空炮。

一词多义，别解成趣

【核心提示】

别解词语的幽默，非常考验谈话者的思维敏捷能力。你不能把思维停留在词的原意上，要能突破固定的思维或者跳开常理，制造出别开生面的新词意。

【理论指导】

在交际场合，我们常被要求要有一说一，有二说二。当然，实话实说是一种美德，可若谈话没有任何创新和变化，听起来就显得平平淡淡让人感觉乏味。这时，我们可以尝试一下别解词汇，把一个看似平常的词汇衍生出奇妙歪理，以不变应万变。

所谓别解词语法，就是故意对某些词句的意思进行歪曲解释，以满足一定的语言交际需要，形成幽默风趣的言语特色，使谈话充满轻松愉快的气氛，更好地协调人际关系。

我国漫画家廖冰兄早年家庭贫苦，同妹妹廖冰相依为命，后来就以"冰兄"为笔名。郭沫若知道廖冰兄取名的缘由后，在一次文人的聚会上说："这下子我可明白了，郁达夫的妻子一定名叫郁达，邵力子的父亲一定名叫邵力。”郭沫若巧妙把人名拆开来解释，给与会者带来一阵欢笑。

别解词语的幽默，非常考验谈话者的思维敏捷能力。你不能把思维停留在词的原意上，要能突破固定的思维或者跳开常理，制造出别开生面的新词意。

上世纪30年代初，上海《新闻报》有一篇评论著名画家丰子恺的文章——《丰子恺画画不要脸》。丰子恺大吃一惊，心想：我与作者素不相识，无冤无仇，为何竟遭辱骂？待看完全文，丰子恺却露出了会心的微笑。原来文章是说丰子恺画画，人物脸部大都没有眼睛鼻子，却惟妙惟肖，极为传神。

要使用别解词语的幽默方法，你就必须使大脑保持高速运转，要能迅速地跳开固定思维，为词汇编造一个幽默有趣的新含义，以表达自己的真正意愿。

普希金年轻时并不出名。一次，他前往参加公爵家的舞会，并主动邀请一位漂亮的贵族小姐跳舞。

贵族小姐见眼前是个粗鄙的“乡下人”，便找了个借口，傲慢地加以回绝：“对不起，我不能和小孩子跳舞。”

“对不起，”普希金说着很有礼貌地鞠了一躬，“亲爱的小姐，我真的不知道您正怀着孩子呢！”

贵族小姐的原话本来是想表达：你是小孩子，我不能和你一起跳舞。但是，普希金感受到了来自贵族小姐的鄙视和轻蔑，便故意将这句话误解为“我怀有孩子，跳舞对孩子不好”，巧妙地嘲笑了贵族小姐的傲慢和无礼。

生活中，我们常能听到表达含混不清的言语，只要在这上面稍做些文章，就能巧妙地制造出言语幽默。如果对方的话语带有恶意，你更可以歪曲对方原意，做出有利于自己的解释，便可委婉含蓄地反击对方的攻击。

总的来说，别解词语的幽默方法并不难，但你在别解词语时，应该让人感到你是在故意曲解词意，而不是本意，否则就不会产生出这种强烈的幽默效果。当然，这需要在不断学习中加以锻炼进而掌握，用以增强你的人格魅力。

利用谐音，妙趣横生

【核心提示】

沟通过程中巧用谐音，往往会使谈话过程妙趣横生，气氛更加融洽。

【理论指导】

谐音，是指利用语音相同或相近的关系，有意识地使语句具有双重意义，言在此而意在彼。这是双关的一种常见形式。利用字的谐音来制造双关的效果，会显得很有幽默感。

传说李鸿章有一个远房亲戚，胸无点墨却热衷科举，一心想借李鸿章的关系捞个一官半职。他在考场上打开试卷，竟无法下笔。眼看要交卷了，便“灵机一动”，在试卷上写下“我乃李鸿章中堂大人的亲妻（戚）”，指望能获主考官录取。

主考官批阅这份考卷时，发现他竟将“戚”错写成“妻”，不禁拈须微笑，提笔在卷上批道：“所以我不敢娶你。”“娶”与“取”同音，主考官针对他的错字，来了个双关的“错批”，既有很强的讽刺意味，又极富情趣。

汉语中存在许多的同音字，它们字形字义不同而字音却相同。由于谐音可以一语双关，表达出丰富的含义，给人以无限的想象和联想的空间，利用音同或音近的条件来表达某种含蓄的意义，往往能取得很好的幽默效果。

据说唐代诗人李白去四川远游归来，被应诏入京，在皇帝面前展露了才能，却遭到当朝宰相杨国忠的嫉妒。有一天杨国忠想了个办法，约李白去对三步句，其实就是由杨国忠出上联，李白要在三步之内对出下联。

李白践约而至，刚一进门，只听见杨国忠道：“两猿截木山中，问猴儿为何对锯？”上联出得很刁，运用语音双关法，“锯”音为“句”，直接骂李白是来对句的“猴儿”。

哪知来者不善，李白毫不犹豫地说：“请宰相起步，三步之内对不上来，愿受罚。”当杨国忠跨出步去，李白立即指着杨国忠的脚喊道：“匹马陷身泥里，看畜牲怎样出蹄！”

同样运用语音双关法，“蹄”谐音为“题”，直接骂杨国忠是出题的“畜牲”。杨国忠出题出得古怪而且刻薄，李白对句对得巧妙而且辛辣，幽默机智就这样从巧妙而辛辣的对句中来。

谐音有时候是把这些在意义上毫不相干的词语捏合在一起，造成同一语音形式的词相互干涉、相互抵触，使语言妙趣横生。

有个女婿，善辩，一次同媳妇一块儿到老丈人家去串门。老丈人是个吝啬鬼，在午餐席上只摆盘生柿子和几样素菜。女婿伸手拿过生柿子连皮一块儿吃，媳妇在屋里看见了，连连叫苦。女婿一边吃，一边回答说：“苦倒不苦，只有些涩（啬）。”

苦涩的“涩”与吝啬的“啬”同音，女婿借此讥讽老丈人的吝啬。他吃柿子连皮一起吞，逗引她媳妇发问，以讥讽他的老丈人却不显得鲁莽无礼，足显其机智了。

由此可见，沟通过程中巧用谐音，往往会使谈话过程妙趣横生。

让幽默帮你化险为夷

【核心提示】

遇到困境时，你若能恰如其分地运用含蓄诙谐的语言营造一种轻松愉快的交谈氛围，很可能会逢凶化吉。

【理论指导】

人际交往中，并不是处处都充满灿烂阳光，有时我们也会不期而遇一些意想不到的“交际危情”，或是自己失言失态陷入尴尬，或是遇到他人诘难落入困境，或是遭遇非礼侮辱颜面尽失……

面对这些猝不及防、啼笑皆非、狼狈不堪的“危情”，我们若能恰如其分地运用含蓄诙谐的语言营造一种轻松愉快的交谈氛围，很可能会逢凶化吉，从而成功塑造潇洒自如幽默睿智的现代交际形象。

古代，有位姓刑的进士虽然身材矮小又其貌不扬，但他的文采、口才俱佳。

一天，刑进士的船行驶在鄱阳湖中，突然，一个强盗强行上了船。强盗不仅把刑进士的钱财抢了个精光，还想杀了他。就在强盗气焰嚣张地把刀举起时，刑进士不仅未被吓倒，反而以风趣的口吻说：“人们已经叫我刑矮子了，如果你再将我的头砍掉，我岂不是更矮了吗？”强盗听他这么一说，破天荒地把刀放下了。

当我们碰到尴尬局面时，你不妨先将“脸面”放置脑后，用若无其事的态度和机智幽默的语言去化解。

有一位叫王威的年轻朋友，曾因为迟到而受到上司的严厉警告。有一天上班，偏偏又碰上交通堵塞，虽然可以以“生病在家，所以无法及时上班”作为迟到的理由，但是他觉得老一套不管用，上司也许已经在为解聘他而准备演说词了。

果然如此，王威在 9：30 走进办公室时，里面寂静无声，像个冷库似的。大家都在埋头工作。王威的上司朝他走过来，这时王威突然装出一副笑脸，把手伸了过去，对上司说：“您好！我是王威，来这儿谋一份差事，我知道 35 分钟以前，这里面还有一个空缺，我算捷足先登者吗？”

办公室里哄堂大笑。王威用幽默保住了工作。

幽默比一些抽象的大道理更奏效，显示出语言的最佳效能。遇到困境时，你若能恰如其分地运用含蓄诙谐的语言营造一种轻松愉快的交谈氛围，就会逢凶化吉。

第 4 章

说服口才

说服他人靠的是脑袋而非光靠口才

【核心提示】

说服别人靠的是脑袋而非光靠口才，在劝人时不可直来直去、正面交锋，直白的语言只会招人反感和讨厌。

【理论指导】

大多数人认为，说服别人肯定要靠好口才。其实光有好口才还不能完全达到目的，有个聪明的大脑才是说服的根本。假如空有好口才而不知用智慧来支配口才，把握说话的分寸，好口才也可能成为毁灭你前程的罪魁。所以，在与他人相处时，不要逞一时之快，说话不可直来直去，招人反感。

历史上有个楚襄王，他整日不务正业，不思进取，只顾个人享乐，不理朝政，而且听信奸臣和谗言，结果一而再，再而三地被秦国攻城掠地，江山社稷岌岌可危。

尽管如此，软弱的楚襄王依然不打算奋起反抗，而是一味地妥协退让，满怀希望地期待秦国人会良心发现，适可而止。

楚襄王的这种做法，让很多关心国家安危的忠贞大臣们十分着急，大臣们纷纷进谏，但楚襄王一个也听不进去。有的大臣甚至屡次进谏都没能获得成功，反而遭到楚襄王的无理呵斥，说他们多言滋事，危言耸听。

这时，朝中有一位足智多谋的大臣，名叫庄辛。庄辛见楚襄王不顾国家的日渐衰亡，他看在眼里，急在心上，又见众人劝说无效，决定亲自去找楚襄王。

这天，庄辛看楚襄王正在花园赏花，就走了过来。楚襄王见庄辛来到自己身边，知道又是来劝谏的。楚襄王打定主意，无论庄辛说什么，自己都不听。所以等庄辛来到他身旁时，他只瞄了庄辛一眼，一言不发。

庄辛明白，自己若是直接劝解，肯定会与其他大臣一样无功而返，楚襄王是听不进去的，只有另辟蹊径，才能进谏成功。

这时，恰有一只蜻蜓飞来，庄辛马上找到话题说：“大王，您看见那只蜻蜓了吗？”

楚襄王一听，感到有些意外，他不直接劝说却说蜻蜓，便说：“看见了，有什么特别吗？”

庄辛继续说：“瞧瞧，它活得多舒服呀！吃了蚊子，喝了露水，停在树枝上休息，自以为与世无争，世人不会对它怎样，但它哪里知道，树下正有个小孩拿了黏竿等着它呢！顷刻之间，它就会坠于地下，被蚂蚁所食。”

楚襄王听了，面露凄然之色。

庄辛又说："您看到那只黄雀了吧？它跳跃在树枝上，吃野果，喝溪水，自以为与世无争，世人不会对它怎样，但它哪里知道，树下正有个童子，拿着弹弓对准了它。顷刻之间，它就会坠下树来，落在童子手中。"

楚襄王听了，开始面存惧色。

庄辛又说："且不说这些小东西了，再说那鸿鹄吧！它展大翅，渡江海，过大沼，凌清风，追白云，自以为与世无争，乐得消遥自在，世人不会对它怎样，但它哪里知道，下边正有个射手搭弓上箭，已瞄准了它，顷刻之间，它就要坠下地来，成了人间美味呢！"

楚襄王听了，惊起了一身鸡皮疙瘩。

庄辛又说："禽鸟的事不足论，再说一下蔡灵侯吧。蔡灵侯左手抱姬，右手挽妾，南游高陂，北游巫山，自以为与世无争，别人不会对他怎样，哪知子揽已奉了楚宣王的命令，前去征讨他而夺其地了，顷刻之间，蔡灵侯死无葬身之地。"

楚襄王听了，吓得手脚抖动起来。

庄辛又说："蔡灵侯的事远了，咱说眼前吧。大王您左有州侯，右有夏侯，群小包围，日夜欢娱，自以为与别人无争，会得到别人的容忍，哪知秦国的穰侯已得了秦王之令，正率重兵向我国进发呢！"

听了庄辛的这些陈述，楚襄王的脸色一点点变白，浑身发抖，他决心痛改前非，重振国威。庄辛的进谏忠心可嘉，楚襄王为此奖赏了他；庄辛又因劝君有方，被加封为阳陵君。自此，楚襄王励精图治，与秦人一争高下。

由此看来，在说服他人时，如果采取迂回的方法，既可以让他人明白自己的错误与过失，又能够使他欣然接受、乐于改正。庄辛要说的话和其他臣子一样，都是要劝楚襄王振作起来，但别人的话楚襄王听不进去，庄辛的话却让楚襄王吓得全身发抖。为什么呢?

只因为庄辛在说服中拐了一个弯儿，采用了迂回战术。他抓住了两个关键点，一是把国家的生死和楚襄王的生死利害关系连在一起；二是用画面和实例来吓楚襄王，让楚襄王听了这些话就想到具体画面。当他想到其他人如蔡灵侯的真实下场时，自然就会想到自己的下场。

说服他人靠的是头脑而不是口才，所以在劝人时不可直来直去、正面交锋，直白的语言很可能会招人反感，而采取迂回的战术，让他人自觉明白自己的过错，才能出奇制胜。

在生活中，随时可能遇到要说服别人的情况，如果不掌握技巧，仅凭好的口才很难以达到理想效果，要想更好地达到说服的效果，就要靠脑袋来支配口才，具体从以下几点做起：

1. 从细节了解别人的意见和看法

要想说服别人，首先要清楚别人的意见，知道他们的想法，才能采取有效的语言进行说服。了解得越多，言语的说服力就越大。

想提高自己说服的效果，就要想办法接近对方，关心对方注意他们的日常表现，研究分析对方的行为动机和心理活动。

2. 用内涵提升说服力

在与人争辩强调自己的观点时，要表现出风度，注意适可而止。即使你的观点很正确，也切忌把对方"赶尽杀绝"，让他在众人面前颜面扫地，给别人留足面子，自然就在别人的心里种下了感激和信服。

总而言之，说服他人不是强硬地把自己的观点塞进别人的脑袋里，也不是仅仅靠口吐莲花就能达到。而是要动用智慧，采用各种合理的方法和语言表达在人群里树立良好的声誉和信服力。

对不同的人要采取不同的说服方式

【核心提示】

由于被说服者的性格不同，说服时要点的把握就有很大的区别，这就需要自己平时细心琢磨、灵活掌握，因人制宜。切忌不分对象，见了哪路神仙都是一副面孔、一个腔调、一套说辞。

【理论指导】

不同性格的人，对接受他人意见的方式和敏感程度是不一样的。在说服别人的过程中，要根据说话对象的不同，改变说话方式、语气和措辞，这样说出来的话才能容易被对方接受，达到说服他人的目的。

在生活中，每个人的性格都全然不同。比如有人个性强，有人则比较感性，有人较虚荣等等，而且每个人的行为动机和需求也不尽相同。所以，要想说服他人就要因人而宜，一把钥匙开一把锁。根据对象的实际情况如年龄、身份、文化修养、性格、彼此间的熟悉程度等等方面，采取不同的说服方式和语言技巧来增加自己的说服力。

一家工厂精减人员，一位女员工由办公室被精简到一线。这位女员工很想不开，觉得厂长有意针对她，要求厂长立即给她办病休手续，要吃劳保。这天，她又到厂长办公室吵闹，一位负责人事的干部叫住了她："大姐，咱姐妹不错，我有几句贴心话想和你说说。"

这位女员工一落座，就诉起苦来。她始终认为，把她裁到一线是厂长有意整她。等她说完，这位人事干部说："大姐啊，你说厂长整你，我看可能是你多心了。厂里这次精简裁员下岗了三十多人，你们办公室裁了3个人，而你只是被裁到车间，活虽然比以前辛苦点，可是多干多得，这不比在办公室里拿那几个固定工资强？"

她边说边观察那位女员工的变化，看到对方脸上阴沉的表情有所缓解，又接着说："大姐啊，你就为一口气，而要吃劳保可是太不合算呀！咱们已经这个岁数了，再做几年就该退休了。假如你现在吃劳保，到退休时工资只能拿70%，那你不亏大了？你想想，咱辛辛苦苦一辈子，真就差这么几天就熬不下来了？大姐，你琢磨琢磨，我说的有道理没？"

说到这里，那位女员工脸上露出了笑意。她拉住人事干部激动地说："你算把你的傻大姐给说醒了！人在事中迷，就怕没人提。我倒把这茬儿给忘了。我听你的，明天就到一线！"第二天她就痛痛快快下了车间。

从上面故事中不难看出，想要说服对方，就要知道对方的"心结"所在。从对方的实际情况着手，有针对性地进行说服。由此可见，要根据不同说服对象的性格使用不同的说服方法。对一些人只需把道理讲清即可，可另外一些人却要从情感着手。同样的内容，要用不同的方式表达。

所以有人就很想不开：明明给他人的是一个很好的意见，却不被他人接受。这就是因为他没分清说服对象，采用同一种说服方法，所以很难顺利达成目标。从下面一个故事里也许可以得到一些启发：

公元 208 年，刘备兵败樊口，无力反击，要与曹军抗衡，必须与孙权联手，于是他派诸葛亮前往江东说服孙权。

孙权手下的谋士大都主张降曹自保，只有鲁肃主张联刘抗曹。诸葛亮到了东吴，鲁肃就明确地向诸葛亮表示，见了孙权之后，一定不能说曹操兵多将广。诸葛亮没有直接承诺会像鲁肃所说的那样来应对孙权，只是说他自会随机应变。

当孙权向诸葛亮问曹操兵力如何时，诸葛亮说："据说曹操囤兵百万，可实际上并不止这个数字。所以，在这个时候，彼此联盟是明智的选择。"孙权很惊讶地问："那为什么兵力比东吴还弱的刘备敢和曹操抗衡呢？"诸葛亮说："我的主公是为了要匡扶大汉江山，所以和曹操一战是必不可少的。这是正义之战，兵力是次要的问题。为了东吴的安全着想，所以劝说你和我的主公联手抗曹。"听了诸葛亮的这番话，孙权也立志要和曹操决一胜负。于是蜀吴两国合力对抗曹操，成就了历史上著名的以少胜多的赤壁之战。

诸葛亮知道孙权虽然年少，缺乏对敌经验，但却不是简单的人物。如果把敌方的兵力说弱了，或许他就不会与刘备联盟了，所以反而以强调敌人的强大，激起他的斗志。由诸葛亮游说孙权的例子中可以证明，诸葛亮说服他人"看人说话，说话因人而异"是成功的。

社会交际中，难免会遇到与自己相悖的人。在说服之前要有备而来，不同的人采用不同的说服方法，这就要求必须具备丰富的知识和经验。所以为了能具备这种说服的才能，就得体会各种经验，使自己的见识进一步增加，具体可以考虑以下几个因素：

· 不同年龄段和不同的性格：面对年轻人或性格直爽的人，你可以直入话题，要多用正话反说的方式；面对中年人或面对谨小慎微的人，应慢言细语、陈述利害，以供他们思考、斟酌；面对生性多疑的人，切忌时时表决心，而应不动声色，由他自己消除疑惑；面对老年人，应采用商量的方式，以示对他们的尊重。

· 不同的工作性质和兴趣爱好：如果从被说服者从事的职业或不同的兴趣着手，运用对方所熟知的专业或感兴趣的话题打开局面，对方对你的信任程度就会加深。每个人对别人提起自己擅长的领域都会产生好感，说服工作便能事半功倍。

· 不同的文化修养：面对文化程度较低的人，要用通俗易懂的语言，简明扼要地说明道理，多使用具体的事例和数字；面对文化修养较高的人，要多用书面语言和抽象的哲学说理。

总之，说服别人必须要看对象、看场合，针对不同的人采用不同的说服方法也是我们要掌握的说服他人的技巧之一。

话不在多，点到就行

【核心提示】

把话说到点子上，才能起到关键性的作用。

【理论指导】

当今社会生活节奏加快，很少有人愿意听你长篇大论地讲个不停，要想说服别人又不被他人反感，就需要用简洁、精辟的语言来抓住问题核心，一语中的。那些穿鞋戴帽，拖泥带水的空话、套话是人们非常讨厌的。所谓话不在多，管用就行。

俗话说："花钱花到刀刃上，敲鼓敲到点子上。"无论对方是谁，只要你能把话说到点子上，对方就会轻松明了。但在现实中，有些人生怕对方听不懂，翻来覆去地讲一个道理，结果适得其反。

好话并不是说得越多越好，也不是无论怎么说都能给自己带来好处，如果一味地说，但说不到点子上，只会事与愿违。因此，我们在试图说服他人时，应该针对实际，把握要讲的内容，简洁、准确、明晰地"点到"，同时又要注意留下充分思考的时间，让对方去领悟、消化。

齐国有个大臣叫淳于髡，他生得很矮小，但很有口才，非常幽默风趣，他每次出使诸侯国，都能顺利完成任务，是齐国的外交人才。他看到齐威王通夜喝酒，不理政事，政治紊乱，国势危急，心中十分着急，但又怕得罪君主，于是便用隐语进谏。他对齐威王说："我们国家有一只大鸟，三年不飞也不鸣。大王，你知道是什么道理吗？"齐威王立刻意识到淳于髡是在用大鸟比喻自己，说他待在宫廷里，百事不管，毫无作为，于是回答说："此鸟不飞则已，一飞冲天，不鸣则已，一鸣惊人。"齐威王从此便开始振作起来。

淳于髡的劝谏收到了奇效，促使齐威王下定决心、变法图强。他上朝召集各县令县长七十二人，奖励了一个，处死了一个，整顿了内政，并整肃军威准备迎战诸侯。各诸侯国都很震惊，纷纷归还了侵占齐国的土地。

淳于髡并没有和齐威王大讲诸侯并侵，国人不治、内忧外患的种种场面，而只是用几句隐语点醒齐威王，明确地表达出他意在告诉齐威王要励精图治，这样使人更容易信服。

一个真正能说服别人的人，往往思维灵活，善于借物寓意，懂得从与别人不同的角度切入话题，准确地表达自己的意思，使得听者在心神领会后，从心底里认同，而且还给对方留下利索、干脆的印象。所以，说服别人的关键不在于你能不能说，而在于你会不会说，能不能用简短的话说动对方。

很多时候，有的人喜欢长篇大论、东拉西扯，想用多方位的语言打动听者的心，虽然证明了个人的语言天赋，但是却让人云里雾里，甚而产生烦燥的情绪，很难达到说服的效果。正所谓打鼓要打到点子上，说话精炼，使听者在较短的时间里获得较多的信息，使对方为之震动、幡然醒悟，你的说服效果就达到了。

如果你想给别人留下很深的印象，就要懂得话说三分，点到为止，为自己留有事后自我辩解的余地。由此可见，少说话往往比喋喋不休更有力量。在社交场上，要想说服别人，话不在多而在精，在于力度和渗透力。

因此，在说服别人时，你不妨话说三分留七分，点到为止。这种似有似无的忠告或指责，往往要比翻来覆去讲效果要好得多。

惊人一语，胜过滥言千句。在说服别人的过程中所需要的恰恰是惊人一语。但把话讲短，讲到点上，也并非易事。它需要技巧，只有掌握这个技巧，才能在说服别人的时候无往而不胜：

1. 语言表达要清晰，不重复表述

在和对方交谈的时候，言词能表达出自己的意思，并且能每句话都有道理，不要反复强

调你的好意，适当地留一点空间给对方慢慢地品味。如果你词不达意，乱说一通，不能把握重点，最终好话也就变成空话了。

2. 把握时机，给他人留存颜面

说服别人时要因时而宜，择机而言。时机未到不可早说，话出口前，要三思而后言。词句要中肯恰当，既能明确自己的意思，又能维护当事人的颜面。

总而言之，言有尽而意无穷，让别人悟出你话中有话。话不在多点到为止，这不失为一种大智慧，既保全了对方的面子，又打动了对方的心。

先获得对方的好感，再委婉地商量

【核心提示】

说服别人能否成功，就要看是不是因为你过于直接的说话方式得罪了对方，让对方感觉到不快。

【理论指导】

要想在一场谈话中开个好头，先获得对方的好感，趁对方心神愉快时再提出自己的观点，相信对方更容易虚心接受，而且还会感激你。但如果你较为直接地提出自己的观点，纵然出发点是好的，也难免会激起对方逆反的情绪，甚至导致适得其反的结果。

一名广告设计师魏明为客户做了一个方案，连续改了几次，客户还不是很满意，魏明也很不耐烦，说什么也不想改了。老板让魏明的好朋友黄雨去说服魏明再修改方案。黄雨开始也不知道怎么说才算好，后来他想了一下，就去对魏明说："最近你搞的方案应该是不错的，比较漂亮，老板看了也说好。不过，有个问题想跟你探讨一下，就是内容上可以再精确一些。我帮你一起搞怎么样？"

黄雨说的话先扬后抑，语气婉转，听不出有什么批评的意思，高明自然容易接受，事情也就顺利解决了。显而易见，人都容易先入为主，前面赞扬的话让他很受用，后面的意见听起来就是好意，对方自然就听得进了。所以无论在对朋友说话还是说服别人时，都应该以礼相待，注意说话时的语气口吻，像"不过""当然""如果""可能""能否"这些委婉的词语应该多多使用，双方就容易沟通和交流。

说服一个人是否能顺利成功，很大程度上取决于说服时采用的态度和方式。没哪个人喜欢被别人指手画脚，如果一味地讲道理或再三强调自己的看法，不难发现，除了别人的厌恶和不满之外，将一无所获。虽然古话说"良药苦口利于病，忠言逆耳利用行"，假如良药不再苦口，效果或者会更好。

一位 13 岁的男孩辍学了，整天无所事事，打着"自己养活自己"的幌子，离家出走找工作，几夜未归，结果工作没找到，自己没能养好自己，反倒参加了一次打群架。母亲望着一身野气、又瘦又脏的孩子，痛楚了几天的心更加痛楚。疼、气、爱、恨以及对未来的忧虑，使她一下不知从何说起。顿了一下，她说："妈妈心里明白，你出去是为了找工作，为了给自己、给父母争气，也为了减轻妈妈的负担，让妈妈看到你成人而高兴。你能这么懂事，体谅大人，我很高兴。但是……" 看到儿子羞愧地低下了头，妈妈又转了话锋，"不管怎样，你已经知道怎样对自己负责了，妈妈相信你以后不会做出对自己前途没好处的事。"

这位母亲没有吵嚷、打骂。而是先给予孩子肯定，再委婉地提出自己的意愿。由此可以看出，好的谈话者常能够从对方的心中找出容易接纳自己的点，从而缩短与对方的距离，获得对方的好感。

如果在说服中一定要说一些对方不容易接受的话，比如明确指出对方的缺点错误或改变对方的观点时，首先要考虑到对方能否接受。如果一开口就直指问题，对方肯定会有抵触情绪，这时候，绕个弯子说问题就显得很有必要了，先讲一些对方爱听的话，或者赞扬对方一番，然后再转入正题，就能达到想要的效果。

当然为了获得对方的好感并不是无原则地一味讨好、迁就对方，而是指在坚持原则的前提下，更好地把握说服的分寸和方式。生活中，每个人都是平等的，想得到最佳的说服效果，不妨在说服的前面，先做好一层甜蜜融洽的铺垫，让对方在欢愉中接受和肯定。

寻找对方感兴趣的话题或是满足对方情感方面的某种需要，就能赢得对方的好感，再适时地提出自己的观点，这是使得说服取得圆满成效的一条捷径：

1. 寻求与对方保持一致

当你试图说服对方时，如果你越是使自己等同于他，就越具有说服力。因为你和他的相似度越高，他就越认同你，当成自己人。你的言行在他看来，就代表着他的需求，对你的好感多过于排斥，这时你再委婉地提出自己最初的想法，对方就比较容易接受。

2. 创造友好的谈话气氛，与对方推心置腹

努力创造一种热情友好、轻松愉快的谈话气氛，从而消除对方的猜疑、警惕、排斥心理，这对后面说服工作的达成起很大作用。在说服对方的过程中，能否让对方感受到被尊重，不仅会影响到对方的心态、情绪，而且会影响到说服的效果。对方如果觉得自己在谈话中受到尊重，往往会变得更友好和热情。相反，如果对方的自尊心受到伤害，他常常会变得冷淡、消极、不服气或恼怒，甚至会反唇相讥以示愤怒，个别气量狭小者还有可能不顾一切后果图谋报复。

总而言之，在应用这种说服策略时，最关键的一点就是在给予别人认可和称赞以获得对方好感时，一定要表现出足够的真诚，千万不要表现出是在敷衍了事，这样会引起对方的反感，从而无法达到想要的结果。

说服他人要以理服人

【核心提示】

说服不等同于压服，而是让人心服。想要达到这样的目的，自然先要将道理摆出来，做到以理服人。

【理论指导】

想要说服别人，最好的方法是针对具体问题，摆事实、讲道理，以理服人。如果靠一味地说教是难以奏效的。

自古以来，“动之以情，晓之以理”是劝导说服别人的最基本的两条原则。以理服人就要以事实为根据，阐明其中的道理，让对方从你讲的道理中认识到其正确性，从而接受你的观点，按照这种观点行事。

但要注意的是讲道理要针对要害，否则，喋喋不休，磨破嘴皮，也是隔靴搔痒，不能解决问题。因为，但凡处在被说服者的位置，往往是因为对某一问题有心结，想不开。所以，劝导说理一定要具体实在，既不能说空话、套话、大话，东拉西扯，也不能像做报告那样滔滔不绝，重点是实在的论证说理。

有这么一个故事：

春秋时期，鲁国人公输盘为楚国造了攻城的机械——云梯，楚国准备借用它来攻打宋国。墨子听说这个消息后，就立即从鲁国动身，一连走了十天十夜，方才赶到楚国，拜会公输盘。

公输盘很客气地问：“先生不远千里而来，有何见教？”

墨子故意说：“北方有人侮辱我，我想借助您的力量杀了他。事成之后，我送您二百两黄金。”

公输盘听了以后很不高兴，断然拒绝道：“岂有此理！我是讲仁义的，怎么能随便杀人呢？”

墨子因公输盘还自称是讲仁义的，便反驳他说：“请允许我向您进言。我从北方听说您造了云梯，要拿去攻打宋国，可是宋国有什么罪呢？楚国多的是土地，缺少的是人。发动战争来杀害自己所缺少的人，而争夺自己已经足够了的土地，不能算是聪明；宋国没有罪，却要去攻打他，不能算是仁爱；懂得这个道理，却不据理力争，不能算是忠诚；争论达不到目的，不能算是坚强。杀一个人认为不义，却去杀许多人，恐怕也不能算会类推事理。”

墨子从不智、不仁、不忠、不义等方面发出一连串具有针对性的词语，气势逼人，公输盘无从辩解，只得承认自己错了。

由此可见，以理服人，不但可以让人心悦诚服，还可以修身齐家治国平天下。给人以一片真心，那么对方就会回你一腔真诚，正所谓“投桃报李”。俗话说：势服人，心不然。理服人，方无言。如果用权势和武力去驱使别人接受你的意见，虽然对方可能会暂时屈服，但也会因此怀恨在心，伺机报复。以理服人，才能够使对方从心里佩服你，进而与你和睦相处。

说服他人时，切忌产生争执，“说”的目的是要达到让对方心服口服的效果。争执产生的基础是把个人成见当作说服依据，人普遍易犯的错误有两个：以己贬人和以己度人。要想以理服人，首先就要摒弃个人喜好，客观地对待对方的观点，按照他的思路分析，找出矛盾，再间接地提出自己的观点就更能以理服人。在整个说服过程中要尽量做到尊重他人，这样你的建议会更容易被他人所接受。

一次，唐代著名谏臣魏徵直言进谏，使唐太宗感到很难堪，太宗不由得对魏徵很是愤恨，回寝宫后，仍愤愤不平地说道：“总有一天我要杀了那个乡下佬。”

长孙皇后听后，深感不安，便对太宗说道：“曾听说陛下器重魏徵，只是不知其中缘故。今天听起陛下说魏徵直谏的事，此人果然能以大义劝止陛下感情用事，可称得上国家正直之臣！妾与陛下结发为夫妻，承蒙礼遇，情义深重。然而每当说话时还要观察陛下的脸色，不敢轻犯威仪，何况是臣下情疏礼隔呢？触犯龙颜是危险的，因此古时韩非曾说‘说难’，东方朔也叹‘谈何容易’，都是很有道理的。自古忠言逆耳，良药苦口。掌握国家的人以国事为重，听取忠言就会使社会安宁，拒绝忠言就会使政治紊乱。陛下详察其中道理，那么天下就幸运了。”

长孙皇后的话使唐太宗顿时醒悟，以后对魏徵更加器重。魏徵死后，他深感悲痛，亲临魏徵灵堂恸哭，追赠他为司空。

长孙皇后有理有据的劝导，不但化解了唐太宗的怒气，而且也使他最终改变了心意，从而免去了一场可能到来的悲剧。

以上事例共同说明，以理服人就要出言有据，事实确凿。为此，在实际应用中要注意以下几点：

1. 说理要透彻，举例要恰当

你的观点是否可信，取决于你所说的道理是否可信，你所说的事实是不是符合逻辑。这就需要在说服中针对实际的问题列举一些有说服力的事实，有理有据方能被他人所接受。

2. 了解对方观点，不以偏概全

在说服他人前，要对对方所持观点的依据有所了解，客观分析，不主观地全盘否定对方，因势利导、循循善诱是整个说服过程的指导原则。

总之，以理服人，并不是有理就能服人。要别人接受你的“理”才是最重要的，要善于运用一些技巧，用真心打动他人。

层层递进，把理说透

【核心提示】

运用层层递进的说服技巧，依赖说服者对人生、世事的透彻领悟和理解。由点及面，层层递进地向被说服者渗透自己的观点和内容，给对方一个接受新观点的心理缓冲过程，进而心悦诚服地接受你的观点。

【理论指导】

一个人的思想是复杂的，对某一事物不理解、想不通时，往往就会顾虑重重。因此，你在说服那些不能一点就通的人时，就要采用层层递进的方法，把道理一层一层地说明说透。从而消除被说服者的顾虑，进而收到理想的效果。

《战国策·或谓韩公仲》讲述了这样一个说服的故事：

有人游说韩国的公仲："双胞胎长得很相似，只有他们的母亲能分辨出他们；利与害表面上也很相似，只有明智的人才能分辨清楚。现在您的国家利、害相似，正如双胞胎长得相似一样。能用正确的方法治理国家，就可以使君主尊贵，身心安稳；否则，就将让君主卑贱，身陷危境。

"如果秦、魏两国联合成功，却不是您来促成的，那么韩国一定会遭到秦魏两国的谋算。如果韩国跟随魏国去讨好秦国，韩国就成了魏国的附庸，必将受到轻视，君主的地位就降低了。秦国和韩国友好以后，秦国一定会安置它所亲近的、信任的人，让他在韩国执掌政权，以此巩固秦国的势力。这样，您就危险了。如果您和安成君帮秦、魏联合，成功固然是福气，就算不成功也是好事。秦、魏两国联合成功，而且是由您来促成的，这样，韩国就成了秦、魏两国往来的通道，韩国的地位肯定会得到提高，君主也会更受尊重。安成君在东面受到魏国的重视，在西面得到秦国的尊崇，掌握着这样的优势，可以替您向魏、秦两国的君主索取好处，将来分封土地，成为诸侯，这是您头等的功业。

"再说，秦魏两国不可能长期友好下去，秦国恼怒得不到魏国，必然会亲近韩国以便遏制魏国，魏国也不会永远听从秦国，一定设法和韩国修好来防备秦国，这样您就可以像选择布匹随意剪裁一样轻松应付。如果秦魏两国联合，那么两国都会感激您；如果不能联合，那么又都会争着讨好您。这就是我所说的成功了是福气，不成功也是好事的道理，希望您不要再犹豫了。"

该位说客能深刻把握形势、洞见事情发展趋势，而且游说时由双胞胎说起，层层递进地把利害关系和各种情况分析得透彻、明了，最后的结论不证自明。

运用层层递进的说服技巧，依赖说服者对人生、世事的透彻领悟和理解。由点及面，层层递进地向被说服者渗透自己的观点和内容，给对方一个接受新观点的心理缓冲过程，进而心悦诚服地接受你的观点。

我们在说服他人时，切忌把大道理满堂灌，这样既无人愿听，也让人无法消化。但采取这种方式说服时，要保证说服过程中的连贯性、系统性，确保能把整个道理衔接贯穿起来。

很多时候，如果你直接提出自己的观点，生硬地想要对方认同，往往会让人产生排斥的情绪，很容易遭到拒绝。而采用由小到大的幅度，层层递进地说服，则很容易为对方接受。

在隋朝侯白的《启颜录》中有个"官学狗叫"的故事。

侯白在没有做官前，住在家乡，虽然没什么名声，但锋芒已初露。当地的地方官刚到任时，侯白便去拜见。回来后他对几个朋友说："我能让新来的官学狗叫。"

朋友不信，反驳说："哪有官老爷听别人的摆布学狗叫的？你若真能做到，我们请你喝酒；若不能，你就请客。"侯白答应了。

于是，他们一起到衙门去，侯白进去见官，朋友们在门外看着。官说："你又来见我，有什么事吗？"

侯白答道："您刚到此地，民间有些事情，要向您请示。您到任之前，此地盗贼甚多，我建议您下令让百姓各家养狗，让它们见了生人就惊叫，这样盗贼自然便会平息。”

官问道：“如果这样可以的话，我家也须养条能叫的狗，但是到哪里去弄这样的狗呢？”

侯白回答说：“实不相瞒，我家倒有一群新养的狗，只不过它们叫的声音与别的狗有些不同。”

官问道：“它们叫出什么声音来？”

侯白答道：“它们‘呜呜’地叫。”

官摇了摇头，认真地说：“你不懂狗，好狗应当‘汪汪’地叫，‘呜呜’叫的，都不是善叫之狗。”

侯白的朋友们在门外听了，皆掩口而笑。

侯白看到自己已经赢得了一桌酒席，便对官说：“我知道了。以后我一定要出去寻访善叫的狗。”说完便向官告辞。

如果侯白直接让新官员学狗叫，不仅达不到目的还会惹怒对方。而他运用层层递进的方法步步深入诱导对方，并最终达到了让官学狗叫的目的。

层层递进是一种说服他人的有效方法，但在使用时要注意以下两方面的技巧：

1. 准确掌握对方心理，主动出击

每个人的内心深处或许都隐藏着一扇没有打开的大门，如果多想办法从对方比较容易接受的观点着手，因势利导，层层深入地展开道理论证，那么对方的大门就很可能被打开。

层层递进必须准确掌握对方心理，主动出击，从对方比较容易接受的观点着手，因势利导，层层深入展开论辩。

2. 层次分明，不偏离主题

在使用层层递进法时，要注意“层层”，即一定要循序渐进，不要省略任何环节，不能跳跃式递进。始终针对所谈之事，由小到大，由浅入深，始终向实质性问题这个方向靠近，不可偏离。

总之，说服他人时，实质讲清楚，条理讲清晰，内容讲透彻。只有分清层次、循序渐进，才能便于领会理解和消化吸收，达到说服的目的。

寓理于情，攻心为上

【核心提示】

说服对方最有效的方法其实不是“说”而是攻心，“以情感人”才是真正的成功。尤其是在说服权势者时，说服的攻势更不能直接展开，而是应该采用情理交融的方式。

【理论指导】

常言道：动之以情，晓之以理，情不通则理不达。因此，从某种意义上来说，以情为先是进入对方内心世界、产生亲和力的重要因素。只有实现心灵的交流和情感的沟通，才能使对方心悦诚服。

人是有感情的动物，所以在接人待物时，话语中一定要充满着真情实意，这样才会产生语言魅力和感染力，从而取得圆满的实际效果。同样，要想把道理说得清楚，把事办得漂亮，也必须寓理于情。否则，就会事倍功半，背道而驰。

在一家大型酒店，一位外籍经理在检查客房时发现，房间里的各个角落都打扫得干干净净，几乎没有灰尘，床铺也很整齐。当他准备离开客房时却发现了一个严重的问题：茶几上的茶杯方向摆错了。

按照酒店要求，这几个茶杯的正确摆向应该朝向门口，好让客人一进门就看得见酒店的名字，借此传达酒店的品牌形象。但这种摆放方法，让客人无法在第一时间看到茶杯上酒店的名字。

外籍经理非常恼火，他当众批评了服务员的粗心大意，不负责任。而这位服务员虽然自知工作失职，但终因受不了被人当众斥责的尴尬与外方经理当场顶撞起来。她认为这只是一件小事，是经理故意针对她小题大做。结果，双方相持不下，互不相让。

事后外籍经理与中国经理沟通后才恍然大悟，外国人管理讲究制度，中国人讲究人情，他当众指责服务人员的行为难免让服务员感到自尊心受损，下不了台。第二天，外籍经理与他顶撞的服务人员进行沟通。

当外籍经理再次来到一个房间，他发现这位服务员正在整理的房间时，把茶杯的朝向摆对了，他们相视而笑。外籍经理向服务员道了歉，认为不应该在众人面前挫伤她的自尊心。但是，他又进一步对这位服务员解释，杯子的摆法非讲究不可，因为它关系到酒店的品牌意识。

外方经理寓理于情的态度让这位服务员分外感动。她从内心深处认识到自己工作的疏忽带来的后果。从此，她格外注意这方面的细节。

当然，外籍经理严格执行酒店的管理制度，讲究规范化、科学化，这都是对的。服务人员工作上的失职在先，才会有外籍经理当众训斥她的一幕发生。但是外方经理忽略了一个重要事实，即由不同国情所带来的在文化和管理上的差异。所以，外籍经理在说理过程中就事论事、缺乏人情味的工作方式和态度，是导致这次不愉快事件发生的重要原因。

如果在说服他人时能巧妙地运用情感技巧，动之以情，晓之以理，就能征服对方，使他不由自主地成为情感的"俘虏"。以情为先，攻心为上，以自身的情感优势化解对方的顽固，能够收到事半功倍的效果。白居易所说的"动人心者莫先于情"，就是这个道理。

不同的态度与工作方法收到了不同的效果。对他人表现得情真意切，关怀体贴，别人就容易愉快地接受你的观点；冰冷的态度、公事公办的言辞，往往会引起对方的逆反心理。没有心理上的沟通作基础，即使有理，也不一定能使人信服。

小方一向学习优异，父亲因生意失败，欠下很多债，但父亲仍想方设法借钱让其读书。小方很懂事，想不读书了，以帮助父亲减轻压力。于是他的同学在知道后劝他说："你父亲生意失败，家里困难，这是现实情况。但你父亲在这么困难的情况仍送你来读书，就是希望你能有出息，将来比他强。依我看，这是你父亲生命中最重要的一笔投资，如果你现在不读了，我相信你父亲一定会很伤心。"小方在听了这番话语之后便很快振作起来，没过多久便成为了年级的姣姣者。

感人心者，莫先乎情。人不仅具有理性，更是情感的动物。以情动人，是说服的必要前提。人类都是感情的动物，"寓理于情"就是把"理"放到情感中去。在说服的过程中，

"理"是核心，如果脱离了"理"，"情"就变成了盲目的情感。只有把"理"贯穿在"情"当中，用"理"统帅"情"，才能收到好的效果。

如果想让说服取得成功，就要做到情与理的密切结合、综合运用和交替转化。如果没有情感的配合，只说些抽象的道理，将缺少震撼人心的力量及共鸣，更难以使人折服，具体可以参考以下两点：

1. 从对方的角度思考

每个人都有自己想问题的观点和角度，有自己特定的意愿和需求。在说服对方接受自己的观点之前，先从对方的角度思考怎样才能更容易接受。把充分了解对方意愿和想法的工作做在说服之前。如果只凭自己个人主观，认为怎样好就怎样做，容易导致说服失败。

2. 以事实引路，激发情感

想要取得良好的说服效果，就要从说服内容和被说服者的思想实际出发。在说服过程中有针对性地引用一些特例，再用真诚的态度讲明个中利害，引起对方情感的共鸣，自然而然地就达到想要的效果。

总之，在说服中，晓之以理是重要的一方面，以情动人则更是一个不可忽略的方面。情与理结合，理借情动人，这就是说服别人的最有效的方法之一。

从对方最得意的事情上寻找说服突破口

【核心提示】

从对方得意的事情说起，顺着对方的心意，不可逆犯对方的忌讳和尊严。不然，不但达不到目的，反而会使自己处于尴尬的局面。

【理论指导】

要想赢得对方的好感和认同，达到说服效果的最佳突破，就得从对方感兴趣的事入手。谈对方感兴趣的事，对方一定是很乐意的。而且可以因此把两个人情感上的距离接近许多，这是打破僵局、说服别人的捷径。

每个人都希望别人认可自己，喜欢得到别人的重视和关心。如果在谈话时你能巧妙地谈到对方自己，提及他得意的事情，他肯定会对你有好感，甚至视你为知己。因此，无论是与朋友还是客户交谈，多谈一谈对方的得意之事，这样容易赢得对方的赞同。如果恰到好处，他肯定会高兴，并对你心存好感。

杨先生是一位公司经理，身高一米八，英俊帅气。由于业务关系，他经常与台湾商人打交道。

有一次，在一个知名的展览会上他遇到了一位女台商。杨先生马上走过去，和她热情地打招呼，交换名片。拿过来一看，她叫林静玉，便立刻说道："林小姐，你这名字起得好。"

女台商问他：“我的名字有什么好？”

杨先生说：“你看，林静玉，跟林黛玉就差一个字，比她还文静，其实你长得也像你们台湾的一位电影明星。”

女台商兴趣大增，接着问：“我像谁？”

杨先生认真地回答：“特别像林青霞。”

“哎呀，还真有不少人说我像林青霞呢。”女台商高兴地接受了杨先生的判断。

这时，杨先生说出了聪明才智的一句话：“你们林家怎么尽出美女呀！”

听后，林静玉咯咯地笑个不停。后来，他们成了好朋友，彼此成功地合作过许多项目。

从上面的故事中我们不难看出，适时地从别人最开心的事情谈起，引起对方的荣耀感，杨先生不但成功取得业务上的拓展，还因此得到了一份友谊。事实上，每个人潜意识里都会有一种虚荣心，都愿意被人夸赞，这样的说服方式是很容易让对方接受的。

每个人都有一些自己认为值得纪念的事。如果能预先打听清楚，在有意无意之间，很自然地讲到他得意的事情，只要他对你没有厌恶的情绪，只要他没有其他不如意的事情，在情绪正常的情况下，他一定会高兴地听你说的，当然此时说服他就容易得多了。

因此，在说服别人的时候，你可以先扮演一个捧人的角色，了解对方特别的爱好或是开心的事情，在关键的时刻提一提，让对方知道你对他的关注和重视。这样，你在展开说服的时候，才不会遭到抗拒。

比如，一个人给你看了他小孩的相片，你就要顺势夸夸他的小孩。反之，你没有任何表达地放回原处，对方肯定会不高兴；如果有人升职了，第二天见到他，用最新的头衔称呼他，再夸赞一下他的能力，以及拿自己或别人的现状做对比，对方一定乐于笑纳。

你在说服的时候当然要注意技巧，表示敬佩，但不要过分推崇，否则会引起他的不安。对于这件事情的关键，要慎重提出，加以正反两方面的阐述，使他认为你是他的知己。到了这种境地，他自然会格外高兴，会亲自讲述，你应该一面听、一面说几句表示赞赏的话，如此一来，即使他是个冷静的人，也会变得和蔼可亲，你再利用这个机会，稍稍暗示你的意思，进行试探，作为第二次进攻的基点。

不过对方得意的事情要从哪里去探听，那当然要另谋途径，试着在你的朋友之中找一下有否与对方交往的人，如果有，向他探听当然是最容易的。如能留心报纸上的新闻或其他刊物，平日记牢关于对方的情况，到时便可以应用。

此外，随时留心交际场合中的谈话，像这些时候谈到对方得意的事情，也是很平常的。但是必须注意，对方得意的事情，是否曾遭到某种打击而消灭，如有这种情形，千万别再提起，以免引起对方不快，反而对你不利。

不过当你提出请求时，第一，要看时机是否成熟，第二，说服过程中要不卑不亢。过分显出哀求的神情，反而会引发对方藐视你的心理。尽管你的心里十分着急，但说话表情还是要表现大方自然，不要只为自己打算，而是要说出为对方着想的理由来。

总之，说服别人并不难，关键在于怎样让对方接受你。抓住时机，适时切入对方爱听的话，自然让对方心花怒放，不会再刻意保持距离。

巧用类比说服法

【核心提示】

利用类比的方式劝说对方，能够产生共鸣，在心理上拉近彼此之间的距离，有利于说服的成功。

【理论指导】

我们在与人交谈中，常有这样的体会，有时费了半天口舌，结果对方仍然坚持自己的想法，无法理解你的观点。利用类比的方式劝说对方，能够产生共鸣，在心理上拉近彼此之间的距离，有利于说服的成功。

因为人一旦固执己见就容易自以为是，尤其是沉醉其中或心灰意冷的时候，往往很难听得进别人的好心劝告。而类比说服即寻找与交际话题具有类比意义的事物兜圈子，把较为简单的事理与复杂的事理两相比照，语义明晰，或令对方自悟，或者稍加点化。

郑板桥早年家贫，一年除夕赊了一只猪头，刚下锅，却又被屠户要了去转手卖了高价。为此他一直记恨在心，直到后来到山东范县做官，还特别规定杀猪的不准卖猪头，自己吃也要交税，以示对屠户的惩罚。

夫人闻之，感到不妥。一天她捉到一只老鼠吊在房里。夜里老鼠不住地挣扎，郑板桥一宿没睡好觉，满肚子的怨气。

夫人解释说她小时候好不容易做了件新衣裘，被老鼠啃坏了。

郑板桥听后笑了："兴化的老鼠啃坏了你的衣装，又不是山东的，你恨它是何道理？"

夫人说："你恨的不也是范县的屠夫吗，为何对山东的屠夫如此苛责呢？"

郑板桥忧然大悟，随吟诗一首：贤内忠言实难求，板桥做事理不周。屠夫势利虽可恶，为官不应记私仇。

这个故事里郑板桥夫人通过拿"老鼠咬破裘衣"的事情和郑板桥恨屠夫曾经做过的事情作类比，画龙点睛的提醒，让郑板板恍然大悟，从而达到说服郑板桥的目的。由此可见，在说服中运用这种方法，因其简明直观，往往一下子就能打动人心，使对方信服。

要使听众弄明白或认同自己的观点，说服对方，增强自己的说服力，最理想的方法是运用类似的事例或行为，有意识地比较并做深入的解释给对方听，使对方警醒，从而改变原来的态度或观点。

战国末年，楚国的顷襄王经常听到有人说宋玉的坏话，于是就把宋玉招来，当面问他："先生恐怕是有一些行为不够检点的地方吧？不然，为什么各个阶层都有人对你不满呢？"

聪明的宋玉一听这话，知道大事不好，灾难就要临头了，赶紧伏在地上，诚惶诚恐地说："是的，大王说的也许都是事实。但我还是请大王能够宽恕我的罪过，容我把话说完。"

顷襄王答应了宋玉的请求，宋玉就讲了一个故事——在先王的时代，有位歌唱家来到楚国的郢都，当他开始演唱通俗歌曲《下里》和《巴人》时，有几千人聚在一起随声和唱；接下来他唱起了民谣《阳阿》和《薤露》，这时能跟着和唱的还有几百人；最后他唱起了高雅歌曲《阳春》和《白雪》，这时还能跟着哼哼的就只剩几十人了；而当这位歌唱家将五音的美妙发挥到了极致，创造出了一种悠扬婉转、令人陶醉的意境时，仍能欣赏和跟唱的就只有几个人了。请问，这是什么原因呢？它说明歌曲越是高雅深奥，能跟随和唱的人就会越少。

故事讲完之后，宋玉偷眼看了一下顷襄王的神情，只见他若有所思，频频点头。宋玉心里有底了，于是放开胆子，高谈阔论起来——所以呀，在鸟类中有凤凰，在鱼类中有大鲲。凤凰振翅高飞，可达九千里云天，那些在篱笆间跳跃的小鹦，又哪里能像凤凰一样知道天高地大呢？大鲲清晨从昆仑山脚出发，中午来到渤海湾的碣石处晒太阳，傍晚又到孟诸湖去歇息，那些只会在小水塘里打滚的小鲵，又怎么能像大鲲这样探测江阔海深呢！

其实，岂止是在鸟类中有凤凰，鱼类中有大鲲，人类中不也有一些特殊的人物吗？他们美好的思想和行为都超出于一般民众之上，那些凡夫俗子们，又怎么可能理解他们的所作所为呢？

宋玉的这番辩解，终于使顷襄王改变了对他的看法，并因此避免了一时的祸患。高明的说客常常采用类比的手法，用事实充实大道理，联系实际把道理讲明。

运用类比说服时要用属性尽量相似的事例，说服才明显有效。因为共同的属性越多，结论的可靠性越高；相同属性与类推属性之间的关系越密切，结论的可靠性也越大。类比法常常使我们能够举一反三，触类旁通。但在表述上要把握住分寸，不可绝对化。

在日常的社会交际中，如何才能巧妙地运用类比说服法，具体有以下四点：

1. 类比事例要恰当

用类比说服，不能随便拿一个事例来与对方的行为做比较，只有运用恰当的类比，说服才能达到效果。比如，有个人因与女朋友分手准备在报上登个短篇声明，其朋友知道后欲劝他打消这个念头，于是就说：“你和女朋友分手是私事，不应大肆宣传。就像平常我们去厕所一样是私事，就不去宣传……”“你的爱情才是上厕所呢。”不等朋友说完，对方就急了。这就是类比不当，不但达不到说服目的，甚至导致彼此反目。

2. 可用对方所熟知或曾经历过的事例

如果用对方熟知的或经历过的事情做比较，则更能取得较好的说服效果。人们可能在较长的时间后忘记曾经的失误，但是，因失误带来的挫败感却很难遗忘。因此，如果对方在类似的事情上曾经失误过，只要你稍一提及，对方应该会重作考虑的。

3. 用大众所共知的事实进行类比

如果对方不太容易接受别人的劝说，那么可以选择众所周知的事实进行说服劝导，俗话说：“耳听为虚，眼见为实。”对于发生在自己身边的故事一般都不会抗拒，因此，这样可能更具说服力。

4. 运用类比时切忌伤害对方自尊

当对别人进行说服时，不直接指出对方观点中的错误，采用和对方观点相似的做法去说，从而在达到说服对方的同时又保全了对方的尊严。

总之，在运用这种技巧说服别人时，一定要选用生动的例子，深入浅出，这样才能更好地说服对方。

要想提高说服力，就要顺着对方的思路走

【核心提示】

顺着对方的思路走，并不是不允许表达任何个人意见，而是避免自己成为别人眼里不合时宜的人。换而言之，顺着对方的思路走，再逐渐转引到你的目的上，这只是方法，而不是目的，这种一拉一推的方式，温和而避免尖端冲突，有时退一步比咄咄逼人更显得有力。

【理论指导】

在说服别人的时候，不要急着表明自己的立场，先听别人说话，多点头，表示你在专注与附和。先顺着对方的思路引导，让对方觉得你是站在他的立场，征求他的意见，而不是想要改变他的观点，这样他就会放松警惕，顺着你的思路，最终达到你想要的效果。

对于无关紧要的事，没必要过于坚持己见，多点头就可以了。在《史记·滑稽列传》有一个“优孟谏楚王葬马”的故事：

楚庄王有一匹心爱的马，给它穿华美的衣服，养在富丽堂皇的屋子里，用蜜饯的枣干来喂它。结果这匹马因为喂得太肥，反倒死了。庄王非常痛心，派群臣给马办丧事，要用棺椁盛殓，依照大夫那样的礼仪来葬埋死马。众臣相劝，认为不可以这样做。庄王下令说：“有谁再敢以葬马的事来进谏，就处以死刑。”

优孟听到此事，走进殿门，仰天大哭。庄王诧异，问其缘故，优孟答道：“这是大王您最喜爱的马呀，理应厚葬！堂堂楚国，地大物博，国富民强，什么排场摆不出来呀，而大王只以大夫的丧礼来葬马，太寒酸了！我看应以国君的葬礼来安葬它。”

庄王问：“那该怎么办呢？”

优孟说：“应以雕玉为棺，文梓为椁，调动大批士卒修坟，征用大批百姓负土。送葬时，让齐国、赵国的使节在前面陪祭，让韩国、魏国的使节在后面护卫；为它造起祠庙，祀以太牢之礼，奉以万户之邑。这样一来，诸侯各国就都知道大王把马看得很尊贵，把人看得很卑微了。”

庄王一听，突然醒悟过来，深责自己险些铸成大错，遂打消了用大夫之礼葬马的念头。

庄王葬马，是一件很荒谬的事情。但正面规谏，明显无法取得效果，甚至会因此丧命。优孟的聪明之处就在于他没有继续直谏，而是采用顺水推舟的策略，顺着庄王荒谬的思路向前延伸，把楚庄王认为合理的东西作了极端的夸张，让楚庄王本人意识到行为的荒谬，才心悦诚服地弃非从谏。

由此可见，我们在说服别人时，要把说服对象的注意力转移到对方感兴趣的地方去，让对方清楚自己的行为最终可能导致的结果，对方自然而然知道你想要传达的思想，从而达到良好的效果。

顺着对方的思路去接近对方，一定要确定自己的行动目标，把握正确的行动步骤和方

法，适时观察对方的反应，迅速地做出调整和应对。唯有如此才能使对方心悦诚服，达到说服的目的。如果你执著地坚持己见，和对方立场相对，把说服演变成争辩，当然会距目标越来越远了。

再看一则战国时代著名的军事家、大谋略家孙膑说服齐威王上山的故事：

一天，齐威王和孙膑来到一座山脚下。

“你能让我自愿走上山顶吗？”齐威王忽然问孙膑。

“陛下，我实在没有能力让您自愿走上山顶。不过，如果你在山顶上的话，我倒是能让您自愿走下来。”孙膑自信地说。

齐威王根本不信，就随孙膑上到了山顶。

“陛下，我已经让您自愿走上山顶了。”孙膑笑着说。

这是一个很典型的案例。这个策略主要是让对方出乎意料、意想不到。齐威王提此要求，意在不论孙膑使用何种手段，坚决不上山。但孙膑却采用先顺着齐威王的意思示弱，居然和他站在同一边。如此一来，孙膑以暂时的妥协退让引齐威王上套，让他在不知不觉中进入自己的预谋，最终成功说服齐威王上山。

所以，与他人交谈时，先不要急着切入正题，应当灵活地使对方在不知不觉当中落入你预先布置好的“陷阱”之中，从而达到自己的说服目的。

想要提高自己的说服力，顺利地说服别人，就要了解对方的想法，站在对方的立场、顺着对方的意思用语言消除对方的抵触心理，再因势利导，进而达到说服的目的。具体可以从以下几点做起：

1. 学会多听

如果在说服中，一味地给别人灌输自己的观点，则犯了说服的大忌。每个人都有发表欲，尤其是在社会上取得一些成就的人士。当对方展开长篇大论时，可先做一个倾听者来满足对方的虚荣心，同时在对方的言语中了解对方的观念。然后顺着他表达的意思，表示赞同和钦佩，同时在适当的时机提出一些问题让对方给予指导。如此一来，对方心情大好，很可能会对你敞开心扉。说服第一步便有了成效。

2. 不对被说服对象的观点正面否定

当你和说服对象在交谈过程中，无论他的观点你多么无法认同，也不要正面否定。因为，一个人的思维不会因别人的抗拒而轻易改变。同时，你正面的否定会让对方下不了台面，甚至会因此和你起冲突。最终导致结果背道而驰。

3. 借势引导

这是说服过程中最关键的一步，如果你顺着对方的思路已经达到让对方满足的目的，此时，把你的意思顺势巧妙地表诀出来，不要引起对方的抗拒和不快。这个“巧妙的表达”就是引导。也就是说，在整个说服过程，一定要时时把握住“引导”的方向不变，才能达到你想要的效果。

总之，要想提高自己的说服力，就要学会因人因事制宜，用对方最容易接受的方式，在最恰当的时机说。

让对方扮演高尚的角色

【核心提示】

人们都希望自己是善良的受人尊敬和被人喜欢的。而借助于这种高尚动机，让对方去扮演高尚的角色，使人们产生一种使自己的行为与对方评价的角色效果相一致的欲望，再多一份鼓励和信任，辅之以适当的疏导，对方就会尽量克服自己的弱点去迎合你的观点。

【理论指导】

每个人的行为都会有一定的理由，在自己看来这样做一定是很好或者是的确很好。每个人在内心深处都会将自己理想化，都喜欢为自己的行为动机寻找一个完美的解释。所以，如果想说服别人改变自己的想法，那么就需要激发他的高尚动机，赋予他一个高尚的角色。

有一位公司的高管，为了让客户对自己的工作有更深的了解，会为他们收集一些资料。他还常常会送书给员工，希望能让员工的工作想法如同自己的一句话：“努力赚钱，是为了有能力去做善事。”这样，他的员工们便能从做善事的角度上消除工作的疲劳和抱怨，满足了他们潜在的高尚的动机。这样，那位主管便轻而易举地将集体的斗志带到最高点。

石油大王洛克菲勒极不喜欢摄影记者拍摄他子女的照片，便对记者们这么说：“你们也是有孩子的人，一定了解我的感受。你们一定也知道，太出风头对小孩子是很不好的。”洛克菲勒巧妙地用等同心理给记者们设计了一个“不愿伤害孩子”的高尚角色，并让大家在这样一个角色里不可能再对孩子进行骚扰。

由此可见，每个人都很容易受到别人所给他的“角色”的影响。因为，人们的内心都是理想主义，比较喜欢别人给予的高尚角色，从而使自己的自尊心得到满足。于是，便不得不按照你为他设计的“角色”去行动，也就是说，他一旦愿意受到这个角色的约束，便很容易被你说服。

这种说服方法在秦朝时已经得到应用：

有一次，秦始皇因某事与大臣中期发生了激烈的争论，但没有争赢。而争赢了的中期竟然连一句客套话都没有就大摇大摆地走了。

争强好胜的秦始皇觉得脸上无光，不禁勃然大怒。秦始皇的暴戾专横是出了名的，他要杀一个臣民就像捏死一只蚂蚁那样容易。因此，许多大臣都为中期捏了一把汗。这时有个大臣想救中期，赶紧出来打圆场。

他对秦始皇说：“中期这个人是个蛮人，性子生得这么倔，幸亏他遇上了您这样豁达宽容的明君，要是遇上桀、纣那样的暴君，那他肯定要被杀头的。但是，你作为一国之君，如果这样好动怒，岂不有失您的英名吗？”秦始皇听了，心里美滋滋的，也就不再把那件事放在心上了。

这位大臣的进言，妙就妙在他的先扬后抑法运用得恰到好处，他在秦始皇怒气尚未发作之前便抢先一步采取扬的办法恭维秦始皇是明君。如果秦始王接受恭维的话，那么就必须心胸宽阔。反之，若是心胸狭窄，动辄以势压人，滥施淫威，那就不是明君则是暴君了。这样，便把秦始皇逼到了进退维谷的境地，有效地抑制了秦始皇恼怒的情绪，使他不得不显示出豁达、宽容的态度，原谅了倔犟无礼的中期。

生活在社会中的每个人，都希望他人能发现自己的优点和长处，从而肯定自己的价值。

因为每个人都有高尚的潜在品质，如果你能够及时地用恰当的方式说出来，这样既能迎合他的自尊心，让他感到很有面子；又能顺利地改变对方的想法，达到说服的目的。所以，想要说服他人接受自己的想法，就要给对方一个高尚的角色去扮演。

从上面的故事中，可以概括出在说服中要正确使用这种说服方法，至少要注意以下三点：

1. 用积极的语言

在正常情况下，每个人都有从善心理，所以在面对一个被说服对象时要针对对方善良的那一面，来启发和诱导他们。赋予他们一个高尚的理由，接受你的观点。事实证明，这是一种非常行之有效的方法。

2. 用愿景激励

在说服中，把自己的目标改成对方的愿景，让对方明白改变自己的观点后会给别人、给自己带来怎样一个好的影响。然后顺着这条思路，对长远有一个美好的期许。这将激发对方接受你。

3. 用真诚的态度

当一个人觉得你是真正认为他诚实、公道、正直的时候，他就会努力去印证你的直觉！所以，你需要去给对方表现他高尚的机会或借口，这样才能更好地处理你和对方之间存在的问题。

总之，没有一个方法可以确保适用于任何人，可以在任何情况下都能产生好的效果，但是当你没有任何主意的时候，不妨尝试一下这个方法。

给你的语言加点“作料”

【核心提示】

说服他人时，如果适当点缀些俏皮话、笑话、歇后语，可以取得良好的效果。这种加“作料”的方法，只要使用得当，就能把抽象的道理讲得清楚明白、诙谐风趣，不失为说服技巧中的神来之笔。

【理论指导】

在谈话中适当给语言加点调味剂，用一些适当的“歇后语”激活对方的思维，不仅可以搞活谈话的气氛，还可以让事情朝着自己想要的效果发展。

会做饭的人都有这样的体验：要使菜肴美味可口，要注意适加作料。说服也是这样，你在说服别人时，恰到好处地添上一句歇后语，往往能起到意想不到的效果。

歇后语，又称俏皮话、巧语、谐谑语。它是一种特殊的语言形式，前部分譬语像谜面，后部分解语像谜底。它通过含蓄幽默的比喻，夸张而精确地把抽象的道理讲得明明白白，富有启发性，而且想象丰富，诙谐风趣，言简意赅，通俗易懂，容易人心。

某塑料厂宣传干事刘某和妻子雪琼燕尔新婚，星期天一同去逛街，不料在一林阴道的拐弯处，迎面遇上刘某从前的恋人张莉。刘某感到慌乱，而对方也冷冷地看着他们。此时，只见雪琼主动走上前打招呼道："这不是张莉姐吗？你好！今天可是一滴水滴在香头上，碰得这么巧。咱姐俩难得见面，正好，一起走吧。"一番话，说得张莉破脸而笑，忙摆手："谢谢，不用了，我还要到那边看看。"

雪琼不愧为一名聪明伶俐的女性，她的出面不仅解了丈夫的围，而且她得体的称呼，客气的话语，特别是巧妙加进的歇后语"作料"，说得张莉不好意思，心中积怨也顿时化解。

在说服别人的时候，如果你总是板着脸、皱着眉，那么，这副样子很容易引起对方的反感与抵触情绪，使说服陷入僵局。因此，在注意到这一点时，你可以适当点缀些俏皮话、笑话、歇后语，在说服的过程中，使对话的气氛变得轻松些，这样往往会取得良好的效果。

有一对结婚八年的夫妻闹离婚，拉拉扯扯来到司法办公室，调解员了解情况后，看了看他俩说："看你们一个英俊潇洒，一个美玉无瑕，真是挑水的娶了卖茶的——如此般配，我敢说，天上的牛郎织女都羡慕你们，你们倒为点小事要离婚，你们不觉得太轻率了吗？"

进来时气鼓鼓的夫妻被调解员的一席话，说得不好意思地低下了头。调解员趁火候继续劝道："你们的孩子还小，他需要得到父爱和母爱，如果都胳膊肘往外弯——只顾自己，孩子长大了，知道他们的父母为点小事赌气，抛弃了他，会怨恨你们一辈子的。"

夫妻俩面面相觑，欲言又止。调解员站起来笑吟吟地说："都回去吧，以后再不要跨进这门，进这门可不是闹着玩的。"一场离婚就这么劝住了。

从上例可以看出，这位调解员口才不错，且很会说服，也善用诙谐幽默的歇后语来调和那对夫妻间的紧张气氛，从而成功地化解了一场婚姻危机。

用歇后语加"作料"说服的方法，只要使用得当，就能把抽象的道理讲得清楚明白、诙谐风趣，不失为说服技巧中的神来之笔。在工作中，上级在说服下属时，也可以用歇后语作点缀，从而取得好的效果。

某工厂一名员工因未如自己意愿——调动工资，气势汹汹地闯进厂长办公室，大声叫嚷。厂长一声不吭，待他冷静下来以后，便心平气和地说："小张，你知道这次为什么没给你调动工资吗？"

小张说："不就是我爱玩麻将吗？再说了，我又不在公司玩，工作以外的时间玩玩有什么不行？"

厂长语重心长地说："我不反对青年人玩，但是要玩得正当，有意义。你那天晚上一下子把一个月的工资输光，你妻子哭哭哭啼啼找到我，要我劝你。按理说，这是赌博，你属于公安局的禁赌对象。念你初犯，没给你处分；之所以没升你工资，是想让你从中吸取教训。赌博这玩意可害人哪，弄不好，到头来门神店失火——人财两空。那时，厂里可担当不起呀！"

小张听了厂长的一番话，低下头沉思着。厂长拍拍他的肩膀："好好干活去吧，今年的奖励升级我可等着你啦！"

小张听了，心服口服，满怀希望地回去工作了。

厂长妙用“门神店失火——人财两空”这一歇后语来警醒上小张赌博的严重性，从而使小张意识到了问题的严重性，决定改变这种不良的习惯。

在说服中给自己的语言加点“作料”，不但能营造一种轻松的谈话氛围，而且可以让对方不那么抗拒，以达到四两拨千斤的效果。值得注意的是，歇后语作为说服的“作料”，一定要用得恰当，即做到适时、适地且符合说话人的身份，才能收到好的效果。

说服别人，一定要有耐心

【核心提示】

即使一开始时，无法说服别人，也不要犯急躁的毛病。

【理论指导】

俗话说，“心急吃不了热豆腐”。在说服过程中，如果你的观点是对的，人家听了你说服的内容，立刻点头叫好，改弦易辙，并称赞你“一语惊醒梦中人”，这自然是最妙不过的。

不过，每个人对事物的看法并不是一天形成的。有时候，要对方同意你的观点，也并非轻易之事。

因此，在说服他人之前，你要有长期做说服工作的心理准备。对于“成见”这座大山，今天挖一个角，明天铲一块土，逐步解释你的观点，日积月累，双方就会达成某种共识。

某科技公司董事长仝先生，想说服龚先生购买他们公司新发明的阳画感光纸，但行间一直传说龚先生对这类新技术、新发明一向不感兴趣。

在一次拜访中，仝先生客气而耐心地向龚先生解说阳画感光纸，在交谈中细心观察龚先生的反应。

一次、两次……六次、七次，一再拜访。有一天，龚先生不耐烦了，大喊：“我说不行就是不行，要讲几次你才了解。”

他生气了，证明他已经开始在意你的行为了，事情似乎有了转机。仝先生认为：“既然你已经生气了，让你情绪稳定下来就太可惜了。”于是，仝先生第二天清晨又去了。

“昨天跟你讲过，怎么你又来啦！”

“哦，昨天很难得挨骂，所以我又来了。”仝先生微笑着回答，“今天只是为了和你道个歉，打扰你了，再见！”龚先生一下子呆住了，而仝先生认为他已经有了反应，达到了一定效果，所以暂时应以退为进。

第三天一早他又去了，再次接触时，龚先生终于提出让仝先生再细致地讲述一遍阳面感光纸的特点和先进性。

最终的结果不言而喻，龚先生在仝先生耐心的说服下接受了他们公司的新产品。

从这个故事里可以看出，看似很难成功的说服，在耐心坚持下，还是会有转机的。所谓“贵在坚持”，如果仝先生没有坚持一而再、再而三的拜访，事情肯定就是另一种结果了。

说服是一种通过直接接触，并交换意见，从而改变态度的方式，这种方法最明显的特征是双向沟通。如果你一时无法说服别人，切记一定不能犯过分心急的毛病。如果你急于求成，反而会弄巧成拙。

在说服的过程中，如果对方比较精于逻辑思考，一边听你的理由，一边还能冷静地思考分析，这个时候你不能只是认为自己的理由充分，就急于让对方给你明确的结果。他不会立刻相信你的话，但要求你说话有根有据，条理分明，然后他再分析思考。

每个人的观点、想法都不同，这取决于每个人的生活环境的不同。如果与他人交往过程中，固执地认为自己的想法是绝对正确的，对方必须“一说就服”，甚至无条件地认同自己，这样的想法会使自己的人际交往失衡，事实也不会像自己预见的那样顺利地达到说服目的，反而可能导致自己陷于孤立的状态。

每个人都有坚持己见的本能，这种本能是不可轻易改变的。直接的说服往往会遭到直接的拒绝，这个时候，不妨先退出一段距离，找到其他的切入点，然后一点一点地介入，一步一步向目标接近。

在社会生活交往中，说服别人是我们常常要面对的一个问题，大到思想观念，小到生活琐事。然而，成功地说服别人并不是那么简单的事。所以这就要求在说服别人时不可急于求成，把自己的观点强加于人。要做到有耐心地逐步说服对方，要从以下几点着手：

1. 以退为进，调节气氛

先由对方不经意的问题切入，先对对方的观点表示赞同，以退为进，制造出一个融洽的谈话氛围，再层层递进，步步深入，逐步引向实质性问题，使对方随从说服者层层推论的思维轨迹，渐渐接受说服者所讲的事理。

2. 多制造与对方见面的机会

要说服一个人，就要做好长期说服的心理准备。与对方会面时，谈话的内容不要给对方造成负担，以免使对方生反感，留有再见面的余地。为了达到这一目的，切忌在谈话一开始就直接涉及说服主题，最好先轻松地谈谈其他话题。值得注意的是：自始至终，都应该保持温和的态度，必要时可以顺从对方。

3. 单一而明确的目标

在说服过程中必须保持单一而明确的目标，如果目标不清或目标含混，你的说服就显得漫无目的，所有的交谈就达不到想要的效果，甚至会发生“言多必失”的情况。例如，推销员在推销商品时，仅仅一味地、滔滔不绝地说一大堆顾客根本不想听的话，往往只会引起反感。

所以，明确自己的说服目标能为自己的努力决定方向，如果你的想法、措辞不能够达到你想要的效果，就从重新来过，再组织新语言。如果明确地知道自己的目标所在，就要坚持到底，坚持到最后时刻，不放弃。很多人都因为没有足够的耐心而丧失了很多机会。

总之，说服的过程是说服者对被说服者攻心的过程，也是被说服者心理渐变的过程。只要你有足够的耐心，就能取得理想的说服效果。

隐藏劝说的动机

【核心提示】

把劝说的动机巧妙地隐藏其中，让被劝说者感到“意外”地获得了劝说的信息，可有效地增加信息的可信度。

【理论指导】

有这样一种现象：越是禁止的东西，人们越感兴趣；越难得到的东西，也就越显得珍贵。为什么会出现这种现象呢，心理学家认为：人类有一种探究的本能，遇事都想知道究竟，以揭示其奥秘。就是这个本能激发了人们的好奇心，驱使人们去解开事物的真相。

在说服过程中，我们可以利用这个道理，通过制造悬念或者新奇的话题勾起对方的好奇心。在劝说别人的时候为了增强信息的影响力，就需要把劝说动机巧妙地“隐藏”起来，使对方产生放松戒备的心理，同时吸引对方的注意力。由于勾起了对方的兴趣，说服会变得更加容易。

有这样一个事例：一群孩子经常在一位老人家门前嬉闹，叫声连天。一段时间过去，老人觉得难以忍受了。于是，他出来给了每个孩子五块钱，对他们说：“你们让这儿变得很热闹，我觉得自己年轻了不少，这点钱表示我的谢意。”孩子们很高兴，第二天仍然来了，一如既往地嬉闹。老人再出来，给了每个孩子四块钱。他解释说，自己没有收入，只能少给一些。四块钱也还可以吧，孩子仍然兴高采烈地走了。第三天，老人只给了每个孩子两块钱。孩子们勃然大怒：“一天才给两块钱，知不知道我们多辛苦！”他们向老人发誓，他们再也不会为他玩了！

在这个故事里，老人为了达到孩子不再在他门前闹腾的目的，在说服孩子的过程中采取了一些策略。他并没有先将自己的动机直接表达出来，而是通过改变孩子们的玩耍的动机，达到了自己的目的。

由此可见，在改变别人的态度时，可以使某种劝说信息保持一种神秘感，故意泄漏一部分给被劝说者。根据逆反心理的特点，就可能引起人们对这一信息的重视，使他们毫不怀疑地接受它，进而正中自己的下怀，达到了说服对方的结果。

战国时，齐国宰相田婴想要在自己的领地内筑城，他的这个想法遭到了几乎所有门客的反对。门客们认为，实施筑城计划会引起田婴和齐国王室的摩擦，进而可能导致田婴失去政治权利。然而，田婴却固执己见。于是，他就对看门的仆役说：“如果再有门客登门造访，一定不要让他们进来。

果然，又来了一位门客，这位门客苦苦地向仆役恳求，并在门外大声地喊：“我只说三个字，多一个字，我都愿受刀斧而死。”听他这样说，田婴破例接见了他。这位门客果然只对田婴说了“海”“大”“鱼”三个字，说完后，他转身就走。

这位门客这一走，让田婴怎么想也不明白他到底想要说什么。于是，他叫住那位门客，问道："你到底想说什么？"这位门客回答道："海里的大鱼很厉害，能够将钓住它的鱼线、渔网挣断、挣破，让人很难捉到它。然而，像这样厉害的大鱼，如果想离开水，到更加广阔的天空里去畅泳，恐怕只会被渴死。对你而言，你筑城是为了摆脱国王的束缚，拥有更加广阔的天空，但是同时，你也会失去齐王的有力支持，进而失败。"最后，田婴终于被这番话打动，打消了筑城的念头。

生活中，要想说服一个固执的人是非常困难的，其心理往往处于一种紧张、封闭的状态，正面去说服，很可能会像其他人一样碰钉子。相反，如果把自己的劝说动机隐藏起来，制造悬念引发对方的好奇心，利用转移对方注意力来缓解对方抗拒的情绪。让对方用心地听你讲，这些无疑是成功说服对方的前提。

想要说服别人，就要先勾起对方的好奇心。对方为了让自己的兴趣得偿所愿、满足自己的好奇心，面对你的任何想法，自然都能接受。要利用人们的这一特点来说服对方，要了解以下几个方面的问题，否则将徒劳无益：

1. 从改变外部因素着手

面对不可能直接说服的对象，从改变外部因素着手。就像上面故事里的老人，用钱将孩子们原本自娱自乐的玩耍变成为了钱而玩耍。之后一再改变钱的数额，导致孩子们的不满，最终达成了他最初的期望。要想说服别人改变当前的状态，就要让他明白地看到事情已经偏离自己内心最初的期望，期望降低时，人就会立刻做出混乱的决定。

2. 在恰当的时候展现说服的目的

通过制造悬念或者新奇的话题勾起对方的好奇心，使对方放松心理戒备，并对你的问题产生兴趣。此时要把你的说服目的恰当地展开，并进行阐述。注意这个过度要自然、贴切，不能给人以故弄玄虚的印象。

3. 不能脱离主题

在选择诱导别人好奇心的事物时，要注意到它本身与要说服的事情相关联。否则，你制造的悬念成功了，却不能说明什么问题，给别人造成一种悬而不决的感觉，便失去了应有的意义。

总之，在说服他人的过程中，如果你能够成功地引起对方的好奇心，你就已经成功了一半。

说服要寻找最佳突破点

【核心提示】

很多人之所以不能说服别人，就是因为他们不了解对方，不知道该用怎样的表达方式。

【理论指导】

很多人都不知道要说服对方时该如何开口，尤其是当谈话的对象是陌生人，或是不怎么熟悉的人。如果对方属于沉默寡言的人，谈话就更容易陷入冷场，气氛也可能变僵。

在说服谈话中，寻找话题是打破僵局的首选方法，寻找对方感兴趣的话题便是说服别人的突破点。但有时候，寻找对方都感兴趣的话题并不容易，尤其是对他人的了解并不充分的时候。每个人的兴趣都可能很不一样，如有人喜欢足球，有人喜欢旅游等等，每个人所关心和感兴趣的内容可以说是千差万别。

在说服的一开始就寻找对方感兴趣的地方，投其所好地展开交谈话题，这有利于加强彼此的感情。这种话题愈多，对方就越有兴致，较于谈话初始阶段显得放松，此时，趁机进行说服，即使对方是很顽固的人，也会很容易被说服。

有一对夫妻，太太很喜欢游泳，非常想购买带游泳池的房子。

售楼人员一眼看出了太太对游泳池的特殊喜好，于是就抓住这个重点，意欲从这个点突破。

在看房的时候，如果先生说："你看，这房子漏水。"售楼人员就会对太太说，"太太，你看看后面有个多么漂亮的游泳池啊。"先生如果说："这个房子好像在那个地方要整修一下。"售楼人员就跟太太说，"太太，你看看，从这个角度可以看到后面的游泳池。"那么，在这个时候，这个太太就会说："对！游泳池！我对这个房子最看中的就是这个游泳池了！"

由上面的故事不难看出，一旦找到了说服对方的突破点，说服成功的几率就会很大。

在很大程度上，说服的困难在于对方根本不给你说服的机会。所以，这就需要你对说服对象有充分的了解。每个人因为经历、性格、学识、专业、环境、性别等等因素的影响，与之相对的心态、兴趣、为人处事等等也不尽相同，要想在最短时间内达到说服别人的目的，就要在最快的时间里找到说服别人的最佳突破点。

来自各国的富翁们正在一艘游艇上，一边观光，一边开会。突然船出事了！船身开始慢慢下沉。船长命令大副立刻通知富翁们穿上救生衣跳海。几分钟后，大副回来报告说没有一个人愿意往下跳。于是船长亲自出马。一会儿工夫，只见富翁们一个接一个地跳下海去。

大副请教船长："您是如何说服他们的呢？"

船长说："我告诉英国人，跳海也是一项运动；对法国人，我就说跳海是一种别出心裁的游戏；我警告德国人，跳海可不是闹着玩的！在俄国人面前，我认真地表示：跳海是一种壮举。"

"您又是怎样说服那个美国人的呢？"

"太容易了！"船长得意地笑道，"我只说已经为他办理了人身保险。"

这虽然只是个笑话，但也说明一个道理，那就是要因人而异，寻找到对方的突破点，精心地选择说话的内容和方式。

在日常生活中要想说服某人，你就必须掌握一些说服的技巧和原则，许多人之所以不能说服别人，就是因为他们不仔细了解对方，也没想好该用怎样的表达方式就急忙下结论，还以为"一眼就看穿了别人"。这就像那些粗心的医生，对病人的病情不了解就开药方，病情自然不会得到缓解。

以下几种方法可以帮你在最短的时间内找到说服对方的最佳突破点：

1. 从对方的爱好和兴趣入手

每个人在谈及自己喜欢和擅长的事物时都会滔滔不绝，很感兴趣。所以，从这点入手打开话题，很容易就和对方打成一片，不至于冷场或中断。既可以满足对方的表现欲望、令其尽兴，又能给对方一种知音之感。这时，巧妙地提出自己的说服目的就很容易被对方所接受，从而收到很好的说服效果。

交谈时，如果能选择对方有兴趣的话题，就可能促使双方成为好朋友；相反，如果所谈的内容令对方反感，即使多年老友也会恨不能拂袖而去。因此，在说话前，最好能先了解对方的性格、兴趣，然后配合当时的气氛、实际情况和对方的心情，来调整自己的谈话内容。否则，无论你对某个话题如何感兴趣，有再多的高见，如果对方不想听，你说了也是白说。

2. 从对方的性格和心态入手

不同性格和处世心态不同的人，接受他人意见的敏感程度是不同的。所以，在说服对方之前，要先了解对方的性格和处世态度就显得尤为重要了。如果对方处于悲观厌世或性格变化起伏期，采用同一种说服方式，说服成效就不会那么明显，所以，应根据说服对象的性格特征和当时的心态，进行有针对性的说服。

3. 从对方的思想着手

一个人产生一种想法，绝不是偶然为之。在这个想法的背后一定有他自己的理由。这些或多或少都与自身利益或人之常情有密不可分的联系。如果能对这些原因有深入的了解，那么就能对被说服者采取有针对性的、切实有效的说服方式，对方也就不会那么固执了。

4. 了解对方的情绪

一般来说，影响对方情绪的因素有以下几个方面：一是谈话前对方因受其他事影响而引起情绪的变化；二是谈话时对方的注意力没有集中起来；三是对方对说服者的看法和态度的变化。因此，在开始说服之前，你要设法了解对方当时的思想动态和情绪状况，这是成功说服的一个关键环节。

凡此种种，都要求说服者要细心观察、用心领会，才能够在说服过程中抓住有效的突破口，对被说服者进行有针对性的说服。

先抬高对方，再进行说服

【核心提示】

抬高别人区别于阿谀奉承、讨好卖乖之类的庸俗言行，它必须是针对对方的实际，把好话说圆，给人以真诚感，令对方心悦诚服。因此，它是人际交往中一种常用的说服技巧，如果运用得当，对促进人际交往会有意想不到的效果。

【理论指导】

人人都希望被尊重，被夸赞。要想改变一个人某方面的缺点，你要表示出他已经具有这方面的优点了，那么他就会顺着这个观点往好的结果行事。如果你想说服一个人改变自己的想法，就应先肯定对方想法，给对方一些赞扬，此后他会格外珍惜这份肯定，从而会不断激励自己要做得更好。

有位太太想聘用一位家政，便打电话给那位家政的前任雇主，询问了一些关于她以前的情况，可得到的评语却是贬多于褒。等到家政报到的那一天，那位太太说："我打电话问了你的前任雇主，她说你为人老实可靠，而且还煮得一手好菜，唯一的缺点就是理家比较外行，家里弄得不太干净。我想她的话并不能完全相信。看你穿戴那么整洁，人人都可以看得出你一定会把家弄得和你一样整洁、干净，并照顾得井井有条。相信你同我也能相处得很好。”

事实证明，她们相处得的确很好，家政真的把家整理得干干净净，整整齐齐，而且还非常吃苦耐劳。

你若要在某方面去改变一个人，就把他看成他已经有了这种杰出的特质。莎士比亚曾说：“假如他没有一种德行，就假装他有吧！”

给他们一个好的名声来作为努力的方向，他们就会不计前嫌，努力向上，而不愿看到你的希望破灭。

抬高别人区别于阿谀奉承、讨好卖乖之类的庸俗言行，它必须是针对对方的实际，把好话说圆，给人以真诚感，令对方心悦诚服。

因此，它是人际交往中一种常用的说服技巧，如果运用得当，对促进人际交往会有意想不到的效果。

而对于那些地位显赫、有权有势的人，想要成功说服他，更要学会先抬高后说服的策略。

古代，有位宰相请理发师给他修面。那理发师修面修到一半时，忽然停下刮刀，两眼直愣愣地看着宰相的肚皮。

宰相见理发师傻乎乎发愣的样子，心里很纳闷：这平平板板的肚皮有什么好看的呢？就问道：“你不修面，却看我肚皮，这是为什么呢？”

“听人们说，宰相肚里能撑船，我方才看了看，大人您的肚皮并不大，怎么可以撑船呢？”

宰相一听，哈哈大笑。

“那是比喻，讲宰相的度量十分大，能容天容地容古今，对鸡毛蒜皮的小事从不斤斤计较。”

理发师一听这话，心里的一块石头终于落了地，这才“扑通”一声跪倒在地，哭着说：“小人该死，方才修面时不小心，将大人您的眉毛刮掉了，万望大人大德大量，恕小的无罪！”

宰相听说自己的眉毛被刮了，不禁怒从心起，正想发作，转念一想：刚才自己还讲宰相的度量很大，我又怎好为这小事给他治罪呢？于是，只好说：“不妨，用眉笔把眉添上就行了。”

聪明的理发师以曲折迂回之法，层层诱导宰相进入自己早已设定的能进难退的“布袋”中，避免了一场驾临头上的灾难。

抬高对方可以从很多方面入手：比如对别人随手涂鸦胡乱题词，称之为“稀世墨宝”；本是信口开河胡诌几句，赞美其是金科玉律至理名言；本是五音不全吼几嗓子，夸其为“余音绕梁三日不绝”……等等，这些都会给对方带来愉悦感和心理暗示，并不遗余力地为此做出努力。

被人抬高的感觉，能让自己心情愉快舒爽。所以，在说服别人的过程中，最好能抓住对方引以为豪的长处加以赞赏，必然会因此得到他的好感。要说服他、或者请他帮忙也就不再是困难了。

要说服一个人，最好先把他抬高，给他一个超乎事实的美名，就像用“灰姑娘”故事里的仙女棒，点在她身上，会使她从头至脚焕然一新一样。因为给予他人一个美名，有时胜过长篇大论。

抬高别人，就是对别人的能力和品格进行美化，这是说服别人必备的细节。如果要发自内心地真诚赞扬，那就要求自己要善于体察人心，能了解对方最迫切的需求，有针对性地进行抬高和夸赞，那么对方也会礼尚往来地善待你。如果掌握不好，就会弄巧成拙。具体可以参考以下几点：

1. 抬高对方，要结合对方的实际

适当地抬高对方自然有好处，但不能信口开河，肆意吹捧，要结合对方的实际，因人而宜。

比如：对于经商的人，你说他道德好，清廉自守，一身正气。这明显很不合适，有明显的讨好之嫌，可能会招致对方的厌恶。如果你用经营有方，人际广泛来抬高他，他一定乐于接受。

2. 尊重对方也是一种抬高

只要是正常人都会有自尊心。要是希望对方心甘情愿地认同你，接受你的观点，首先就应该处处重视对方的自尊心。在整个说服过程中，要尊重对方的想法，即使它存在不足，也要在言语中表示足够的尊重，而不能刻薄地直指其中的错误。只有你尊重别人时，别人才会以尊重的态度对待你。有时甚至要抑制自己的好胜心，借以成全对方的好胜心。

3. 满足对方的成就感

即使对方可能没有什么值得拿出来炫耀的事情，也要对他这个人本身表示肯定。在交谈中用赞许的口吻，选取对方认为最欣慰和自豪的人和事，大加赞赏。假使连这些也找不到的话，就不妨结合对方的特点假设一个优点加在对方身上。

比如："你眼睛真好看，跟某电影明星一样""你笑起来真亲切，像我的家人一样。"等等来成全对方的成就感，对方就真的会认为自己的眼睛像明星的一样或他就像你的家人。因此，对方就不会对你产生抗拒，从而达到自己说服的目的。

总之，抬高对方就相当于将其送上巅峰，所谓"上山容易下山难"就印证了这个道理，当对方已经站在了某一高度，再下来就不合常理了。

说服领导有技巧

【核心提示】

说服领导时，身为下属的你只有采取合适的方法，才能收到预期的说服效果。

【理论指导】

在工作中，可能你常常会遇到这样的情况，领导会经常因为没有预先了解工作中的困难或者对遇到的问题估计不足，而对自己的下属提出一些不可能完成的任务或目标。遇到这种情况，如果你不接受任务，领导会认为你的能力有问题，甚至认为你的工作态度不积极。但是如果你接受了明知无法完成的工作时，局面将会更加尴尬。

面对领导提出的不合理要求，你一定要调整好心态，抱着解决问题的态度就工作与他展开沟通。这时，身为下属的你只有采取合适的方法，才能收到预期的说服效果。

一次，乾隆问纪晓岚："纪卿，'忠孝'二字作何解释？"纪晓岚答道："君要臣死，臣不得不死，是为忠；父要子亡，子不得不亡，是为孝。"乾隆立刻说："那好，朕要你现在就去死。"纪晓岚说："臣领旨。"乾隆问道："你打算怎么个死法？"纪晓岚答道："跳河。"乾隆说："准奏。"

不一会儿，纪晓岚又走回到乾隆跟前。乾隆问道："纪卿何以未死，可是不忠？""我碰到屈原了，他不让我死。"纪晓岚回答。"此话怎讲？"乾隆疑问道。

"我到了河边，正要往下跳时，屈原从水里向我走来，他说：'晓岚，你此举差矣。当年楚王昏庸，我才不得不投江明志；可如今皇上如此圣明，你为什么要死呢？你应该回去先问问皇上是不是昏君，如果皇上说他跟当年的楚王一样是个昏君，你再死也不迟啊。'"乾隆听后，放声大笑，连连说道："算你能说，且饶你不死。"

纪晓岚在毫不损害乾隆面子的情况下，巧妙地点出他的无理之处，一举令他折服。从故事里不难看出，乾隆是根据纪晓岚提出的"君要臣死，臣不得不死，是为忠"之论叫他去死，此令顺理成章。纪晓岚则迂回出击，主动创造契机，借屈原之口给皇上设置了玄机：承认自己是昏君，他就去死。自然，最终他从容地死里逃生。

由于地位和职务的差异以及隶属关系的制约，说服领导必然不像说服朋友或下属那样容易。只有把握好上下级关系的特殊性，采取得体的口气、恰当的方式和高明的技巧，才能收到预期的效果。

在实际的工作中，如果你想说服领导，首先就应该在维护领导尊严的基础上，要掌握说话的分寸，避免用责问的方式逼他们在言语上承认自己的错误，更不能和他们争辩，要懂得适可而止。

同时，在向领导提建议之前，一定要先弄清楚自己在领导心中的份量。一般情况下，说服的效果与老板对自己的信任成正比关系，否则将适得其反。如果没有足够的把握千万不要冒险去试，以免得不偿失。

某公司为激励员工的工作热情，计划组织员工出国旅游。但业务部的李部长却因这个问题为难。业务部一共十个人，主管业务的黄总却只批了八个名额。最终，李部长决定说服黄总批准业务部全体人员参加这次活动。

到了黄总办公室，李部长开口说："您太懂得激励员工这一套管理方式了，我们成为您手下的员工，真是幸运。"黄总说："你太能捧我了吧？"李部长说："不过黄总，可能行政部统计人员的时候把我们部门人员总数弄错了！我们一共有 10 个人，可只给了八个名额。到时候传达下去，剩下的 2 个人肯定心里不平衡，这样会影响您多年创造的和谐的团队企业文化，也会影响集体向心力啊！我的建议是，要么都不去，要么都去！"黄总问："那你更倾向什么意见呢？"李部长毫不犹豫地说："激励总比不激励好嘛，既然您都决定花钱了，就不要计较多两个人了。把接待规格和住宿规格稍微降下来，那两个人的钱就出来了，尽量不增加公司的开支预算！"黄总在李部长连夸带捧、再加上建议较为合理，自然也就同意了他的主张。

由这个故事可以得出，只要自己的意见确保合理，而且说服的时机和方式具有一定的技巧性，领导也就不会再固执己见了。但是，在说服领导时，不要急于求成，要给领导留有思考的时间。相信他们在权衡利弊之后，会给出正确结论的。

在工作中，对于领导的指示，一定要认真执行。那么，说服领导接受自己的主张、同意自己要注意哪些要点呢：

1. 顾及领导的情绪，把握合适的时机

说服领导首先要顾及到领导的情绪，把握最佳的说服时机很重要。当领导心情不好时，无论多么合理的建议，都很难静心聆听。刚上班时，领导会有很多事情要处理；而快下班时，又会有疲倦心态。所以，最佳的时段应该在领导处理完手头事务，或心情愉悦的时候。参考时段：上午十点左右或下午上班半小时后。总之，应当视情况灵活而定，要选择领导时间充分、心情舒畅的时候，提出自己的意见或建议。

2. 尊重领导的身份，准备充分的说服依据

想要说服领导，前提要尊重领导，领导感受到了尊重，就有利于听得进去意见和建议。对改进工作的建议，如果只凭自己讲讲，是没有太大说服力的。所以应该事先收集整理好有关数据和资料，做成书面材料，借助视觉力量，增加自己的说服力。

3. 换位思考，找出领导的需求

无论说服什么人，都应学会换位思考，了解对方的需求。因为运用角色置换法进行说服是一种很有效的方法，从领导的角度出发，了解对方的难处之后，就能进行有针对性的说服，对于提高说服的机率有很大的作用。同时，换位思考也有助于消除领导的戒备心理，有益于接近你和领导的距离，为有效的说服领导奠定了基础。

总之，要想说服领导接受自己的意见或建议，就要懂得一定的说服技巧，让领导欣然接受，又能彰显你的工作能力。如果没有足够的把握，千万不要贸然行事，以免适得其反。

知晓利害，让对方心悦诚服

【核心提示】

在劝说他人时，应该先陈述利害，清楚地告诉他怎样做对他有好处，怎样做对他有不利后果，然后再用商量的口气表明态度，让对方放下戒备，接受你。

【理论指导】

多数人最关心还是自己最切身的利益，当你想要说服某人时，应当告诉他这样做的好处是什么，不这样做的坏处是什么，相信对方不会不为所动。

某公司领导集体研究决定调某营业部职工范某到另一个营业部工作。谁知当人事部主任找他谈话时，竟遭到了她的强烈抗拒：“我不去，就是经理、董事长来了，我也不去！”说完，她当着人事部主任的面把账簿撕了，钥匙扔了，柜台也砸了。甚至她和人事部主任发生了强烈的肢体冲突。

经理得知情况后，找到这位职工，首先向她说明了调动的原因，然后向她发问道：“你知道这柜台是谁的？”

“公司的。”

“账簿是干什么的？”

“记账的。”

“好！现在这个社会是法制社会，你不但破坏公司公物，还与他人发生肢体冲突，不仅给公司带来财产损失，还影响到其他同事的身体健康和安全，而且不服从公司调动，严重违反公司规章制度和国家治安管理条例。从现在起公司账目如有一项不清楚一律由你负责，工作不服从调动按自动离职处理。你自己看着办吧！”

听了经理这一番话，这位职工顿时瞠目结舌。不久，她向经理承认了错误，并表示一定弥补损失，服从调动。

经理在这件事情里采用的方法就是晓以利害法：先是指出这位职工的行为的性质，既影响了工作，违反了法规，还侵犯了他人的人身权利；接着又指出其不服从安排将导致失业的不利后果。显然，在这次说服工作中，经理取得了成功。

由此可见，对于很多人来说，要想让其主动听从说服者的意见，就要求说服者应该从“利、害”两个方面阐明利弊得失，通过利与害的对比，做出一番权衡，让被说服者清楚明白何为轻何为重的结论，站在长远的利益上，被说服者一般都会克服短期行为，放弃眼前利益，自觉地服从全局利益和长远利益。

在说服过程中，对方之所以不服，无非是为了某种利益，只要把其中的利弊说开了，对方的心理防线也就放松了。然后，你再用商量的语气表明自己的态度，对方往往会因为你的真诚而听取你的意见。

当然，如果你能站在对方的立场上，以“自己人”的角度讲述事情的利害，则更易于说服对方接受你的意见和主张。

每个人都会倾向于益于自己得利的观点，如果在说服中，你越是证明自己的想法有利于对方，对方就越容易接受你的劝说。但在实际的生活中，运用利害分析的方式说服对方时，应该把握好以下几点：

1. 以“利”制约对方思想，以“害”改变对方想法

运用这种直陈的方法，避免被对方排斥的可行方式就是直接告知被说服者，一旦不接受劝说，就会失去某种潜在“利益”，相对也就说明了“害”在哪里，利用人们的趋利心理，从而以“利”牵制对方接受。

2. 分析利弊要结合实际，有助于对方权衡

分析对方错误的言行要建立在对方言行错误实质的基础之上，并由此帮对方进一步分析“利、害”两个方面，阐明利弊得失。让对方清楚地看到通过利与害的对比，心理更趋向于说服者指出如何做更有利合理的意见和主张。

3. 用情理说服辅助以利动人

在谈话过程中，直接告知被说服者存在问题的利害，单纯的“利”难免给人以贪利庸俗之嫌，最好在对被说服者利益尊重和认同的基础上，将利与“动之以情、晓之以理”有机结合起来论事说理，说明利害。

总而言之，向说服的对方直接、诚恳地陈述有利方面和不利方面，能吸引对方的注意力和高度赞赏，使说服获得成功。

抓住说服时机是关键

【核心提示】

时机对于说服者来说非常宝贵，你必须知道对方当时处于何种精神状态。

【理论指导】

俗话说："趁热打铁。"说服他人也是这个道理。一个人说话的内容无论多么有哲理，若时机掌握不好，也无法达到说服的目的。因为对方的想法和观点往往会随着时间的变化而变化。

如果想让对方愿意听你的话或者接受你的观点，就应当选择恰当的时机把道理讲给他听。抓住了最佳时机，一语值千金，事半功倍；反之，你说再多也无用。正如一个运动员，如果他在大赛中没有把握住那"决定性的瞬间"，即使平时训练成绩有多好，动作有多标准，金牌仍会与他失之交臂。

秦始皇去世后，丞相李斯受赵高的蛊惑，和赵高一起假造圣旨，害死了公子扶苏，把胡亥推上了皇位，也就是秦二世。胡亥继位后，赵高日益受到宠信，地位不断升高。但李斯身处丞相之职，赵高觉得他对自己的地位构成了威胁，便一直寻找机会除掉李斯。

秦二世执政十分荒唐，整日沉迷淫乐，不理政事。李斯身为丞相，觉得应该劝谏一下，但是，由于胡亥不理朝政，李斯根本找不到机会。于是，李斯找到赵高，想让他想办法。赵高一口答应了下来。

时隔不久，赵高就告诉李斯，说皇上在某某宫，你可以去找他。李斯谢过赵高，找到了秦二世。当时秦二世正在和嫔妃、宫女玩乐，看见李斯来很扫兴，大怒，呵斥他下去。从此，李斯彻底被冷落。

其实，这正是赵高的奸计。他有意在胡亥玩得正开心的时候让李斯去进谏，说一些让胡亥不高兴的话，胡亥能不恨李斯吗？

说服他人能否成功，是受多种因素制约的。其中，能否抓住说服的最佳时机，是至关重要的，你应该把握时机并努力抓住它。明朝大太监魏忠贤就善于把握时机进谏，从而说服皇上，他也因而成为皇上的心腹。

明熹宗长年不上朝，不接见大臣，除了声色犬马之外，他还有一个特殊的嗜好，就是做木工活。他曾经亲自用大木桶、铜缸之类的容器，凿孔、装上机关，做成喷泉，还制成了各种精巧的楼台亭阁，亲自动手上漆彩绘，并常年乐此不疲。

魏忠贤便利用了这一点，每当明熹宗专心制作时，他便在一旁不住口地喝彩、夸奖："老天爷赐给万岁爷如此聪明的大脑，凡人哪能做得到啊！"皇帝听了更得意了。就在这种时刻，魏忠贤便以朝中之事向他启奏，皇上心里听着好话，手里忙活着喜欢的工作，哪有心思管朝中事务呢？每当这时，他便不耐烦地挥挥手说："我已经知道了，你自己看着办吧，别再烦我。"魏忠贤就这样把大权抓在了手中。

魏忠贤劝谏的时机把握得好，并适时地表现出个人的意图，才让皇上在不知不觉中被说服。反之，如果时机掌握不好，不但会影响进言效果，而且还会影响到自己在对方心中的印象，好事也会因此办砸。

因此，在说服他人的时候，不是时候，不到时机，有些话是不能说的。说了，反而会惹上不必要的麻烦。也就是说，要把握说服的时机。

在说服对方的过程中，正确把握说服时机，就要特别注意把时机选在对方情绪比较亢奋的时候。当对方不高兴的时候不要开口，可以等他心情好的时候再谈。只有这样，才能达到更好的说服效果。

一般来说，要想说服他人，最好把握好以下几个方面：

1. 把握好“生物时间”

从心理学观点来看，每个人的情绪都可能受到一种所谓的“生物时间”的支配，每当黄昏时分，人的精神就比较脆弱，容易被说服。

一般说来，女性较男性更为情绪化，当受了“生物时间”不协调的影响时，也较男性更易陷于不安和伤感。也会有一些人因劳累、遇到不顺心的事或正在把注意力集中在其他事情上时，没有心情来听你说话。所以，在开口说话之前，应先观察对方的脸色和当时所处的氛围，然后再决定是否要开口或应该讲什么内容。

2. 要了解被说服对象的习惯和性格来考虑开口的时机

在开口之前要对被说服对象有所了解，包括对方的生活习惯和性格。按照对方的习惯和情绪考虑自己开口的时机，如果事先对这些不做了解，触到对方忌讳的习惯或碰到对方情绪不好的时候，不但达不到要说服的效果，而且会因此引起对方的不快。就如上面故事里的李斯丞相虽是抱着尽忠的心，却最终被秦二世所冷落和排斥，得不偿失。

3. 对于初次拜访的人应视会面的具体情况考虑说服时机

在与对方会面时，应善于观察，从会面场合的摆设或环境开口，以求了解对方喜好或对方当时的心情以及是否空暇等等基本情况。再从这些反馈中决定是否开口说服。换而言之，如果从旁敲侧击里得出对方对自己所持的想法或目的暂时没兴趣的话，就要给彼此留有再会面的余地，以寻求再次说服的机会。

虽然以上几方面并不是任何时候都能正确评估听众的心理状态，但如果了解了说服最有利的条件，并在可能的时候把握好陈述的时机，对你的说服会有所帮助。

批评不如说服

【核心提示】

说服的效果远远大于批评。

【理论指导】

说服与批评之间，单从字面定义来看：批评，是对缺点错误提出意见；说服是用充分的理由劝导，使人心服。批评，是把自己的观点强加于人，其中含有勉强的意思。而说服，则是让对方自觉自愿地从心里认同。同样的事情，说服的方式更易为别人所接受。

在生活中，要想改变别人错误的想法，首先要避开正面的批评，这是必须要记住的。正面的批评会伤害对方的自尊心，严重时甚至会遭到对方强烈的抗拒。如果换种方式，通过旁敲侧击的方法去暗示对方，让对方从对问题的层层剥离中明白你的用心良善，他不但接受，而且还可能会心存感激。

洛克菲勒是美国石油大王，他曾经有一位同事名叫贝特福特，他既是洛克菲勒的合作者，也是他的下级。

有一次，贝特福特独自负责一桩南美的生意。但非常不幸，这次他失败了，而且输得特别惨，所以，贝特福特自认为实在是没脸再见洛克菲勒。他想，下一次再开董事会时，洛克菲勒一定会毫不客气地批评他，他的心里一连好几天都很紧张。

这天，公司的董事会如期召开了。贝特福特硬着头皮来到会议室，他等着洛克菲勒的批评，而他在这之前已经做好了充分的思想准备。

洛克菲勒开始讲话了，说："贝特福特先生……" 听见洛克菲勒叫自己，贝特福特心里一阵发紧，他想最担心的事情还是不可避免地发生了。

"首先，我可以肯定你在南美确实做了一件不成功的事情。但是……" 洛克菲勒的语气是那么的亲切、缓和。"大家知道你已经尽力了，虽然这次失败了，但是我相信在这件事情上没有人会比你做得更好。而且我们也正做着让你重整旗鼓的计划……"

听过这一番话，贝特福特倍感温暖，先前的抑郁一扫而光，他又重新找到了自信。尤其是在董事会上洛克菲勒没有让他难堪，因此，他对洛克菲勒非常感激。

洛克菲勒保全了贝福特的面子，赢得了对方对他的感激和忠诚。事实证明，批评不如说服。如果洛克菲勒如贝特福特所想的那样毫不留情地当众批评他一顿，虽然贝福特做好了接受批评的准备，但在之后的日子里，他可能就没有勇气再面对新的挑战。洛克菲勒可能因此失去一个得力的帮手。由此可见，说服力是每个人制胜的最重要的能力。

想要说服别人，就要拉近与对方心灵之间的距离，走进对方的内心。而打开对方的心扉最有效的方式就是信任与理解。先让对方感受你的诚意，然后再委婉地指出他的不足之处，这样他就容易接受，并且还可能对你产生好感。

张芳不喜欢丈夫给她做早餐的方式，原因是他在煎蛋中的香料放得太多了。但她认为如果就这个问题直接批评丈夫的做法，他可能会觉得很受伤。于是，张女士采取了另一种方法：

在第二天吃早餐时，张芳对丈夫说："你做的煎蛋太好吃了，我非常喜欢。"

丈夫开心极了："谢谢你的夸奖。"

在当天晚上入睡前，张芳和丈夫聊天说："不久前，我在一本书上看这么一种说法，吃过多的香料会引起某种关节炎。最近我觉得我的关节有点不舒服，不知道是不是真是这样。这可能对你提出了一种挑战，看你在不加香料的情况下是否还能做出同样好吃的煎蛋来。同时，也可以验证一下这种说法是否可靠，如果真对我的关节有好处，所以不加香料也不是什么大问题。你说呢？"

第三天的早上，张芳发现丈夫做的煎蛋果然没有再放香料，感动地说："我觉得不放香料，你做的煎蛋依然很好吃。"

很明显，张芳的建议最终得到丈夫的认可，同时也没有让丈夫感到不快。张芳的明智之处就在于：她没有采用直接的批评，指出丈夫的失误。而是先称赞丈夫的厨艺好，再提出由于她的某种不适，博得丈夫的同情，所以在她劝说丈夫改变做饭的习惯时，丈夫很容易就接受了。

由此可见，面对他人的做法或习惯你有更好的想法，也不要直接告诉对方他在这一方面愚蠢之至，这样他不但不会接受你的观点，而且还会因为你对他的智慧和判断力的否定而对你产生忌恨。所以，运用另一种相反的技巧，适当地给对方一些鼓励，对方就会欣然接受，并且不会存在负面反应。

虽然说服与批评之间有相似之处，都是对他人施加思想影响，改变他人看法和观点。但因批评的态度较为严肃，语气相对强硬；而说服则较为委婉，语气较为温和。如果在解决矛盾纠纷、统一看法时，说服多于批评，协商多于命令，其结果就是人际关系和谐，皆大欢喜。

虽然有位圣人曾说：闻过则喜。但是现实生活中有几人可以做到呢？趋利避害是人的本性，但也要在分析利害时能够掌握适当的技巧和方法，只要对方真正理解了其中的好意，他当然会从善如流。所以，在遇到矛盾分歧时，虽然说服与批评皆不可少，但尽可能还是采取说服的方式。因为，说服的效果远远大于批评。

换一种表达方式效果会更好

【核心提示】

尽管所要表达的意思相同，但不同的说话方式会给对方完全不同的心里感受。

【理论指导】

在日常生活或工作中，常常会听到他人发出诸如此类的怨言：“我都说过一百遍了，他就是不听！”“我都告诉过你一千遍了，你怎么还是不改？”“我嘴皮子都磨出茧子了，可就是没用！”

在劝说他人时，如果自己所说的话已经无法发挥作用，就不要再重复。要知道，即使把它再重复很多遍，还是不会有什么效果。这个时候，你就应当换一种更好的表达方式。一样的内容，表达方式可以有很多种；不同的说法，也可以表达相同的意思。

著名的道学家庄子，有一次去拜访他的同学惠施。当时惠施已经位居相国，他听说庄子要来，以为是来争夺自己的官位的，于是派手下的人去抓庄子。庄子知道了，没有躲避，而是直接到惠施的府上，惠施只好接待庄子。

庄子并没有告诉他自己的目的仅仅是看老同学，也没有急于解释自己无意于他的相国地位，只是说：“我听说古时候有种鸟，它从东南起飞，又向西北飞去。这只鸟非梧桐不栖、非醴泉不饮、非竹实不食。此鸟在飞行中，看见一只乌鸦对自己喊：‘你不要来抢夺我的食物，这个老鼠是我的。’可这只飞鸟一句话也没说，不屑一顾地飞走了。”

庄子说完，惠施满面羞愧。

从这个故事不难看出，如果庄子面对惠施仅是简单的解释，惠施能完全相信吗？说不定惠施还会因猜忌而误杀庄子。相反地，庄子只是用一个简单的比喻，不但说清楚了事实真相，而且还嘲讽了惠施以小人之心，度君子之腹，这就是语言表达的高境界。

尽管所要表达的意思相同，但不同的说话方式会给对方完全不同的感受。这就需要你根据说服对象的不同而选择针对性的表达方式。

从心理学角度来说，当你说一些有利于自己的事情时，人们通常会怀疑你和你所说的话的动机。而你需要说服对方时，如果换另一种方式去表达有利于对方的事情时，却可以大大消除这种怀疑，让你的说服更有效。在换一种说法前，应增添一些新材料，添加一些新理由，不一样的说话方式会给对方全新的心理体验。

在一家影院门口，按规定不许卖小食品，怕污染环境，影响市容。但却有一位老人一直在此摆摊，街道管理员对此一直睁只眼闭只眼。一天，听说上级领导要来检查工作，影院工作人员小张要求老人回避一下。

小张说："李大爷，你今天把摊子就挪走一回，今天这里真的不能卖东西。"

"以前都能卖，为啥今天就不能卖？"老人很不屑。

"上面的领导要下来检察工作，地面不干净会处罚我们的。"小张加重语气。

"干不干净关我啥事儿啊，地面脏是因为你们打扫得不干净。"老人没好气地回道。

小张看一时无法说服老人，只得悻悻而退。影院门卫王师傅将这一幕看在眼里，他走过来，说道："老张哥啊，你这么一把年纪了，风里来雨里去的，挣点儿辛苦钱不容易。可是这上面领导来视察，真抓着您影响市容的问题罚上一笔，你何苦来呢。再说，领导也不能天天来，可你这生意以后不还得天天做么。""嗯，听你老王头的，我这就走。"老人边说边笑地把摊子挪走了。

在这个看似平常的案例中，却包含着两种劝说方式，目的相同而结果却截然不同。小张之所以没能取得说服效果，是因为他的表达让对方觉得有为自己谋利的意思；而王师傅则用了另一种表达方式，从对方的利益出发，指出有益于对方的方法所在，从而收到了良好的劝说效果。

由此可见，一个人的说服可以用巧妙的表达技巧来增强效果。为了能在劝说别人中取得成果，以下几点值得借鉴：

1. 清楚对方的切身利益

利己是大多数人更愿意接受的方式，只要能将这种心理利用起来，多半的说服都是可以成功的。很多时候自己真诚的劝导说服没能取得成功，多半是缘于没能清楚明确地指出对方的行动给他自己造成的损害。如果换种表达方式，从对方最切身的利益出发，促使对方认真思考，自然就能放弃自己消极、错误的行为。

2. 选用积极的方式和用词

在劝说沟通时保持积极的态度，用语也应当尽量选择体现正面意思的词。例如两个擦鞋童的招呼："约会前，请先擦一下皮鞋吧。"自然比"请坐，我为您擦擦皮鞋吧，又光又亮。"更有益于要去约会的人，在约会中好的仪表给心仪的人留个好印象当然比鞋子的光亮更重要。

3. 以被说服的人为中心

在表达中，要善用"你"，而不是着重强调"我"，要以被说服的人为中心。比如："我认为这样更好"和"你觉得这样是不是更好"相比较，前面一句是把自己的观点生硬地塞进对方的思维里，而后面一句则带有商量的口吻，让对方自己做选择。从心理上来讲，后面一句较于前面一句更易于被人接受。

总之，想顺利达成说服的目的，就要选择一种好的表达方式，让你的观点更易于被对方从心底里接受。

第 5 章

职场口才

做好自我介绍是通过面试的第一步

【核心提示】

面试者在介绍自己时应掌握一个技巧：在谈到自己的优点或长处时，要保持低调，不加自己的主观评论，实事求是的讲述，适可而止就好。

【理论指导】

自我介绍在求职面试中，是必不可少的一个环节，做好面试时的自我介绍是十分重要的。如果懂得运用一些技巧，良好的语言表达再辅以准确的时间把控，不但可以完美地展现自己，而且可以加深面试官对自己的印象，这会大大提高自己通过面试的成功率。

许多面试者在面试一开始，就将自己的“光辉历史”迫不及待地一一历数，滔滔不绝，绵延万里；或者只是简短地介绍自己的姓名、身份，以及自己相关的学历、工作经历等情况，半分钟之后就无言地望着考官，等待提问或给予评价。这两种都是不明智的做法，容易给面试官留下负面印象。

在作自我介绍时，挑与面试相关的、重要的、关键的说，与面试无关的特长则不必累述。

现实中，有些应聘者则选择把自己的全部经历都压缩在这几分钟内，从入学开始谈起，初中、高中……一直说到第一份工作以及最近的一次工作，工作的内容、自己的表现等等，甚至于连家庭情况都一一介绍。

这种做法很不明智，因为介绍得过于详尽，很空易给人留下啰唆、琐碎的印象，近而让人感觉乏味，失去听下去的欲望。所以，合理掌控自我介绍的流程，既突出重点又能完整地展现自己才是最佳的选择。

成功的自我介绍应该是什么样的呢？应该保持一个放松的心态，举止大方、自然，面带微笑，用平静的语言把自己介绍给别人。聪明的应试者往往会围绕当下应聘岗位的业务范围为中心，组织自我介绍的内容。不但要让考官们明确知道你是优秀的某某某，更要把你是适合这个工作岗位的不二人选的印象深植于考官的心中。

毕业生小董在人才网上看到一家汽车公司招聘助理车用电器工程师的信息后，立即通过电子邮件方式投递了求职简历。

几天后，他收到了面试的通知。小董的自我介绍采用的方式非常独特，除了个人的基本信息外，他把个人经历总结为“1234”一组词，即：进入一所不错大学深造，两次荣获全国电子大赛奖项，三次寒暑假社会工作经历，在校连续四年担任学校电子协会副会长，他没有放弃任何一个锻炼自己的机会。

这简短的自我介绍，给考官们留下了深刻的印象。就这样，小董成功地进入这家著名汽车公司从事助理车用电器工程师一职。

自我介绍，看似比较简单，就是使别人知道你是谁。但要想大大提高面试的成功率，就要做到恰到好处，这时掌握求职面试自我介绍技巧就显得尤为重要了。

走进面试考场，当面试考官切入正题问你："谈谈你自己的情况如何？"如何开好这个头，如何做到在特定时间内展示自己的能力与魅力，利用这个环节获得成功的第一步，要重点掌握以下几点原则：

1. 介绍自己基本信息应有新意

在面试的自我介绍中诸如姓名、籍贯之类的基本信息可以做一个有切合新意且合理的解释，以加深别人心中的印象。比如叫赵迎春，可以介绍自己说："我姓赵，赵钱孙李的赵，因为出生在二月，所以父母取名叫迎春，意为吉星高照，喜迎新春。"

2. 介绍有条理、控制好节奏

自我介绍的叙述人条理要清晰，适当地掌握节奏，既不宜太长，也不能过于简短，让考官能听得明白。在找不到话时宁可选择结束，也要避免因一时心慌乱了头绪，避免给考官留下不好的印象。

3. 对自己的经历和爱好描述要客观

在叙述自己的教育和工作经历时，要客观描述，实事求是。有的应试者为了能给考官留下好印象，便夸大自己的优点或长处，或者表明自己有某个和工作岗位相关的爱好。适当地夸大一点自己的能力能达到加深印象的目的，但切忌吹过了头，反倒难以收场。在提及自己优点和长处时，要顺便提一下自己的缺点，这样更能说明你为人谦和、诚实的人。如果能再巧妙突出自己的优点或长处恰好与应聘的岗位有关，便胜券在握了。

4. 表决心时语气不要太绝对

很多应聘者为了表明自己加入公司的决心，往往会在最后说上一句："如果能加入贵公司，我一定……或我绝对……"等等没有回旋余地的词语。这样不但不会给自己的形象添彩，反而会让人觉得你这个人不太可信。所以切忌说话太满。

5. 面试礼貌不可少

在作自我介绍前，礼貌地做一个开场白和在自我介绍结束时向面试官道声谢谢，会给你的形象增色不少。

总之，能否给面试官留下一个很好的印象，这是决定你能否获得这个工作机会的第一步。做好自我介绍，便向成功迈进了一步。

面对两难问题，不妨另辟蹊径

【核心提示】

两难问题难就难在有两种可能的选择，无论哪一种选择，都有利有弊，让人们处于进退维谷的困境。能否解决两难问题，体现了一个人解决问题的最高境界。

【理论指导】

在求职面试中，经常会遇到一些令你两难的问题。所谓两难问题，就是面对两种互有利弊的答案中选择其中的一种。从问题的表面来看，只需要自己做一个选择。其实意在考察应试者的分析能力、语言表达能力以及说服力等。在面对这种两难选择的问题时，如果能摆脱非此即彼的习惯思维，先不要急于回答，认真揣摸一下对方的用意是什么，跳出非是即非的圈子，另辟蹊径，最好采用折中的方法回答，巧妙地将划分彼此的界限模糊掉，往往结果会皆大欢喜。

清朝张之洞任湖广总督时，恰逢新春佳节，抚军谭继恂想讨好张之洞，主动设宴招待他。不料席间两人因长江的宽度争得面红耳赤，不可开交。张之洞说，长江宽七里三。谭继恂说，长江宽五里三。他们各执己见，互不相让。眼看着气氛越来越紧张，席间之人谁也不敢出来相劝。

这时候，位列末座的江夏知县陈树屏说："两位大人说得都对。长江水涨的时候宽七里三，水落的时候宽五里三。"这话给两人解了围，两人捧腹大笑。

在这个故事中，江夏知县陈树屏面对这样的两难问题，就是凭着兼顾问题的两方面、抓住问题的关键点实施对症下药的办法，从而化解了张之洞和谭继恂二人的矛盾，把问题得到了很好的解决。

因此，想要妥善解决两难问题，首先要换位思考，了解主考官的用意是什么，查出问题的"陷阱"；其次要综合考虑多方面因素，这样才能绕过"陷阱"，给对方一个得体、到位的回应。

小李去面试时，考官问了这样一个问题："依你现在的水平，应该能找到比我们公司更好的单位吧？"

面对这样的问题，如果小李的回答是肯定的，则考官会认为小李这个人心高气傲，或者会认为小李是个不稳定分子，随时可能跳槽走人，因此会印象不佳；如果小李的回答是否定的，考官又会认为小李要么能力有问题，或者就是没有足够的自信，印象依然欠佳；如果小李拒绝回答或说"我不太清楚"，则会给考官留下不礼貌或没见识的印象，总之，后面的应试者很为小李捏了一把汗。

小李却微微一笑，给了考官一个这样的回答："或许我能找到比贵公司更好一点的企业，但别的企业在对人才培养和能力提升方面或许不如贵公司重视，晋升的机会或许也不如贵公司多。所以，我觉得人应该珍惜已有的才是最好的选择。"

听完小李的回答，几位考官们不禁互相微笑着点了点头。

结果当然是不言而喻的，小李的回答得到了面试官们的认可，不但把自己置于一个有利的位置，而且还让考官们领略到他的应变能力和语言能力。

因此，在面试时，遇到考官设置的这些无论作肯定的回答或作否定的回答都不讨好的问题，只要掌握技巧，从多角度进行思考，不管是多么麻烦的两难问题，总能找到解决方法：

1. 考虑周全

由于两难类的问题其实并不如表面那样通俗易懂，也不是其中一个结果比另一个有很明显的选择性优势，所以对于这种选择题，应试者应尽可能设想各种可能进行全面分析，根据实际情况的不同选择有不同的回答方式，两者皆能兼顾则是最佳的选择。

2. 措辞严谨

在回答这种两难问题时要注意措辞的严谨性，不能为了得到这份工作就回答得太过于肯定或直接，要注意措辞的委婉和迂回。比如被问到“当工作与家庭有冲突怎么处理”时，如果你慷慨陈词地回答“我一定以工作为重”或“不会有这种情况发生的”，这样不但不会得到面试官的首肯，反而会认为你的观点过于武断，处事不太稳重，甚至觉得你说的是空话。如果这样回答“我会处理好类似的事情，工作前会妥善地安排好家里的事情，然后安心地做好我的分内工作”会显得理由充分，更符合常理。同时，你表现出来的处理问题的能力和经验更能让人信服。

3. 保持原则

在回答这种两难问题时，还要注意原则问题。在坚持以工作为中心的原则下，又不能表现得过于冰冷，没有人情味。如果坚持以人情为中心的原则，又不能置工作于不顾，这样显得自己太没责任心。所以要二者兼顾，坚持以工作为主兼顾人情的原则。

4. 掌握回答的流程

先说明自己的处事原则，展现自己是个有原则性和责任感的人，再谈问题的解决方法，根据问题的实际情况采取不同的处理方式，最后再谈如果两者之间有矛盾，自己将如何选择。

总之，在求职面试中，遇到这种两难问题时，保持一个平和的心态，不做极端的选择。既要弄清问题的机关所在，又要把握好原则和情理的尺寸。

女性面试难题巧解答

【核心提示】

在求职面试中，女性在面对考官提出的难题时，最好表现出“很想回答、很乐意回答”的态度，这样会给人一种积极向上的感觉。如果应聘者真的一时想不出，可以用“让我想想”等话来暂缓一下。

【理论指导】

男女有别，一般用人单位在面试女性的时候，常会提出一些针对女性的话题，这些问题会让女性感到一些尴尬和敏感，比如：“如何看待晚婚、晚育？”“如何调节家庭和事业的矛盾？”这些问题如何回答，关系到求职能否成功。

对于女性求职者来说，对于这些尴尬的问题采用什么样的回答方式，才能做到既让考官满意，又让自己回避尴尬是较为重要的。

有一家对外贸易公司在一次人才交流会上招聘秘书，某小姐过关斩将，各方面的条件都符合招聘单位的要求，正当招聘单位欲拍板录用她时，一名考官灵机一动，又提了一个问题：“小姐，如果在将来的工作中，你接待的客人要你陪他跳舞，你不想跳，但不跳又不行，你会怎么办？”

没想到考官的语音刚落，那小姐当即涨红了脸，对着招聘人员愤怒地说："你们是什么鬼单位，在这里摆摊招舞女！"说完，连求职材料也未取回就气呼呼地扬长而去。

其实那位考官提出的问题在工作中并不鲜见，这只是一种正常的应酬，并不是不健康的活动。所以，面对这样的问题，那位应试者如果这样回答："据我所知，我们公司应该是一个很正派、在业界很有声望的单位。所以，和我们公司合作的客户应该不会有不三不四的人，正常情况下跳跳舞也不算什么坏事。"也许结果就大不一样了。

其实，这是考官在测试应聘者在压力下的应对能力。大多数的女性求职者面对这个问题，都会觉得尴尬，甚至会认为主考官在无聊地为难自己。事实上，在当今社会，每一家公司都会遇到这种情况，回答时不妨委婉一些，不带有明显的倾向性，用巧妙的应变来避开敏感的提问。

因此，女性求职者在面试前，应该对女性在面试中常见的问题有一个全面的了解。以免在面试中被问到时会出现手忙脚乱、束手无策的情况。遇到此类问题时，只要掌握一些回答的技巧，就能收到较好的结果。

1. 避免直接给予答复

家庭和工作的矛盾对男性和女性都是同时存在的，只是因为女性承担着生育的责任，所以女性很容易会遇到这样的问题："工作和家庭出现矛盾，你如何解决""结婚了吗，什么时候准备要孩子"，这时你不必直接给予答复，可以从工作和家庭之间的关系着手，说明你的处理方案，并强调无论是家庭还是孩子，都是自己努力工作的动力和踏实工作的保证。自己大多数时间还是会以工作为重。

2. 着重表明自己处理问题的能力

对于上面故事里出现过的问题，回答时就要避免直接给予是与否的答复，要侧重于表达自己处理这种问题的能力和专业性，面对这种特殊情况自己能特殊对待，但并不意味着就一定答应一些无理的要求。

3. 保持好的心态很重要

人在紧张的场合容易说错话，尤其是面试经验不足的求职者。遇到这种敏感的问题时，保持好的心态很重要，不能表现得过于激动或勃然大怒，这样对自己的求职会非常不利。保持冷静的头脑，分析这个问题的关键点在哪里，再委婉地予以答复，力求"四两拨千斤"的效果。

总之，作为新时代的女性，在求职面试时遇到困难时不要担心，这些问题的目的只不过是对你能力的考验，勇敢、自信的应对会给人留下深刻的印象。

巧提问题，掌握求职先机

【核心提示】

即使是面对面试初始阶段掌控局面的面试官，求职者也应该对最后提问的阶段进行有效的利用，以扭转局面，提升自己在面试官心中的形象。

【理论指导】

很多应聘者一路过关斩将，离成功只差一步，却折羽而返。究其原因，很大程度上都败在最后一问上。一般来说，用人单位在面试进入尾声时，会给求职者一个提问的机会。能否有效利用这个机会，也是影响面试成功率的重要因素。

所以，在求职面试时，当面试官对你前面的表现或赞许或肯定后，会抛给你一句话："你有哪些问题想问我吗？"或"对于本公司你还有哪些想要了解的吗？"这时候，一定要掌握提问的技巧，巧妙地提出恰到好处的问题，这样收获成功的机率就会大大提高。

小刘在一次面试中，前面的表现一直都被面试官很看好，快要结束前，当面试官很专业地对他说："我没有什么问题了，你有什么问题吗？"因为一下子没有太多准备，所以他公式化地问："贵公司的发展前景和对个人发展空间是怎样的？"他的话音刚落，面试官对他笑了笑说："小伙子，我想你问我'在我到岗的三个月时间里，如何衡量我是不是合适'这个问题会更好。"

显而易见，小刘的提问很不高明，他向面试官提出的问题应该在面试前就应该了解的，任何一家用人单位都不可能录用一个对公司的信息或基本情况不了解的求职者。这样的提问既不能说明自己对公司很感兴趣，也不能表明你求职的诚意。

由此可见，面试中最后向面试官提出问题的这个环节，是让面试者通过提出的问题，向面试官表明自己对眼前所应聘的这份工作的重视程度，而不是把面试官问得目瞪口呆。因而哪些问题不能问，哪些问题可以问一定要深思熟虑，要问得恰到好处才行。

其实，面试结束前的提问给了应聘者一个化被动为主动的机会，如提问能从面试官的回答中挖掘出此职位所需的基本素质及自己存在的差距的相关问题，这样，就可以对自己应聘的公司和职位有一个明确的理解，同时，也能对之前自己不完善的陈述重新补充，纠正之前陈述中的弱项，从而能全面展现自己的真实水平。假使面试官并没有正面给出答案，也可以借机把自己的优势再做一次陈述，以强化面试官的记忆。

因此，答好最后一问不但可以为自己加分，还有可能让自己"起死回生"。如果回答"没问题"，不但等于主动放弃了最后的机会，还会给面试官留下对公司和职位没有热情和积极性，或者思维不够灵活的印象。

想要顺利地通过面试，在面试结束前提出能表现自己对这份工作有很大决心的漂亮问题是相当重要的。那么哪些问题才是合适又恰到好处的呢？

1. 围绕应聘的职位提问

围绕自己应聘的职位发问，可以明确地衡量自己是否胜任，更好地做到取长补短，还能加深面试官对你的好印象。问这类的问题时，除了上面故事里面试官提示的那种问法，还可以用"如果我接手这个职位，你会给我什么建议呢？""您觉得这个职位对我的最大挑战会是什么？"等，切忌采用"我不大了解这个职位的行政职责，麻烦您介绍一下"之类的直白提问，这容易给面试官你是在盲目应聘的不良印象。

2. 围绕自身提问

不论你应聘的是什么岗位，在面试官说出让你提问题之后，如果一时想不到问题可以提出，也不能以"没问题"结束面试，可以围绕自己提出一些问题，如："您觉得我对于这个职位来说，还有哪些欠缺？""你觉得以您目前对我的了解，我还应该在哪方面有所提升？"这样的问题既是出于对面试官的尊重，又表现出自己上进、谦虚的品质。切忌没话找话，对已经明确讲过的薪水、假期、福利等等情况做重复的反问，这样会适得其反。

总之，只要了解面试结束前最后一问背后的真正含意，向面试官提出合适的问题，录取的机率将会大大提高。

谈缺点的时候，要模糊重点

【核心提示】

当面试官问到你的缺点时，你要选择与你应聘的职位没有冲突的缺点来回答。比如要应聘销售，就不能说自己的缺点是不善沟通。否则，你就会很快被淘汰。所以，自曝己短也要曝得巧妙。

【理论指导】

在求职面试中，常常遇到的“机关”还有“能说说你的缺点吗？”这种请君入瓮式的问话是面试中的常用策略。看似不经意的一句话，却暗藏玄机。众所周知，在面试时每个人都力求扬长避短，因此，用人单位在面试中反其道而行，提出让应试者谈自己的缺点，借机了解应试者的真实情况以及应变能力。

很多人面对这种令人尴尬的问题，常常会急于为自己辩护，连连摇头，并回答说没有；还有人反问：“您说呢？您给我指出来好吗？”等。俗话说“人无完人，金无足赤”，说自己没缺点肯定是行不通的，如果把自己的缺点硬说成优点，除出了让别人觉得你不可信之外，还会让留给面试官的印象大打折扣。

黄铭天生害羞，一开口就脸红，几次求职面试均因表现慌乱而败北。不久，他从一个同学那里得知，同学所在的公司要招聘一名经理助理，黄铭对此很感兴趣，想要再试一次。

面试初始阶段，黄铭的表现可圈可点，虽然没有前几次那么慌乱，但回答问题也不那么流利。面试官抛出了“你的优点大致已经了解了，请你谈谈你的缺点”这个问题，所有的面试官把目光都锁定在他身上，等着他的回答。

黄铭稍稍思考，决定坦承自己的缺点：“我最大的缺点就是不太爱说话，这个相信大家从我前面的表现也都看出来了。不过，对于经理助理的人选来说，不就需要具备守口如瓶的特质吗？同时，我也会利用在公司工作的期间，加强对自己的提升，争取做到既保守公司秘密，又能为公司做出成绩。”

这种回答，所描述的“缺点”在别的职位上可能算是缺点，但对于他应聘的职位可能就算不上什么缺点。而且，在他的回答里也含蓄地表明了自己努力上进的决心，最终求职成功。

性格上的弱点谁都有，但并不是在任何场合中都会以缺点的形式体现出来。因为缺点和优点在不同情况下会有不同的定义。比如：个性直率，这应该算是优点。但是在一些特定环境下，却会认为这种性格的人太过于浮躁，做事不懂迂回、委婉，有失稳重；生性吝啬，普遍都认为这是缺点。但是在一些特定环境下，却会认为这种性格的人非常节俭。从公司开源节流的角度，应该能为公司带来相当的利益。

有时还可能会碰到这样一种情况，自己本来没有这方面的缺点，但主考官却提了这样一个问题：“你说你爱好写作，可是在你的表格中有两处语法错误。这如何解释？”应聘某报记者的小柳就遇到这样的题目。“我的表格经过认真推敲，如果真有语法错误，那必然是我粗心所致，我立即纠正，并向各位道歉。”他顿了顿，说，“不过我想知道我究竟错在哪里？”考官们笑了，原来这是故意设的一个圈套，主要是考察他的反应能力。如果小柳在面试前没有认真做好准备，那么他很可能会根据面试官的误导，盲目地承认他们提出的一系列缺点，这样的结果就会离他求职成功的希望越来越远。

因此，在面试中介绍自己的缺点，要根据实际情况回答。这并不是要察言观色，而是要准确把握你期望供职的单位对人才素质的要求有什么特点，然后有的放矢地介绍自己的情况。如果对方所要求的恰好不是你的长项，那么你就在介绍时，侧重于描述今后在这些方面采取的努力措施以及取得重要发展的可能性。这应该比盲目地强调自己的弱势收效要好。

在面试中谈自己的缺点，恰当与否也关系到面试的成败。所以掌握一定的回答技巧就显得很有必要了，具体可以参考以下几点：

1. 谈缺点不宜过多，不可泛泛而谈

在面试中谈及自己的优点时，可以提及两三条，但缺点谈一个就好。说自己没有缺点，明显不可为；提的太多反而会自毁形象，所以，一条缺点，既出于礼貌和诚意，又避免给人留下一无是处的印象。可以结合实例说明自己的缺点以及后面做的补救措施，更能让考官明白和理解，切忌泛泛而谈，给人留下油嘴滑舌的印象。

2. 谈论缺点，重点应突出自己克服缺点的决心和行动上

在面试中，可以先表达自己正在克服和改正行动和决心，再谈及自己的缺点，对于所应聘的职位却是有益的等。就像上面案例中的黄铭一样，既能体现积极上进的品质，又正面回答了这一难题。相似的说法还有以下几种：

“我做事的速度有点儿慢，那是因为我对每件事都会考虑得周详和细致一些。这对于财务工作人员来说，细致而不出错，是最为关键的。”

“我做事太过于要求完美，喜欢给自己压力，挑战自己。可能就是因为这样，我给客户的方案，总能被很快认可。”

“朋友都说我为人处事太过于委婉，不懂直接。可我觉得，作为客服经理来讲，对待客户的态度不能太直接，温和、委婉的品质是最重要的。”

总而言之，在谈及自己的缺点时，不可重复强调自己的缺点，能把自己的缺点当作工作中的优点，或能用缺点突出自己的优势则是最好的选择。

办公室里的说话技巧

【核心提示】

办公室不同于其他场合，说什么、怎么说，什么话能说，什么话不能说，都应“讲究”。可以说，在办公室里说话，要掌握一定的技巧。很多时候，有些人吃亏就是因为没能管住自己的嘴巴。

【理论指导】

在办公室里，与同事交往离不开语言，要把话说好，说得恰如其分，不仅可以融洽自己的人际关系，使自己的工作氛围变得愉悦和欢畅，还能帮助自己在工作中巧妙地表达自己的意见和主张。

有许多职场人士不懂得职场的说话技巧，不了解说话技巧的重要性，所以使自己的办公室生涯过得不胜其苦。要知道，卓越的说话技巧，譬如讨好重要人物、避免麻烦事落到自己身上、处理棘手的事务等，不仅能让你的工作生涯倍加轻松，更能让你名利双收。

陈宁在某大型企业做办公室文员，她性格内向，不太爱说话。办公室里的人暗地里叫她“玫瑰公主”，原因就是她在与别人对话时，言语里仿佛带着“刺儿”。

有一次，同部门的小艳穿了件新衣服，其他同事们都称赞“漂亮”“合适”之类的话。小艳开心极了，于是走到陈宁面前说：“陈宁，你觉得这件衣服怎么样？”。陈宁张口就说：“这衣服不错，但看起来你买小了一码，肉都勒在那里，不太合适。”小艳的脸瞬间拉长，其他的同事也都觉得讪讪的，可陈宁仿佛没看到一样，接着说：“这个颜色也不合适，太艳的颜色把你衬得更黑，你应该选偏暗的颜色。”

最后这句话刚出口，小艳便恨恨地走回到自己的位置上去了，办公室原本热活的气氛一下降至冰点，陈宁一个人坐在那里不明白大家怎么一下都散开了。

其实，陈宁说的话大部分都是事实，小艳平生最忌讳别人提两件事，一个是黑，一个是胖。但因为陈宁不太懂说话的技巧，而选择对同事做出比较客观的评价，却不知当面揭人短，就好似当众扇人耳光一样，难怪小艳对她心生恨意，其他同事也对她敬而远之。

时间长了，同事们自然就把她排除在集体之外了，没有人主动搭理她，陈宁自己也因为这样而感到痛苦。

从上面的故事里不难看出，陈宁因为不懂得办公室的说话技巧，而遭到集体的排斥。所以，在办公室内，不是仅仅做好自己的工作就行了，更重要的是要学会如何与同事相处。其中，在办公室与人交谈也是一门学问。

当然，并不是对所有事都附和别人的意见，就算是掌握了办公室说话的技巧。不分场合的附和，只会让别人更加忽视自己。请看这样一个故事：

凌云和孙静都是某公司宣传部的职员。凌云后来者居上，总能被上司另眼相待，受到夸赞和肯定；而作为老员工的孙静，却几年如一日，仍然原地踏步地待在自己的位置上，工作上没有任何的进展。

有一次，公司准备举行十周年庆典，作为公司的宣传部门，自然要用心做好庆典的策划工作。在部门会议上，宣传总监刘总侃侃而谈地表达了自己的意见，同事们听完都随声附和，表示赞同实施刘总的建议，孙静当然也不例外。

但凌云在一片赞扬声中站了起来，向刘总谈了自己的看法，从公司的企业文化和经营理念向刘总委婉地提出自己的意见，然后向刘总详细地说明自己的创意配合刘总的想法，则会取得更完美的效果。刘总听后，连连点头，对凌云大加赞赏。

这个故事向大家说明了一个道理，附和别人要分场合，在一定的场合里也要学会发出自己的声音。在工作上一味地附和别人的观点，很容易被别人的光环所淹没，升职自然也只能想想而已。要想在工作上做出一些成绩，最重要的就是要有自己的主见和懂得适时表达自己的观点。这样，才容易被领导发现和认可。

在充满竞争的职场里，说话并不只是证明你的存在，更多的时候它会是你能力的一种展示和提升，所以你在办公室不要因一时的情绪不佳，就牢骚满腹。尤其是当上司给你分配任务的时候，应做出肯定、迅速的回答，留给上司一个有效率、听话的好印象。

如果在接受任务时，牢骚满腹、怨气冲天，这样做的结果，不仅影响同事的工作积极性，也会惹得上司产生不快，甚至会对你弃之不用。

总之，在办公室说话的技巧就是要根据场合，把握分寸，最关键的还要得体。懂得这类说话技巧，能够帮助你更加自信，有助于你的职场生涯更加成功。

办公室一族的沟通技巧

【核心提示】

在办公室里与人沟通要态度友善、和气，即使是有了一定的级别，也不能用命令的口气把自己的观点强加在别人身上。

【理论指导】

在办公室的日常工作中，每天都和别人沟通互动，如果不掌握一定的沟通技巧，经常会在不经意间因话不投机或语出伤人而不自知。而忽视沟通，用不耐烦甚至命令的口气说话，则会让别人觉得是种怠慢，因此，会出现许多无形的阻力导致诸多事情都进展不利。从某种意义上讲，沟通已经不再是简单的口才问题和一种职业技能，而是一种生存方式。

在办公室里，最容易犯的错误就是用自己的标准衡量别人的观点。其实每个人看待一件事物因为角度不同，所以产生出不同的看法。这很难判断出谁对谁错。每个人都有自己的一套处理事情、甄别是非的价值观或方法论，但并不能代表所有人，更不能代表真理。

办公室的沟通，一般有三种情形：上下级之间的沟通、同事之间的沟通和与其他人之间的沟通。因此，身为职场人员，沟通无处不在，如果没有良好的沟通能力，那将是致命的。

因此，在办公室与人沟通时，采用一种温和的方式，能够充分照顾到对方的面子和自尊，易于被对方所接受，效率较高。

小王和小李是同一个办公室的同事，小李写了一段很复杂的程序代码，因为工作关系他给小王讲解他的程序设计思路，小王看他有段程序没有备注注释，便好心提醒他："你怎么没有写注释啊？"

小李说："没必要，看看程序就什么都明白了。"

小王听了，解释说："我怕一段时间后你自己都会忘了是怎么回事！"

小李说："健忘的人写了注释也还是要忘的。"

不善言辞的小王一时语塞。后来小李离开了，小王坐在办公桌前郁闷，自言自语说道："加了注释，应该有助于记忆啊，他怎么就不相信呢。"后来，有同事提醒他："你真的没发觉他是在和你抬杠啊？"小王恍然大悟。

在日常工作中，办公室一族经常会遇到这种情况。常常觉得自己是好心提醒，却往往最后演化成一场辩论。这就是没能掌握沟通技巧造成的后果。

由此可见，在办公室的日常工作中，一定要掌握好与人沟通的技巧，才能正确适当地表达自己的意愿，让他人更好理解自己而避免误解：

1. 尽量避免反问句，多用陈述句

在与人沟通过程中，应避免用反问句。这种句式和表达出来的语句，更多地会让人觉得是责问、是批评。比如："这个你都不知道？""我不是已经告诉过你要怎样去做吗？"这类的句子往往会让对方觉得拉不下面子而产生逆反心理，往往因此会引起双方的矛盾和误会。如果用陈述句"这个事情这样做可能会更好一些""这个事情是这样子的……"对方也许更能够接受一些。所以，如果想不惹人讨厌，就少用反问，多用陈述句。

2. 多用积极向上的词汇

与人沟通，尽量避免用"否定"或"贬义"的负面词语。不要过分强调所谓的书面原则。大多数人都不喜欢被当面直接拒绝或否定。多用一些积极、向上的正面词语，委婉地达到想要的沟通效果。与其说"你这个方案有问题"不如说"你这个方案如果这样做效果会更好"。

3. 沟通方式要因人而宜

根据不同的沟通对象，如上司，同事，下属等，即使是相同的沟通内容，也要采取不同的方式。

总之，在办公室这个工作场所中的人际交往是为了更好地完成工作任务，而不是和某个同事建立额外的关系。因此，熟练掌握一些办公室一族的沟通技巧，对自己的工作开展是非常有益的事情。

掌握同事间的交谈艺术

【核心提示】

同事之间交谈时应自然随和，不要心不在焉、爱理不理的，也不要扭捏作态或哗众取宠。如果谈话中出现矛盾、分歧，则不必太当真，要懂得理解和包容。

【理论指导】

在职场这个大环境中，与同事交往时，应保持积极、愉悦的心态。见面一声亲切的招呼，会使彼此关系融洽不少。当然，偶尔也难免会有一些磕绊和摩擦，与其跟同事争个脸红脖子粗，从此互不相干，倒不如放低姿态，主动与同事沟通，把误解化开，改善与同事相处的关系，更有助于工作的开展。

因为职场上每个人的性格、脾气秉性都不相同，相处中，彼此的优点以及缺点全都暴露得十分明显，如果不懂得理解和宽容，在办公室不注意自己与别人的交谈方式，会因此引发与别人的种种矛盾和冲突，这样将会使自己树敌甚多。

小萌近来的情绪很不好，原因在于她在竞争办公室主任一职上遭遇了失败。本来，小萌是办公室时的业务骨干，工作表现相当好，经常获得奖金。前不久，她们的办公室主任升职了，临走前，主任向上级部门推荐小萌接任办公室主任一职。上级部门在准备任命之前对小萌所在办公室的一些职员做了一个秘密调查，并找了几个人谈话，无意间提到了小萌几次，结果同事们都说小萌“不合群”“孤傲”等等。结果，上级部门就任命办公室的另一个人缘好，但业绩一般的同事担任了办公室主任。

小萌为什么会被大家排斥呢，原来，虽然小萌的工作能力异常突出，但她平时在办公室和同事之间相处时常常在不在意间得罪对方却不自知。

有一次，一位同事因为工作上的事向她请教。她非常不耐烦地说：“这么简单的事情都不会做，没看我忙着吗，真烦。”弄得那个同事非常尴尬，从此，那个同事再也没主动和她说过话。

还有一次，一个同事外出旅游回来，给办公室的每一个同事都带了一份小礼物。别人接到礼物时都非常开心地说：“谢谢你的礼物，我很喜欢。”或“谢谢你还想着我，礼物真漂亮。”当同事把礼物分给小萌时，她头也不抬地说：“放那儿吧，反正也没多大用处。”同事当场就拉长了脸。

慢慢地，同事们就不再愿意和她打交道了，甚至有一次在她外出时，一个客户打电话过来找她，其他同事接电话时说：“我们这里没有一个叫小萌的。”

从上面这个故事不难看出，由于小萌不注意平时与同事交谈时的方式，导致她此次晋升的失利。由此可见，要想获得职场成功，除个人能力外，和谐的同事关系至关重要。关系和谐，共享成功喜悦；与人为恶，独尝失败苦果。

想要拥有融洽的办公室人际关系，让自己在需要时能得到适当的援助，那就应该采取积极主动的态度，掌握与同事交谈的艺术，表现出良好的个人修养和素质，相信这样会给自己的事业带来一定的帮助。具体应注意以下几点：

1. 不要太随意

同事之间朝夕相处，相互之间已经很熟悉。很多人就会误以为彼此无须太客气，也不必太客套。不拘小节便是与对方相交甚笃的证明。事实上，这种做法是错误的。俗话说“礼多人不怪”，面对再熟悉的人，说话也不要太随意，面对别人的帮助应该诚恳地表达谢意，请求别人帮助时，“请”“麻烦你”“拜托”“给你添麻烦了”等等用语还是必不可少的。看似小节，却能够起到大的作用，若不懂得使用，即便你和对方很熟，你的“理所当然”也会令对方很不爽。

2. 语气要委婉

很多人在交流工作、布置任务结尾时，喜欢加一句“你懂了吗”“明白吗”或“知道吗”，这是个坏习惯。往往会给对方一种错觉，认为你是个骄傲自大、目中无人的人。如果换成另一种说法：“我说清楚了吗”或者“我说明白了吗”，对方就会觉得你谦虚、客气，往往会因此对你产生好感，并会给予友善的回应“我听懂了”，这样办公室人际关系就相当和谐了。

3. 勇于接受不同的意见或批评

在同一个办公室工作，期间难免会有不同己见的声音。面对异议或批评，不应该针锋相对，力求分出胜负。这样，即便胜出，也会因此得罪对方。

此时正确的做法是，先顺势接住，表达自己对对方意见的认可和肯定，然后再心平气和地客观说明情况，让对方明白你这样做的原因和可行性，心悦诚服地接纳你的意见。如果真的是自己错了，不但要虚心接受对方的意见，还要向对方表示感谢。

此外，还应该对同事多用赞美，少用指责和抱怨；与同事交谈时不要带个人情绪，确保沟通建立在理性、客观的基础上；对同事多关心，应该多选择正面问候。

总之，掌握好同事之间交谈的艺术，才能提高交往的效果，才能改善人际关系，才能更好地拓展自己的事业。

如何处理同事间的流言蜚语

【核心提示】

在职场一定会存在流言蜚语，面对这种情况一定要不理不睬，清者自清，这是职场人的明智之举。

【理论指导】

流言是职场中的“软刀子”，给团队的和谐带来相当大的危险。传播流言蜚语是职场上的大忌，有些人却不自知，还乐此不疲。当同事们纷纷对其避之唯恐不及时，即使凭借各种小道消息一时成为大家眼中的红人，但对于这种人没有人愿意付出真心。

要应付这样的办公室流言，要学会机智，要学会适当收起自己的好奇心。真正聪明的人，会懂得尽量避开别人的隐私，面对办公室流言蜚语，让自己置身事外，不给自己机会面对别人隐私被识破的尴尬，这是错综复杂的人际关系中不可忽视的环节。

方敏是个单纯的女孩子，大大的眼睛，白净的面孔上每天都挂着微笑。刚刚大学毕业，22 岁的方敏顺利进入了某商贸公司，成了一名文员。没有任何工作和社会经验的她，很希望尽快和大家打成一片，谁知不幸被卷入了办公室的流言蜚语中。

其实，公司的业务还是非常繁忙的，大家整天都忙忙碌碌。不过，方敏很发现，忙碌的工作好像并不妨碍同事们喜欢聊些蜚短流长。方敏明知道这样做不对，但是作为新人她觉得不便当面制止他们。所以，在同事们闲聊一些八卦时，她只是安静地坐在一边。

前不久，同事们在八卦老总是个吃软饭的家伙，公司现在的一切都是依赖老总太太娘家的支持。方敏听着他们的言论里夹杂着一些嘲笑声，心底里觉得厌恶到不行。正在这个时候，办公室里出现了老总那张生气的面容，那群人尴尬地各自散开。从此，老总再看到当时在场的几个人，都是一副冷峻的表情。

虽然方敏并未参与这场“八卦论”，但由于自己坐得太近，让老总产生了误会，这无疑让方敏刚刚开始的职场之路布满冰霜，她心焦不已。不过，她没有急于向老总解释，而是在以后的工作闲暇时刻意和爱说是非的同事保持距离。比如午休，纵使一个人百无聊赖地趴在办公桌睡觉，也不再当“旁听”。

渐渐地，老总终于开始信任方敏，不再对她冷眼相待。而那些同事却因再一次无中生有，超越了老总心理承受的极限，提前解除了他们的合约。

流言止于智者，身在职场，一定不要做流言的传播者，这不仅关系着个人素质问题，还影响到个人在公司的前途。方敏在这场流言风波里，之所以能明哲保身，就是因为她面对同事间的流言蜚语，保持冷静的坚定自己的价值观，选择了远离流言和是非，这样她才能走得更远。

在职场中，有的人对于制造流言蜚语乐此不彼，经常发起事端，攻击他人，以满足自己的虚荣心或复仇心理，给被伤害的一方带来生活和工作上的阻力和灾难，严重的还会发生悲剧。

如果你自己不幸成为流言蜚语的对象，面对办公室里传得天花乱坠的流言，一定要静下心来冷静分析，找出对方传播流言背后的动机，针对叵测的用心，主动出击，阻止流言的继续传播，以免给自己造成困扰。当然，你也可以借着流言，达成自己的目标。

有一天，小玉放低声音告诉小瑾：“公司里都在传，说你嫌这里待遇不高，一心想跳槽。好像老板也知道这件事了，你要当心啊。千万别说是我告诉你的。”“工作是否努力，老板自然心里有数。我不会太较真的。”小瑾不以为然，“最近的确有人来找过我，问我是否有跳槽的意向，还向我推荐了几家薪水待遇都不错的公司。我说，公司领导待我不错，我还要好好考虑考虑……”后来，老总找小瑾谈了一次并给她涨了工资。

事实上，小瑾自己并没有与任何猎头碰过面或通过话，是否真有猎头打电话到公司也不得而知，只是小瑾机智地利用流言达到了要求领导涨薪的目的。

身在职场中的你，面对办公室的流言蜚语，必须从容、淡定，让那些谣言自我平息，具体有以下几个方法可供参考：

1. 背后不论人是非

一般的职场人士都有背后论人是非的习惯，而相比较于谈论对别人的赞许和欣赏，往往更热衷于谈论别人的“非”，拿别人的短处或缺点大加渲染，往往最终导致自己被别人所孤立或排斥，得不到别人的真心。所以，在办公室这个流言滋生的场所，应深知职场难混，小心处事的道理。所以在与同事交谈时，不在背后说第三人的是非长短。

2. 不谈私事

同事不同于同学或朋友，所以不应该把办公室当作诉苦的场所。职场上总会有一些人，喜欢探听别人的私事，让你觉得是出于对自己的关心，事实上，没有人能够严守秘密，对你表示同情之后再宣扬给别人，这样你就不幸成为流言中的主角。所以，当自己工作或生活上有了问题，应该尽量避免在办公室里和别人分享。为了保证自己隐私的安全性，还是不要拿私事作为与同事交谈的谈资。围绕时事、影视或其他与工作无关的事展开交谈，不但不影响同事之间的交情，而且不会影响到自己的生活。

总之，在面对同事间的流言蜚语时，最重要的是要坚定自己的价值观，把自我价值与别人的看法和行为分开，自己认为是正确的，就不要被流言蜚语所左右，失去属于自己的好机会。

与同事沟通要因人而异

【核心提示】

在职场生涯中，做一个会说话的人可以使自己在职场交际中如鱼得水。但会说话不是指在各种同事交际中都能在口头上占到上风，而是指能做到在适当的时机说适宜的话，说话能够因人而异，善于用语言打动人心，使对方感到震撼、信服或感激。

【理论指导】

在日常的工作中，身边的每一个人，都有各自独特的生活方式与性格。总会有一些人不太容易打交道，比如有的人性格孤僻、有的人做事固执己见、有的人则敏感又自尊心较强等等。因此，在日常与同事的互动中，要采用适宜的沟通方式。

俗话说“世上没有完全相同的两片树叶”，在日常工作中与同事沟通时，如果采用单一的方式和内容，不但达不到说话的目的，还有可能造成彼此尴尬的局面。

在办公室里偶尔会听到有人议论某些同事缺根筋，这就意味着此人不太懂沟通艺术。所谓沟通，尤其是与同事沟通，不能想什么就说什么。人际沟通许多技巧的关键是有必要了解交谈对象的兴趣并修饰自己的表达方式，让对方乐意让谈话进行下去。

在职场这样一个由不同的人组合在一起的环境里，彼此不同的生活环境和经历、不同的文化素养和兴趣爱好等等都可能在工作中产生矛盾或问题。要想让自己拥有一个和谐的工作氛围，与同事建立良好的人际关系，就需要在平时的工作交往中，注意与他人沟通的方式。针对他们不同的个性，采用不同的方法，选择恰当的沟通方式和得体的语言，以达到预期的沟通目的。具体可以从以下几个方面注意：

1. 性别的不同

在与同事沟通交谈时，要根据对方的性别，选择不同的沟通方式。对于同性同事之间的沟通可以随意一些，但对于异性同事，就应特别当心，要注意男女有别。如果沟通的异性同事是位男士，女士就应该表现得落落大方，切不可表现得太过于热情和密切，或故作扭捏。这样会给人轻佻或做作的印象。如果沟通的异性同事是位女士，男士就不能太过于夸夸其谈，信口开河，应实事求是、委婉谦逊、客观地表达自己的意愿。这样才会给对方留下稳重、成熟、踏实的印象。

2. 地域的不同

就当下情况来说，一般的公司都是由来自不同地方的职员组成的。我国地域辽阔，方言习俗各异，不同地方的人，语言习惯也有所不同。往往自己认为很常用的语言，也许在异地的同事那里，就是刺耳或有其他意义的话。

所以，在与同事日常的沟通中，要特别留心对方的语言习惯和忌语，以免造成不必要的误会。

3. 年龄的不同

对于年长的同事，保持谦虚和尊重的态度是必要的。与年长的同事沟通交谈时，尽量多听对方说，不要轻易打断对方的话，即使你的想法与其相左，也要给对方表达的机会，而后再提出自己的看法。

对于年龄相近的同事，因为价值观相仿，所以可以相对随意一些，但也要注意把握分寸，切忌玩笑过度或口气过重伤到对方自尊。

对于年龄小于自己的同事，可以随和一些，但不能随便附和对方，以彰显自己的亲和力；更不可因为对方是新人就以老人自居，表现出高高在上的态度。在坚持自己意见的同时，避免和对方产生不必要的争辩，在自己所掌握信息面的范围里，客观地就事论事。

4. 地位的不同

在与同事沟通时，要注意对方的身份。在与比自己地位高的人沟通时，内容要清晰、观点要明确。但同时应注意表达应委婉。不能因为过激的表达而触及到对方的颜面，否则会激起对方的对抗和排斥。

在与地位低于自己的同事沟通时，要避免用趾高气扬的态度和对方说话，应该对对方的工作和个人表示肯定和赞赏。同时，也不能太过于夸张，以免误导对方。

总之，在工作中能得到同事的肯定和赞同，就更容易获得事业的成功，因此与同事沟通时要注意选择适合的方式，以维持彼此良好的人际关系。

怎样寻求同事的帮助

【核心提示】

请求同事，要注意语气。虽无须低声下气，也不能态度傲慢，尽量用协商的语气。同时，也要理解对方的难处、体谅别人的心理。当对方不能答应自己的请求时，也不能表现出抱怨和怨恨的情绪，更不能恶语相加。这样做，无疑堵死了自己求助的通道。正确的做法应该是礼貌地道谢，并安慰对方说："没关系，给你添麻烦了"或"没关系，我再找别人看看。"

【理论指导】

每一个人在单位都希望自己的表现比别人优秀，因此，有的人把向同事求助就当成了示弱的表现；有的则因为不懂向同事求助的技巧，而被对方拒绝，因此无法达成所愿。这两种人不但苦了自己，还因为做得不尽人意而可能得到上司的批评。

在日常的工作中，想要把事情做好，同时拥有良好的人际关系，在所有的办法当中，最有效的一种办法，就是寻求同事的帮助。职场中尤其注重团队的力量，所以这个办法最为奏效。但怎样开口向同事求助便成了一个很重要的问题。

1. 请求同事帮忙，要有诚意

同事之间相处的时间较多，相互的了解也比较深。因此，在寻求同事帮助时，要开诚布公，把事情坦率地说出来，让同事察觉到你对他的信任，而不要欲言又止、故作神秘，让对方产生一种不被信任的感觉。这样什么事也办不成。

某单位为提前完成生产任务，给每个车间都下达了硬性指标，要求工人每天加班三小时。在车间里有几个老工人，依仗资格老，对生产班长的通知不理不睬，班长只能无奈地向车间主任求助。

了解了情况后，车间主任找到那几个老工人，做了一番推心置腹的谈话，最后轻轻地说了一句："我现在真的很为难，几位老师傅你们看这次能不能帮我这个忙，完成厂里下达的任务？"

原本态度还很强硬的老工人听了这句话，纷纷表示："主任，你放心，绝不会让你为难。"说完就走上了自己的岗位，保质保量地完成了各自的生产任务。

由这个故事不难看出，一句充满诚意的恳求，往往比一大通道理更能打动对方。因此，寻求同事帮助，一定要充满诚意。态度越诚恳，获得帮忙的机率越大。

2. 寻求同事帮忙要讲究礼貌

同事关系很微妙，因此，在寻求同事帮忙时，一定要用礼貌客气的语言征询对方的意见。比如："你看这事你方不方便帮个忙？""劳驾，能挪一下位置，让我过一下吗？"或"什么时候有空，教我一下行吗？"面对这样的请求，一般情况下，同事在感受到你的尊重时，在力所能及的情况下都会答应你的请求的。几句客套话，能省去许多麻烦，而且会因此和对方加深交情。同事帮忙结束后，也不要忘记表达自己的感激，多说几句谢谢，让对方心里得到安慰。

小钰是广告公司的一名职员，最近关于一家客户的广告策划，一直没有特别好的创意。在苦思无果的情况下，她向同事小琳寻求帮助，希望小琳能给予自己一些建议，以拓宽自己的思路。

她来到小琳的身旁，开口说："美女，你看这个策划，我一直没能突破，你在这方面是高手，所以想请你帮个忙给我一点指示。"

小琳笑笑说："指示哪敢啊，你也是这方面的高手呢。"

小钰看对方没有明确拒绝的意思，于是赶紧说："美女，这个策划非你不可了。不然，我真的死定了。"

"好吧，我把手上这个保存下，一会儿帮你想办法。"小琳向小钰说。

结果很明显，小琳答应了小钰的要求。可是如果小钰开口就向小琳说："你帮我把这个策划弄一下。"那么，结果可能就截然不同。因此，寻求同事的帮助时，要注意礼貌用语。

3. 寻求同事帮忙不能强加于人

寻求同事帮忙，要根据同事的身份和实际的情况来确定寻求的对象。要明确对方办这件事没有太多的难度。只有这样，才能提高对方答应的机率。否则，不但会让对方很为难，也会因此让双方关系变得更尴尬。

小芳新入职两个月，和同办公室的小灵关系处得不错。在月末领薪之后，小芳想买个苹果机，因为还在试用期，工资不够。于是，她不顾小灵要寄钱给家中生病的母亲，而是说："你先把钱借给我用一用，下个月你再一起寄回去嘛。"这个提议遭到了小灵的断然拒绝，她向小灵建议，你可以把这个月的钱存一存，下个月攒够了再买。而我母亲还在等我的钱买药，所以很抱歉，我不能帮你。"

这件事情以后，小芳和小灵再碰面时总是有些尴尬，小灵总觉着没帮到朋友而抱歉，小芳则为小灵不帮自己而生气。慢慢地，两个人就越来越疏远了。

因为小芳不顾忌小灵的实际情况，贸然向小灵借钱，自然无法达到自己的意愿，也因为自己寻求同事帮助不得其法而导致与同事关系疏远，她日后的职场之路恐怕要走得艰难一些。

总之，在职场中每个人都可能会遇到困难。别人让你求助时，要施以援手，求别人帮忙时自然也不会遭到拒绝。保持求助心态，好的态度，多用几个“谢谢、抱歉”，人际关系自然就融洽了，求人办事也更容易达到目的了。

与同事和睦相处的六要素

【核心提示】

在和同事的日常交往中，在对方讲话时要注意认真倾听，并根据对方讲话的内容给予适当的反馈；不随便和别人谈论第三者的“非”，尽量在背后谈论第三者的“是”，避免成为公司里的传话筒和他人眼中的“另类”。

【理论指导】

如果想在事业上获得成功，赢得别人的认可，以确保在工作中能够得心应手，就要掌握一些与同事和睦相处的技巧。

和同事能否和睦相处是职场生涯中一件极其重要的事情。在职场中，越是被他人认可，越能拥有好的人际关系，形成一种良性循环，自己想做什么事情，自然就能减少很多阻力，对于工作的开展有很大的帮助。因此，是否善于处理与同事之间的关系，意味着自己能否游刃有余地在职场生活。那么，与同事和睦相处有哪些因素呢？

1. 让同事认可你的行为

在职场生活中，要想和同事和睦相处，首先就要给同事以安全感。这就要求自己在与同事交往中不对别人的隐私表现出极大的兴趣，不乐衷于公司的流言蜚语。在工作以外，多和身边的同事交流共同的工作经验和目标，同时可以借机了解周围同事对自己的看法。

芳菲公司新来一个同事，她对新同事表现出极大的兴趣，没事常去新同事办公室走动。经常假装不经意和新同事聊各自的生活、私事，并向新同事一一介绍在公司应该注意哪些，新同事对她印象很不错，对她的这些介绍也很感激。

但不久后，芳菲和新同事讲起其他同事的隐私和桃色新闻。新同事对于这些人并不很熟，因此，对于芳菲所提及的人都保持着介心。一个月后，新同事和其他同事也都差不多熟了，彼此交往中并未觉得如芳菲所讲的那么可恶。此后，她对于芳菲所讲的话便持半信半疑的态度。有一次她路过芳菲办公室时，无意间听到芳菲在她办公室讲到自己的家世等等情况，新同事很是气愤。当时，她虽然并没有推门进去指责芳菲，但从此把芳菲归类为不交往的人。

不难看出，芳菲接近新同事的目的就是为了传播那些无聊的八卦，同事从新同事那里再挖掘新的八卦内容。一开始也许能获得新同事的好感，时间久了，便会被人排斥和疏远的。因为在职场最不得人心的便是具有“八卦”品质的人。

2. 要保持宽容的态度，不和同事起争执

要想和同事和睦相处就要有颗宽容的心，允许有不同的声音出现，对于非原则问题不应因逞口舌之快而与同事起争执。人的一生都会有过错，因此，面对同事存在的缺点和过错应一笑了之，而不应铭记于心。就算在口舌之争中占了上风，但事后，大多数同事对你都会敬而远之，避之唯恐不及。相反地，如果传输给别人的信息，是友好的、和善的、真诚的，那么同事就会毫无顾虑地与你交往、合作了。

3. 和同事注意亲密有间

在职场这个环境中，因为同事间相处的时间较多，彼此之间相熟度较高。与同事保持较为密切的关系应该建立在工作的基础上，这样有利于交换工作相关的信息、沟通感情，更有助于团结协作。但在其他方面的交往中要注意亲密有间、恰如其分。如果不注意把握一个适合的“度”，则会给对方造成侵犯的感觉。

与同事日常相处中，要保持亲密有间，言语中不应“侵犯”别人的隐私领域才是与同事和睦相处的上上之策。

4. 要注意提升自己的亲和力

与同事谈话，要持认真、诚恳的聆听态度，不要摆出一副冷冰冰的样子，这是对同事的尊重，也体现了自己的修养和随和的风度。根据对方所讲的内容，要给予适当的回应。对于对方表达的观点和想法，不论认可与否，都要表示理解。同时，委婉地表达自己的想法或建议，言语要简洁、风趣。没有人喜欢一本正经的说教或不留情面的驳斥。如果对方不太容易接受自己的意见，则明智地选择闭嘴。

5. 虽不能绝对公平，但要相对公正

在与同事的相处中，不能过分地表现出厚此薄彼，这样会导致“帮派”的划分，相对薄的同事会把你排斥在他的交际圈外。因此，在职场中应该做到对所有的同事一视同仁。对于同事的成绩要表现出真诚的佩服，真心地向对方表示祝贺，而不能对于同事所取得的成绩冷嘲热讽，这样有失自己的风格和涵养。对于职场的这些竞争，虽不能做到绝对的公平，但一定要以相对客观、公正的态度来对待。这样才不至使同事关系受到损害。

6. 懂得为别人解围

在日常的职场生活中，总会有人不免遇上尴尬的局面，面对这种场面，不能随着别人表现出静待好戏的态度，而应该想办法帮对方解困。任何人都会记得在困难时帮助自己的人，你的一句话也许能改变对方的人生际遇，对于自己也是利大于弊的。

总之，学会和同事和睦相处，掌握与同事相处的技巧，不但能拥有良好的职场人际关系，还能对事业起到推动的作用。

向上级汇报工作，要说到点子上

【核心提示】

下属在向老板汇报工作的时候，应该把自己较为熟悉的情况作为突破口，抓住工作过程和典型事例详细加以分析、总结，表达要清晰、有条理。掌握汇报中的这张“王牌”最能反映出你工作的质量。

【理论指导】

任何一个上级都比较看重两样东西：一是他的上级是否信任他；二是他的下属是否尊重他。作为上级来说，其判断下属是否尊重他的一个很关键的因素，就是下属是否经常向他请示汇报工作。

经常向上级请示汇报工作，让领导知道你的工作内容和效果，不仅显示出你对他的尊重，而且也可以很明显地证明你的工作能力。因此，在向上司汇报工作时要持谦虚、谨慎、不骄不躁的态度，用不卑不亢、平缓的语气陈述工作的内容。尤其在汇报之前，应先拟好汇报的主要内容，不能太简单，也不能太啰唆，关键是要说到点子上。

一天，某建材公司的销售员小冯从一个用户那里考察归来，马上就敲响了经理的办公室。

“情况如何？”经理劈头就朝小冯问道。

小冯坐定后，并没有急于回答经理的问题，而是心事重重地叹了口气。经理见小冯的样子，大概猜出了情况可能于公司不是很有利，于是换了一种方式问道：“情况糟到什么程度，有没有挽救的可能？”

“有！”这回小冯回答得倒是十分干脆。因为他十分了解经理的脾气，如果直接将不利的情况汇报给他，经理肯定会不高兴，搞不好还会认为自己工作不力。

“那谈谈你的看法吧！”

小冯这才把他考察到的情况汇报给经理：“通过这次考察，我了解到这个客户已经和另一家公司签订了购货合同。”

“竟然这样！那你认为该怎样做？”

小冯听到经理的问话后，胸有成竹地说：“我是这样想的。我们公司的产品相比那家公司的产品有着自己的优势，不但质量好而且有价格优惠，在周边城市已经有一定的知名度。”

“等等，那为什么客户还要和另一家公司签购货合同呢？”经理挥了挥手，打断了小冯的汇报。

“嗯，情况是这样的。该客户虽然前期和我们一直有合作，这次和那家建材公司合作的主要原因在于那家公司离他相对较近，对方还提供送货上门服务。对于客户来讲较为方便，而我们在这方面可能有所欠缺。因此，我认为要想改变这种不利的条件，我们应该利用自己的优势来改变，如果我们能到每个客户周边地区设个点，找个代理商。这样，再凭我们之前获得的口碑，问题就应该能够解决。”

“你小子想得真周到，不但了解到问题的所在，还想到了解决的方法，如果大家都像你这样善于发现问题，并解决问题，公司发展就更好了。”经理不无赞许地拍着小冯的肩膀说。

“您过奖了，为公司着想，是我们每个人的责任。那您先忙，我就不打扰您了。”在经理的注视中，小冯平静地离开了他的办公室。

不久，小冯被提升为经理助理，专门协助经理抓产品的营销，而公司的产品销量也不断节节上升，小冯越来越受到公司的重视，很快就独当一面。

无论哪个上司，在听汇报时都不可能一言不发。大多数的上司在听取工作汇报时，喜欢提问，因而可能会打乱汇报的程序。此时，应该暂时把汇报的内容停下来，耐心地回答上司的提问。不要因为工作没有汇报完，怕失去表现的机会，而在回答上司的问题时显露出不满或抱怨的情绪。

其实，上司能提出问题，也是对自己工作重视的一种表现。要知道，自己所面对的是上司，而不是下属。因此，向上司汇报工作时要保持一种谦虚谨慎、稳重成熟的态度。在语气上，应用平和、舒缓的语气，尽量避免慷慨激昂或因过于激动而使言语杂乱无章。

因此，不难看出，向领导汇报工作也要掌握一定的技巧。想让领导对你的成绩表示肯定和赞许，就要在汇报工作上下功夫。想把汇报工作做得恰到好处，应该从以下几个方面做起：

1. 思路要清晰

在向领导汇报前，应该对汇报过程和语言的组织做好梳理。对于问题应该如何说，必须做到心里有谱，否则就很难打动领导。

同样是一句话，很可能因为请示的方式不同而出现不同的结果。由此可见，想要达到想要的效果，其实质就在于说话人是否掌握了对方思维的方向和关注的重点。

2. 删繁就简，把握汇报的重点

无论哪一种工作都有其重点。因此，在向领导汇报自己工作的时候，要做到把一切不必要的话省略，应该注意每次汇报只强调、突出一个重点，这样做有利于领导理清思路，迅速对你的工作能力做出决断，而且还能使领导对你的能力或效率一目了然。

3. 把握汇报时机，并在汇报结束后请领导点评

在向领导汇报工作前，应该选择一个恰当的汇报时机，以避免在领导工作忙或心情不佳时成为领导排斥的对象，适得其反。另外，在工作汇报完结时，正确的做法应主动提出让领导给予评价和点评，无论领导给出什么样的评价都应该虚心、诚恳地接受。而不是在汇报结束后一走了之或对领导的批评指正表现出抗拒、生气的态度。这对于日后的工作开展都是不利的。

总之，在向领导汇报工作时，应该提前做好汇报材料，尽量做到每一句话都说到点子上，让上司从你的汇报中慢慢加深对你的信任和赏识。

让领导帮你作决定

【核心提示】

在职场中，聪明人永远不会代替领导做决定，而是让领导帮他作决定。

【理论指导】

下属有事向领导汇报或提建议时，请记住，要让领导自己作决定。你可以给出几项建议，让领导在多项建议中作选择，这样会使上级感到非常舒服，这是与领导相处的一种高明的技巧。

阿明年轻干练，性格活泼开朗，入行没几年，职位“噌噌”地往上升，很快成为公司里的骨干力量。几天前，新领导走马上任，第一天就把阿明叫了过去：“阿明，你经验丰富，能力又强，这里有个新项目，你就多费心盯一盯吧！”

受到新领导的重用，阿明满心欢喜。恰好这天他又要去出差，去上海某周边城市谈判。阿明一合计，公司同事一行好几个人，坐长途汽车不方便，人也累，会影响谈判效果；打车吧，一辆坐不下，两辆费用又太高；还是包一辆车好，经济又实惠。

主意定了，阿明却没有直接去办理。几年的职场生涯让他懂得，遇事向领导汇报一声是绝对必要的。于是，阿明来到领导跟前。“总经理，您看，我们今天要出差谈业务……”接着，阿明就把几种方案的利弊分析了一番。可还没等领导发表意见，阿明又接着说：“所以呢，我决定包一辆车去！”汇报完毕，阿明发现领导的脸不知道什么时候黑了下来。他生硬地说：“是吗？可是我认为这个方案不太好，你们还是买票坐长途车去吧！”阿明愣住了，他没想到，一个如此合情合理的建议竟然被打了“回票”。

这个案例中，阿明凡事都向老板汇报的意识是很可贵的，错就错在措辞不当。因为阿明说的是：“我决定包一辆车！”在老板面前，说“我决定如何如何”是最犯忌讳的。

如果阿明这样说：“领导，现在我们有三个选择，各有利弊。我认为包车比较可行，但我做不了主，您经验丰富，帮我做个决定行吗？”领导听到这样的话，也许就会顺水推舟，答应这个请求。

在职场中，聪明人永远不会代替领导做决定，而是让领导帮他作决定。

假设你正在为一家小公司处理雇员关系。这家公司接受了大量的订货任务，为了完成任务，公司实际上已增加了劳动力，曾一度宽敞的公司停车场地现已变得拥挤不堪。雇员们为了有限的停车场地开始激烈地争夺，而且所用言语十分恶毒，甚至两个雇员为争夺停车场地发生口角，导致动手打架。你觉得这个问题应当引起上级的重视，因为你所能想到的任何一个解决方法，都超出了你的职责范围。但你要列出一些可供选择的方案，而不是把这件事情往上级身上一推了事，或者提出一个拟定好的方法劝他采纳。这些可供选择的方案大致包括：扩大停车场；租车接送工人；停车收费并把这项盈利作为雇员的娱乐基金；组织汽车联营，等等。

当然，所有这些方案各有利弊，拟订方案时，你要仔细但简要地说明这些利弊。当你希望这个问题能引起上级注意的时候，再提交这个方案，然后不动声色等待领导自己做决定，这会让领导觉得自己被重视，同时也可以增加领导的成就感。这种方法也能够促使你更全面，深入地思考问题。从这个角度来说，这个方法对上下级都是有利的。

如何巧妙地让领导接受你的请求

【核心提示】

向领导提出请求，切忌直来直去，那样多半会碰钉子。最好的方法，就是在合适的时间，合适的地点，以婉转、礼貌的语言把自己的意思表达出来，让对方在高兴的时候答应你的要求。

【理论指导】

在职场生活中，难免有向领导提出请求的时候，比如“加薪”“调职”，永远是职场里最常遇到的问题。如何巧妙地让领导答应自己的请求，是每个职场人士都应掌握的。

无论一个人的先天条件如何优秀，主观态度如何努力，单凭个人力量也解决不了所有的问题。如果遇到以上所说的情况时，除了领导自己有这个意愿之外，大部分时候还需要自己勇敢地提出，并想办法让领导明白自己这一要求并不是无稽之谈，从而让领导发自心底地答应自己的请求。想要做一个事业有成的人，就要在成功的道路上掌握这种向领导提出要求的技巧。

小孟毕业后在一家消费品公司工作，那是他的第一份工作，所以也就格外珍惜。在平时的工作中大家都看得到他的努力，老板对他的工作态度也很肯定，多次在会议上表扬他，却从没有提过给他加薪的事。

一次偶然的机会，小孟得知和他一起进公司的同事的工资早已高出自己一倍，但是他的工作并未见得比自己优秀多少，小孟的心里很不平衡，于是就找到老板开门见山地表达了自己的不满，并要求老板给自己加薪，否则就辞职。

老板并没有理会他的要求，小孟对工作也失去了热情，开始敷衍应付起来。一个月后，老板把小孟的工作移交给了其他员工，大概是准备“清理门户”了。小孟也觉得再做下去没有什么意思，赶紧递交了辞呈。

在接下来的一份工作中小孟依然很努力，连续几次在部门的成绩考核中排名靠前，但薪水依旧没有增加。小孟准备再次向老总提加薪的要求，经过上次的经验，小孟痛定思痛，认真总结了一下，准备再一次向老板提出加薪。

有一天，他经过老板办公室，发现老板一个人在办公室看报，敲门走了进去。

见他进来，老板知道他肯定是有事情，示意他坐下后，问他：“小孟，有什么事情吗？”

“经理，我有个小小的请求，不知您是否会答应。”他面带笑容地看着经理。

“什么请求？说说看。”

“我想听一下你对我最近工作的看法，”小孟说，“工作了这么久，肯定会有些不足，所以我想让您给予指正，以保证我在以后把工作做得更好。”

“你最近表现整体来说还不错，如果能在办公室再积极一些、主动一些就更好了。”经理笑着说，“你还是个挺不错的小伙子。”

“老板，如果我做到这些之后，您是不是就考虑给我加薪了啊？”小孟半开玩笑地说。

“嗯，如果你能做到，我就会考虑给你加薪。”老板也笑着说。

“谢谢老板。”小孟说完礼貌地告辞了。

从此以后，他不仅把自己的工作做好，还尽量帮助同事，适当加班。这样经过一个工作阶段后，他作了一份工作报告交给了老板，这一次，他除了获得了加薪，还获得了升职。

从这个故事不难看出，小孟第一次表现也很不错，但加薪的要求不但被拒绝，还因一时之气丢了工作。第二次，他改变了提加薪请求的方式，委婉、含蓄地向领导表达出加薪的意思，不但达到了自己的目的，还被领导升了职。

由此可见，如何向领导提出请求是一门语言艺术，如何掌握这门艺术，让自己的请求不被拒绝，成功地获得领导的首肯，是每个职场人员都希望知道的。具体如何做才能巧妙地让领导接受自己的请求，一起来总结一下：

1. 要换位思考

在向领导提出请求之前，先换位思考一下，如果自己处在领导的位置，自己提出请求的理由是否能够顺利说服自己。从领导的角度来考虑，什么样的说话方式才更容易接受。如果自己的理由不足以说服自己，就要思考周全后再向领导提出。否则，不但达不到自己的目的，还会破坏领导对自己的好感。

2. 提出的请求一定是围绕自己工作相关的事情

在职场中向领导提出请求，一定要注意不能借自己之口表达第三人的意思，这不但不会达到预期的效果，还会引起领导的反感，甚至会误会你在借此拉笼同事关系，对你处处防范。因此，向领导提出请求的内容一定要是围绕自身工作相关的事情，领导才会根据你的实际情况酌情考虑。

3. 向领导提请求要选择恰当的时机和表达方式

和其他场合说话一样，向领导提出请求也要把握一定的时机。在领导心情较为愉悦或工作稍微空闲的时候提出，往往比贸然提出请求成功的机率要大。另外，要特别注意表达方式。语气要委婉、含蓄，也不可要求领导马上点头，给领导留有一定的思考余地，也给自己留点余地。成则成，不成再寻机会。

另外，向领导提出请求时，多一些赞美、恭敬对方的话，则更有利于达到自己的目的。

领导的不足之处要委婉地指出

【核心提示】

是人就会犯错，面对领导的不足，直接批评是最不明智的做法，能避免就尽量避免，因为这种做法很有可能让你成为被遣散的对象；而如果你采用的方法得当，在纠正领导过错时，变指责为商量，那么你就很有可能成为领导另眼相待的那个人。

【理论指导】

工作可以选择，但工作中面对的人就不是自己所能决定的了。因此，在工作中遇到犯马虎的领导或面对领导犯错时，如何做到既能指出领导的错误，又不被领导所排斥就是一个很值得研究的问题了。

面对领导的失误，聪明的下属在纠错方式、方法上会采取委婉含蓄的方式，而不是单刀直入，针对领导的错误，要和领导争个高下。采取前者的职员，往往职场顺风顺水，而采取后者的职员，往往会成为领导避而不见的对象。

小张是一家公司的主管会计，她的上司则是个不拘小节的领导。在工作上有一定的经验和能力，对待下属也比较热情，很有亲和力，但就是爱抽烟，一年四季从不间断。春秋的时候，可以打开办公室的窗子，以减少办公室的烟味，但冬夏两季开空调的时候，办公室里就比较难受了，领导从不顾忌下属里几个女性，办公室里烟雾缭绕。同事们都碍于领导的面子，不敢提出异议，却因此苦不堪言。

一次正赶上午休时间，办公室几位女士坐在一起闲聊，猜测隔壁部门的小姑娘结婚这么久是否怀孕，并聊及怀孕应该注意的事项等。小张灵机一动，就借机谈起了老公抽烟的事。

她说："其实男人抽烟就像女人爱逛街一样，不能勉强他去戒。抽烟的害处自然他也明白，但当他明白吸二手烟的人往往比直接吸烟的人受到的伤害更大，那他自然就不好意思再抽了。毕竟因为自己抽烟却给身边的人带来伤害，是很抱歉的一件事。所以，他从此就很少在办公室和家里抽烟了。"

小张说完，还悄悄地看了眼安坐在电脑前的领导。领导当时并无反应，只是后来，办公室的同事渐渐发现领导抽烟的时候越来越少，就更加尊重他了。

作为下属，应该以什么样的方式向上司指出他的错误呢？在实际生活中，大多数人都不愿自己的错误被当众提出。因此，若当众指出领导的错误，会让他感到难堪或愤怒。像小张这样旁敲侧击、委婉地指出领导给大家带来的困扰，虽然没有直接向领导挑明，但事实上已经明显地收到不错的效果。既保全了领导的自尊，又解决了领导和大家之间的矛盾。

在职场生活中，如何才能让犯错却不自知的领导明白自己的错误，这需要掌握一定的技巧，归纳起来有以下几点：

1. 注意和领导沟通的时机和场合

要向领导提出意见或建议的时候，一定要确认时机和场合。如果选择恰当的时机和合适的场合，领导也许能接受你的提议。相反，如果不注意时机和场合，只图一时口快，实话实说，一针见血地指出领导的不足之处。纵然你说的合情合理，也会让领导觉得威严扫地，自然会对你产生反感和逆反心理，甚至会误以为，你在故意让他难堪而因此对你怀恨在心。

由此可见，选择恰当的时机和场合，最好避开众人私下提，才不至把自己的一片赤诚化作驴肝肺。

2. 保持对领导尊重的原则

在向领导指出其错误之处时，开头和结尾都应用客气而礼貌的语言，以此来引导和衬托中间自己要和领导谈的关于他的错误之处。

通常来说，在给上司提意见或建议之前，先说几句相关的话作为铺垫，既表示自己对领导的尊重以及自己的诚意和礼貌，又能制造出一种轻松愉快的交谈氛围。但是不论哪种方式，领导都需要下属的尊重。

3. 用暗示的方式，让领导自己去理解

像上述故事里的小张一样，不直接对领导提出意见，而是选择与领导类似的事情从侧面暗示领导这样做会导致什么样的结果，让领导明白你的用意。

总之，提意见一定要注意方式和方法，在保证领导威严的前提下，用含蓄、委婉的方式指出领导的不足，并给出合理化的建议，哪个领导会不乐意接受呢？

别跟领导开黑色玩笑

【核心提示】

甭管与领导的关系如何亲近，都不要与领导乱开玩笑。特别是有其他人在场的情况下，如果开玩笑不懂得把握分寸，就很容易招致领导的反感，甚至冒犯领导的尊严，后果便不堪设想。

【理论指导】

在日常生活中，幽默的人往往更容易和别人打成一片，赢得好的人际关系。但是，在职场上，幽默就要把握分寸，尤其是在和领导开玩笑之前，一定要提醒自己：领导永远是领导，不要期望在工作岗位上能和领导成为多么亲密的朋友。

和领导开玩笑要符合双方的身份，如果开玩笑是出于对领导的赞美和尊重，而且玩笑的内容是善意的、积极的，那这样的玩笑会让领导觉得舒服、舒心。否则，无所顾忌的玩笑会让领导认为你不懂礼仪，对你产生反感和排斥。

芳芳是某国营单位的行政人员，她活泼、开朗，性格外向，工作积极，但就是有点大大咧咧，不注意场合和分寸，和别人开玩笑时总不顾忌别人的感受，因此得罪不少人。

她刚上班不久，发现行政部的汪主任对下属总是笑眯眯的，很有亲和力。于是，就无所

顾忌地和汪主任开起了玩笑。

有一天，汪主任穿着一身新衣服来上班，浅灰色的西服套装、浅灰色的衬衫、还系着一条浅灰领带，在走廊上正好碰到芳芳。芳芳夸张地大声说道：“汪主任，您今天穿新衣服了，真符合您的身份。”

汪主任听了笑得咧开嘴巴，还没来得及把喜悦沉入心底，芳芳又加了一句：“不清不白的！”汪主任的笑容尴尬地冻结在脸上。

由于这个过火的玩笑，汪主任对芳芳很是反感，在工作中几乎不愿意接触到她，以至于芳芳无法与领导正常沟通交流，因此工作开展得很不顺利。

在这个故事中，芳芳原本想和汪主任开个玩笑，并无任何恶意，只是因为用词不当，形成了黑色幽默。对主任的新衣做出评价实属正常，但附加一句不清不白就有伤主任自尊了。作为下属，用不清不白形容领导，大多数人肯定不会认为这是善意，认为对方对自己有敌意或在讥讽自己。因此，主任对她的排斥也是情理之中的事情。

在日常生活中，一些人很喜欢开玩笑。但是由于不懂得把握分寸，把调节气氛的幽默变成了黑色玩笑。开这种过了度的黑色玩笑的人，往往会被别人认为“刻薄”，引起他人的反感。更为严重的是，这些人往往还不自知，除了一般同事，有时居然还会打起领导的主意。

作为领导，肯定渴望得到下属对其应有的尊重，因此，在和领导开玩笑时一定不能带有贬损之意，触犯领导绝对的权威。作为职场人员，如果不能避免这种情况发生，那自己的职场之路肯定会越走越窄，越走越艰难。

由此可见，在工作过程中与同事、领导开玩笑，的确可以拉近彼此之间的距离，建立融洽的人际关系。但一定要把握好分寸，玩笑中不能有人身攻击的成分，否则即成黑色幽默，不但使自己陷入被动，甚至影响前程。

在职场要处处留心，爱开黑色玩笑的人，会让人觉得有性格缺陷，爱挑刺，为人刻薄。因此，在职场中如果玩笑开过了头，就很容易遭到领导的反感。所以，和领导开玩笑时，一定要把握适当的分寸和技巧：

1. 善于发现领导的特色

善于发现领导的特色，并不是指领导的隐私或忌讳。应从对方的优点、长处入手，赋予玩笑正面的意义，通过玩笑表达对领导的敬佩和尊重。切忌拿对方的缺点、短处当笑料，这会伤害到领导的自尊。

2. 注意玩笑的场合

和领导开玩笑时，一定要认清场合。如果拿不准这个玩笑的内容会引起什么样的后果，最好还是慎重考虑后再作决定。尤其是在公众场合，更要顾忌到领导的颜面。对于拿捏不定的话题，如果还想继续在原单位混下去，最好识相地选择闭嘴。

总之，如果想给领导留下好的印象，就要努力改正自己的弱点。学会用宽阔的胸襟容纳别人的不足和缺陷，用自己的眼睛发现别人的“美”。

观察服饰变化，进行适度赞美

【核心提示】

作为一个善于赞美的高手，在对方哪怕是改变一下饰物，都会大加称赞，所以在处理上下级关系上所收获的效果截然不同。因此，作为下属，为了使自己工作起来更顺畅，对领导进行一些得体的赞美是很有必要的。

【理论指导】

在职场中，应该学会说一些能够使领导更容易接受的话，得体而不肉麻的赞美，无疑是最有效的。赞美一个人就应该说得出具体的事实，这样更容易让对方接受，而不显得自己的赞美过于肉麻或有恭维的嫌疑。

每个人生活中总会有一些细小的事情发生，比如新配的眼镜、新换的发型、穿了件新衣服等等，如果在此时不失时机地赞美两句，对方立刻就能感到愉悦，并对你产生好感。“你的新眼镜真时尚”“你的新衣服真好看”等等这类简单的话，往往会使你的人际关系提升到一个高度。

小刘平时在公司以老实、木讷著称，很少在办公室说话，很难引起大家的注意。所以，尽管他一向工作勤恳，但在公司里总不显眼，几年如一日地待在当初的位置上。

有一次，老板出差要带几个员工一起去。在去往目的地的大巴上，小刘和老板坐在相邻的位置，两人客套地寒暄了几句话后，就陷入了沉默。小刘虽然一向爱沉默，但这种相对无言的气氛也让他觉得压抑，他认为一定得说点什么来打破这样的局面。

踌躇之间，小刘发现老板的领带夹很有特色，配他的西服很好看而且很抢眼，于是就说：“老板，你这个领带夹很有品位，在哪里买的？”

老板一听，顿时两眼放光：“这个领带夹，是我老婆在我们结婚二十周年纪念日送我的礼物，见证了我和她这一路走来的所有日子，带着它出差，总能让我想起她来。”老板打开了语言的闸门，开始向小刘讲述他和老婆的爱情故事，同时还感叹地说：“年轻人整天抱怨不幸福，那是把幸福的标准定得太高了。年轻人，要懂得珍惜。”话里话外，尽透着温馨，两人言谈甚欢。

临下车的时候，老板还意味深长地说：“小刘啊，看来以前忽视了对你的了解，今后一定要好好干，我看好你。”

赞美对方服饰等方面细节上的变化，发现对方的特色、优势，你的赞美会让对方感到开心，因此打开话匣子，从心理上拉近你们的距离，增加对方对你的好感，而不会觉得你在刻意讨好而疏远你。故事里的小刘歪打正着，从老板的领带夹打开了与老板融洽交谈的大好局面，也因此得到了老板的赞赏，加深了老板对他的印象。

因此，在工作中，不妨多用用这个方法，留意观察对方的衣饰变化，并适当地表达自己的赞美，会因此收到意想不到的效果。

话中带上几分夸，上下相处更融洽。从服饰等细微处夸赞领导，不妨参考以下两点：

1. 要真诚、适度，不空洞

空洞的赞美不但产生不了好的效果，反而会让对方觉得你是在敷衍。因此，在从细节处赞美别人时，应该说得符合实际，言辞要准确、到位，不过分夸张。只有让对方感觉到你赞美的诚意，真心地关注他，才能达到你期待中的效果。

2. 日常要加强对别人的关注度

赞美别人细微处的变化，就要增加对别人日常生活的关注度，比如穿着服饰、行为习惯等等，只有了解了这些，才能准确地发现对方细节处的变化，赞美才能起到很好的效果。如果你在日常生活中忽略了对别人的关注，贸然地赞美："你今天的衣服真适合你的气质。"对方却冷冷地回答："我上个星期也穿了这件衣服。"这样的场面就显得尴尬了。

总之，在日常的职场生活中，要想拥有良好的人际关系，就要从日常中了解对方，哪怕仅仅是一个饰品或一件衣服的变化，从实际、细节处适度地赞美对方，更容易打动对方的心，你也能因此赢得机遇。

跟领导说话要把握机会

【核心提示】

当你在向领导发出请求或者汇报工作时，要讲求时机。如果切入的时机合适，那么就更容易达成目标。如果切入时机不对，那么你就算是说一堆话也没用。

【理论指导】

俗话说，"天时不如地利，地利不如人和"，意思就是说话做事要把握时机，当时机成熟则事半功倍，反之，贸然说话做事，往往会坏事或事与愿违。

和领导说话，虽不能过分胆小、拘谨、唯唯诺诺，但也并不是就要表现得无所不惧、横冲直撞，不顾及领导的颜面，不分场合，随时随地向领导提意见、提要求，一味地蛮干，这样最终吃亏的仍然是自己。

孟翔在一家贸易公司做会计，公司的每一项支出和项目他都了如指掌。最近，公司刚刚接了一大笔订单，正准备采购原材料，但由于拿订单时付了一笔不小的保证金，再加上一些业务货款并未完全回收。因此，公司的流动资金就显得非常紧张。这天，一家材料供应商突然来向老总索取上次采购的货款，数目还不小。

老板也知道账上资金紧张，可是如果不付款给供应商，后期的合作就很难开展。于是，老板把孟翔叫进来，然后问："账上还有多少钱？"

孟翔想：供应商来要账，虽然这个钱该付，可是目前用钱的地方太多，虽然上期的货款数额能承受，但别的地方再用钱就相对紧张了。而且新的订单已经展开工作，供应商应该还是希望继续供料的。

于是，孟翔说："老板，目前账上还有一些钱，但是一些税务款还有新订单上线的前期投入，应该需要不少。"

"那还能拿出多少钱来？"

"今天可以拿出 15 万左右，这虽然只是催要货款的三分之一，不过下周会有一个客户付一笔款入账。"

老板听了，向供应商说："目前我公司的情况你也了解了，这次订单又比较大，材料的需求量也很大，用钱周转的地方比较多，而税务款肯定不能拖欠，先付你这么多，你看怎么样？这次原材料的采购肯定会先考虑你的，毕竟都合作这么多次了。"

供应商听到这里，也只好答应了。

等供应商走了之后，老总问孟翔，账上是否真如他所说如此紧张。孟翔笑着说："您放心好了，账面流动资金至少几百万，可这是应急用的，刚才说的情况不过找个借口，推脱一下。"

"嗯，小伙子表现不错。"领导高兴地拍了拍孟翔的肩膀。

从上面的例子明显地看出，孟翔是个聪明的下属，能够揣摩领导的心思，而且能够在恰当的时机说恰当的话。不但很巧妙地回复了供应商，而且还给领导留下了好的印象。反之，如果他在那样的场合下不合适宜地讲出实话，很可能导致供应商和老板之间产生矛盾，甚至会搞杂新订单的开展工作。

因此，在日常工作中，要想得到领导的重用，就应该掌握与领导说话的技巧，明白在恰当的时机说恰当话的重要性。

总之，跟领导说话一定要抓住机会，用恰当适宜的语言表达自己的想法或请求。否则，你的职场升迁之路就会有相当大的阻力了。

抛砖引玉，获取双赢

【核心提示】

下属向领导争取权益，未必都只有"不是鱼死就是网破"这样一种结局。事实上，只要你能在复杂纷繁的利益关系中采取得当的论辩谋略，获得双赢结局并非是不可能的事。

【理论指导】

职场中，很多下属在向领导争取自己的权益时，往往觉得不好开口，唯恐处理不好搞砸与领导之间的关系，严重时甚至有可能因此失去工作。如果你能采取"抛砖引玉"的方式，既可以不得罪领导又能得到自己的权益。

杨宇在一家民营企业工作，因为工做出色，被提升为一个部门的负责人，工作几年后，杨宇发现老总不仅用人过于迂腐，而且在待遇方面也很抠门。他想，跟了这样的领导，既挣不了大钱，也干不成大事，于是产生了跳槽的想法。

于是，杨宇向领导递交了辞职报告。第二天，老总把杨宇叫到办公室，双方展开了一场“唇枪舌剑”。

老总问：“你要辞职？你究竟是怎么想的？”

杨宇回答：“我只想趁年轻，实现当初的理想。至少，我得为结婚准备一套房子吧。”

老总又问：“在我这里就不能实现理想吗？”

杨宇回答：“当然可以。请给我一个实现理想的平台。或者，请考虑给我涨工资，每月不能少于 1 万元。”

老总说：“噢，不是我要亏待你，你想想，如果给你一人加了薪，其他人都来找，我怎么办？财务部的小刘、策划部的小赵，哪个不比你资历深，不比你年岁大。”

杨宇说：“既然您坚持这种陈腐的用人方式，那我也只好另谋出路，何况已经有家公司找了我，并且开出了合适的价格。人往高处走，还请您理解。”

老总说：“我佩服你这股子闯劲儿和对理想的坚持，既然是想实现自己的人生价值，那你说需要一条怎样的出路？”

杨宇回答：“只要是富于挑战性的都行。比如，前不久刚兼并的玩具厂不是正等着调整结构吗？”

老总高兴了，说道：“噢，你是想在那儿施展能力，新战场！那好，你到新战场展开拳脚，大干一场吧，你来当厂长。公司给你 50 万元启动经费如何？”

“行。”杨宇爽快地答应了。

“我应当承担什么样的义务呢？”杨宇又问。

老总不假思索地答复：“这很简单，到年底你能偿还这笔 50 万元的启动经费的利息就行了，毕竟你还担负养活几百号人的重任。”

就这样，杨宇得到了一个施展抱负、实现理想的机会。

在整个说服过程中，杨宇采取了一面利用老总对梦想的共鸣且愿意“蓄水养鱼”的心理，展开以情动人的攻势，一面又不失时机地抛出辞职之砖，以引出实现梦想的出路之玉，即担任玩具厂厂长的想法，对于领导而言，觉得不仅没有损失什么，反而得到了一个卸下包袱的机会。

可见，下属向领导争取权益，未必都只有“不是鱼死就是网破”这样一种结局。事实上，只要你能在复杂纷繁的利益关系中采取得当的论辩谋略，获得类似的双赢结局并非是不可能的事。

给领导留面子，为领导争面子

【核心提示】

通常情况下，领导判断下属是否尊重自己，就是通过下属是不是会给自己留面子作为重要标准的。

【理论指导】

纵观古今，很多人都把面子看得相当重要，尤其是领导很重视下属对自己的态度。因此，在工作场合里，有些领导甚至把下属的这种行为当作能否晋升的一项标准。对于那些桀骜不驯的“刺头”，自然很难晋升。

有不少职场人士因不识时务，给领导难堪而触了霉头。因此，在现实的工作中，有意无意维护领导的面子、维护领导的权威和自尊心，更能赢得领导的青睐。

有一家针织贸易公司刚从一场大型招聘会上新聘了一些职员，在新职员入职培训的第一天，经理在点名前说点到谁时，就请站起来一下，做个自我介绍，方便大家互相认识。

当点到“林小丹”的时候，经理念了好几遍也没人站起来。经理向人事询问：“这个人是不是没来？”

这时，一个女职员慢慢地从座位上站起来说：“经理，我叫林小彤，是不是您看错了呀？”经理当时尴尬不已，一时无语。

这时，办公室的文员小张站起来说：“经理，对不起，是我打字的时候不小心打错了，不好意思。”

经理欣慰地看了眼小张，说了句：“哦，以后要注意一点。”

事后，那个叫林小彤的因为培训结业考核不合格而被辞退，而小张则成为了经理助理。后有好事者说，自己在会后看过经理拿的名单，“彤”字根本就没有打错。

在日常工作交际中，每个人都好面子，作为领导也不能免俗。对一个陷入困境的人，适时地铺个“台阶”给对方的确很重要。通常情况下，领导判断下属是否尊重自己，就是通过下属对待自己的态度作为重要标准的。

在领导的眼里，如果自己的下属在公开场合使自己下不了台，有损自己的颜面，那么这个下属肯定是对自己抱有敌意或成见。因此，在职场生活中，摆正自己的身份、位置很重要。

与自己的领导进行交谈，面对较难处理的问题时，应该权衡利弊。给领导台阶下也不意味着当老好人，不顾自己的原则，而是尽量表达得委婉一点。这样不但能保住领导面子，也不会引起领导的不满。在一些场合，只要你从工做出发，也可以持自己的不同观点，保持不卑不亢的态度摆事实、讲道理，领导也是能够接受的。

如何在职场上做到尊重、服从领导的同时，又不违反自己的原则是很需要技巧的：

1. 保全领导面子，适时给领导台阶下

理直也可以不气壮，每个人都有犯错的时候，领导也不总是正确的。但要想纠正领导的错误一定要分清场合。在面对领导犯的错误时不应言语间尽是嘲讽，而应该择机给他一个“台阶”。因为，人在困境时得到的同情和理解，比在顺境时的恭维更加重要。

2. 尊重领导，不对领导做出过分的行为

作为下属应该满足领导被尊重的需求，这就要求下属在与领导相处时，不管私下关系如何，在工作场所，尤其是公开的场合，对领导交代的事情不能出言不逊、抱怨或提出异议。并且不要因为私交甚笃就和领导随意地开玩笑，不注意分寸。也不能因为与领导存在嫌隙就故意当众让领导难堪，故意不配合、不合作。

3. 如果遇见领导有失误时，应及时提醒

如果发现领导有失误，应该在错误发生前采取合适的方式和措辞提醒领导，避免其当众出丑。如果为了让领导难堪而故意不指出，难免会在日后的工作中被领导察觉，那后果将不容乐观。

4. 工作多请示，为领导争面子

会办事的下属往往并不仅仅给领导留面子，还会在一些关键时刻给领导“长脸”、争面子。在公众场合，坚持领导至上的原则，给领导锦上添花，从而更能获得领导的赏识。

总之，无论做什么事情，都要考虑到领导的面子。懂得给领导留面子，给领导争面子，你的事业将顺风顺水。

第 6 章

销售口才

四种有效的开场白方式

【核心提示】

在销售中过程中，客户听第一句话要比听后面的话认真得多。听完第一句话，许多客户就会不自觉地决定是打发销售人员走还是继续谈下去。因此，销售人员要尽快抓住顾客的注意力，不替客户做决定，这样才能保证销售顺利进行。

【理论指导】

当代世界最富权威的销售专家戈德曼博士强调："在面对面的销售中，说好第一句话是十分重要的。"因此，打动人心的开场白是关系到销售成功与否的关键。

如何做好开场白对于每一位销售人员来说都是一个不小的挑战。在与客户交谈时，不仅仅是简单地向客户介绍一个产品，而是要先和客户建立起良好的的人际关系。因此，要求销售人员具备掌握有效开场白的语言能力。而建立轻松而且能引起客户兴趣的开场白需要一些技巧。

1. 激发客户好奇心和兴趣的开场白方式

利用这种开场白，把客户的好奇心和兴趣激发起来，就能抓住准客户的全部注意力。

有一位空调销售人员开口对顾客这样说："老李，您知道世界上最懒的东西是什么吗？"顾客感到迷惑，但也很好奇。这位电话销售人员继续说，"就是您藏起来不用的钱。它们本来可以购买我们的空调，让您度过一个凉爽的夏天。"

这位销售人员一开口就抓住了老李的好奇心。然后，在解答疑问时，很有技巧地把产品介绍给顾客。这是一种很有效的开场白。现代心理学表明，好奇是人类行为的基本动机之一。利用那些顾客不熟悉、不了解、不知道或与众不同的东西，引起他们的注意，可以这样说："我相信你看到我的产品一定非常惊讶！"利用人人皆有的好奇心来引起顾客的注意，销售工作就能因此而展开。

2. 巧设疑问，以促销开场

作为销售人员总是把客户的利益与自己的利益相结合，那么所提问的问题对销售有很大作用。如果在销售伊始，就开始向客户灌输产品的基本情况，往往会让客户产生排斥心理，根本不易被接受。如果以问题开场，反倒不容易被拒绝。人们不太容易接受冗长、繁琐的陈述，却不会拒绝回答一个简单的问题。

某个家居用品销售人员在做促销活动中，对潜在的顾客从容不迫地问这样的问题："如果我送给您一套我们的'厨房百事通'，您试用过后，发现很方便，您会期待继续使用下去吗？"

"如果在那时候公司给您一定的折扣优惠，您是否会花钱买下来？"

“如果您在试用中没有发现产品与普通产品的不同之处，公司再来取回试用产品，您会同意吗？”

这种开场白利用人们贪小便宜的心理进行推销，很少有人会拒绝可以免费用的东西。而且这种设问的句式使问题简单明了，使客户根本没有能力说出“不”的理由。用赠品作敲门砖，既新鲜，又实用。

3. 以赞美和感激开场白方式

在销售中与客户初次见面时，可以用赞美和感激作为开场白。

每个人都喜欢听好听的话，客户也不例外。赞美准客户要具体和详细，赞美得越具体就越能让客户感受到你的真诚。如：“孙总，你的车子真漂亮”“刘总，你的办公室装修得很有品位”等等，能迅速拉近你与客户的距离。当整个谈话过程中，不管准客户为你做了些什么，都要认真地说声“谢谢”，比如：“王先生，很荣幸能和你面对面地交谈，并十分感谢你在百忙之中抽给我几分钟的时间。我会很简要地进行说明。”作为一个销售人员，当你凡事都向人致谢，就会引起客户的自我肯定，这样会让准客户更喜欢和尊重你，并对你留下不错的印象。

4. 提及第三人的开场白方式

一个好的开场白，就应该像一个简洁而且吸引人的广告。通常，应当在拜访客户之前就要针对其客户做个全面了解，并按需求做好准备。如果对客户需求不是很了解，则可以通过第三人打开销售的局面。

提及第三人的开场白方式，其实算是一种迂回战术。因为每个人都会顾忌到自己各种各样的社会关系，所以大多数人对于朋友、亲戚等关系介绍过来的销售人员很客气。

这种打着别人的旗号来推介自己的方法很管用。但在实际运用中要确保确有其人、其事。否则，顾客一旦查对起来，就很难再取信于顾客。

总之，无论你使用哪种开场白，都要清晰自己的意图，客户愿意回答你提出的问题，从而使准客户愿意和你交流。

直奔主题不可取

【核心提示】

有经验的推销员会在和客户见面后先选择适当的话题与客户进行沟通，从而培养感情，让客户产生亲切感，然后再选择恰当的时机，果断地提出成交要求，一般就会水到渠成达成交易。

【理论指导】

很多营销员一见到客户后，就开始切入正题介绍自己的商品，迫不及待地反复强调自己的产品如何如何好，以及购买该产品有什么好处，然后就请客户立即购买，这样的推销很难有好的结果。

某电子公司的销售员小李敲开了某公司老总的办公室。小李说:“早上好，黄总，见到你很高兴。”

黄总问:“有什么事吗？”

小李马上说:“黄总，我今天来拜访你的主要目的是给你带来了我们的最新产品——高智能A100型号考勤机，我相信你一定很希望通过高智能的考勤系统更好地了解员工上下班的自觉性，以减少公司不必要的开支。

黄总：是啊，但你们公司的产品性能怎么样?

小李：黄先生，这款设备引进的是最先进的考勤技术，它的制造效率是普通设备的两倍，而且比一般考勤机更精确，特设置了指纹打卡的功能，从根本上杜绝代打卡的不良现象。而且也可以不再用特制的IC卡，只要录入每个员工的指纹就好了，节省了一笔购卡的费用。你觉得怎么样?

黄总：不错，那这款产品大概什么价位呢?

小李:3000元左右。

黄总：是吗?好的，我知道了。这样吧，你把资料放下，我先了解一下，回头给你电话。

小李:……

这是一个客户拜访中的典型案例，销售员小李在拜访顾客的过程中，他希望顾客尽快对自己的产品感兴趣，却没料到在听完自己的讲解后，客户却给了他最不愿意接受的答复。据一份调查问卷的结果显示：人们最讨厌的销售员就是一见面就缠着你讲自己的产品和公司，千方百计地想让客户产生购买的欲望，结果却往往适得其反。

有经验的推销员会在和客户见面后先选择适当的话题与客户进行沟通，从而培养感情，让客户产生亲切感，然后再选择恰当的时机，果断地提出成交要求，一般就会水到渠成达成交易。

威伯先生是菲亚电器公司的推销员，他被公司派往一个富饶的农业地区做推广指导。“为什么这些人不使用电器呢？”在经过一户农家时，他问该区的销售代表。“别说了，这些人小气得很！他们一毛不拔，你无法卖给他们任何东西。此外，他们对我们公司的销售方式很有意见，说我们这样做是在骚扰他们……各种方式我都试过了，一点儿希望也没有。”

威伯决定试一下。他敲开一家农舍的门，门打开一条小缝儿，一位老太太探出头来，看见是威伯，她立即又把门关上了。威伯再次敲门，老太太把门打开，把对他们公司的不满一古脑儿地说了出来。

威伯说:“太太，实在抱歉，我们打扰了您。我不是来这儿推销电器的，我只是想买一些鸡蛋。”她把门开大了一点，怀疑地瞧着礼貌的威伯。

威伯说:“我注意到了您那些优良的多明尼克鸡，我想买一公斤鲜蛋。”门又打开了一点。“你怎么知道我的鸡是多明尼克种的呢？”老太太好奇地问。

“我自己也养鸡，”威伯说，“但我从来没见过这么优良的多明尼克鸡。”

“那你为什么不吃自己的鸡蛋呢？”老太太又问，仍然有点怀疑。

“因为我养的鸡下的是白蛋。当然，您知道做蛋糕的时候，白蛋比不上棕蛋。我太太很会做蛋糕，并以此为荣……但您知道，如果没有好的蛋，就不一样了……”

直到这个时候，戒心很重的老太太才放心地走出来，看得出来，她的表情已十分温和。威伯的眼睛四处打量，发现这家农舍有一个很好看的牛棚，就继续说:“我打赌，太太，您养鸡赚的钱，肯定比您先生养乳牛所赚的钱还要多！”

听了这话老太太高兴得简直要跳起来了！她赚的钱确实比较多！她热情地邀请威伯参观她的鸡棚。没过一会儿，她说她的一些邻居在鸡棚里安装了电器，据说效果很好。她征求威伯的意见，问他安装电器是否值得。

两个星期之后，威伯把电器卖给了这户农家。

要想销售产品首先就要销售自己，只有客户认同你这个人，他才可能和你坐下来，对你的公司、你的产品做一个详细的了解。如果他不信任你这个人，你的产品再好，对方却说“不，我今天没有时间”或者干脆以“先考虑一下再联系”为借口推托。

营销人员在与客户沟通的过程中，非常忌讳的一点就是急于求成。急于求成的营销人员往往认为自己的时间宝贵，却没有考虑到如果达不成交易，其实质就是在浪费时间。别急着向客户推销你的产品，尤其是对于一些重大的交易，更不能在第一次见面时就提出成交要求，这是每一个营销人员都应该时刻谨记的。

提问在销售中的八个作用

【核心提示】

提问在销售中所起的作用是十分巨大的，通过提问，你可以充分挖掘客户的需求。如果提问得好，不仅有利于接触了解，而且还能激发并引导思路。

【理论指导】

提问在销售中所起的作用是十分巨大的，通过提问，你可以充分挖掘客户的需求。如果提问得好，不仅有利于接触了解，而且还能激发并引导思路。提问题通常要在顾客挑选物品之前，使他觉得他自己在自由地，独立地做出决断，这样可以免遭来自顾客的可能的防卫性反应。

具体来说，提问在销售中的作用主要表现在以下几个方面：

1. 利用提问引起客户的注意

被客户拒绝最根本的原因在于你没有引起客户足够的兴趣，之所以采用提问激发购买兴趣，是因为提问给了客户足够的想象空间，让客户自己感动比你企图让客户感动更有效。例如，一位图书销售人员总是从容不迫、心平气和地向客户提出如下问题：“要是我送你一套关于个人效率的书籍，你打开书后发现内容十分有趣，你能读一读吗？”“如果读了以后非常喜欢这套书，你会买下吗？”“若你没有发现其中的乐趣，你将书籍塞进这个包里给我寄回，行吗？”这位图书销售人员一连串的提问简单明了，使客户几乎找不到说“不”的机会。

2. 利用提问获得自己所需要的信息

通常客户一开始说出的理由不是真正的理由，提问的好处在于你可以挖掘出更多的潜在信息，更加全面地做出正确的判断。而通常当你说出“除此之外”的最后一个提问之后，客户都会沉思一会儿，谨慎地思考之后，说出他为什么要拒绝或购买的真正原因。

3. 利用提问向客户介绍产品

如果销售员一直在说，没有问，给客户的感觉是你在对他进行强迫式推销，一味地施加压力。客户之所以愿意和你谈话，是期望你可以在你所擅长的专业方面给出建议。就像医生一样，对现状进行诊断，而诊断的最好方式就是有策略地提问。

在得到客户的相关信息后，一般不要直截了当地向客户介绍自己的产品，你可以利用提问的方式引导客户主动向你探询你的产品，然后再自然地介绍说明产品。

4. 利用提问引发客户思考

利用提问的方式可以激发客户进行深入思考，例如："如果这样的问题不及时解决，对贵公司的发展有何影响呢？""为什么这个如此重要呢？"客户的问题是被你问出来了，让他意识到不购买你的产品，将会有无法解决这个问题的严重性，让他不敢怠慢。

5. 利用提问赢得"进攻"的时间

在客户思考的过程，你可以察言观色，从细微之处捕捉客户的心理变化，并及时制定新的销售策略，为下一次销售赢得宝贵的时间。

6. 利用提问探测客户的态度

当你非常用心地向客户解释一番之后，迫切希望了解客户听进去了多少，听懂了多少，他的反应如何？一般的销售员通常滔滔不绝一大堆之后，就马上停止，没有下文。这个时候客户的表现通常是"好，我知道了，改天再聊吧"或"我考虑一下再说"等。如果你在论述完之后，紧接着提问"您觉得怎么样呢"或"关于这一点，您清楚了吗"，效果会好很多，客户至少不会冷冰冰地拒绝你，提问给了客户阐述他的想法的机会，并借此了解客户的态度。

7. 利用提问掌控沟通进程

对话的进程决定了销售的方向。如果你是一个善于提问的人，那么你就能有效掌控沟通进程，使销售的发展一直向自己预想中的结果进行。

8. 利用提问处理异议

提问是处理异议的最好方式。通常情况下，异议的产生有两个原因。一是源于人类本身具有的好奇心；二是由于你没有解释到位，客户没有完全听明白；从好奇心角度来说，人类的好奇心理是无止境的，如果你碰到一个"打破沙锅问到底"的客户，那你可要注意应付了。而如果我们不善于提问，只会一味地说，将一直处于"被动挨打"的地位。当客户提出一个问题，你可以尝试反问他："您这个问题提得很好，为什么这样说呢？"这样你就可以"反守为攻"，处于主动地位了。

正确使用促成话语

【核心提示】

营销人员在和客户商谈的过程中，销售促成话语不是简简单单拿出真诚与客户进行交涉，机灵的销售人员很会把握客户的心理，明白要根据实际情况进行，不能生搬硬套。知道从哪方面出击更容易打动客户。同时，还要注意看准时机，这样才能真正打动客户，顺利成交。

【理论指导】

在商品经济日益发达的当下，“顾客就是上帝”已成为许多商品生产和经销者的座右铭，而对待“上帝”，当然不但要和颜悦色，还应客气周到才行。

要想真正得到顾客的认可，应该重视掌握和运用销售语言的技巧。在推销过程中，推销员所说的话及说话的方式、说话的态度对于顾客的影响都是很重要的。因此要注意，不论对方说什么，都先予以承认，即使对方说的不是事实，或是他个人的误解，也不必一口加以否定，同时，对于他人的谈话要表现出足够的诚意和礼貌。

尤其是在商谈的促成阶段，更要注意说法一定要委婉，不要过于直接，正确使用促成用语。下面介绍几种常用的促成方式：

1. 二选一的方法

所谓二选一的销售方式，就是通过给客户设定特定的条件，让其从中做出选择，以达到商品成交的目的。比如：“你是要这套红色的还是要蓝色的？”“你喜欢哪种产品，这种还是那一种？”或“你是全额支付还是按期支付呢？”这种二选一的模式意在控制客户的选择范围，让其没有机会拒绝。在面对两种情况的时候，人的本能会主动选择其中认为较好的一个，而两个都不选择的情况则很少出现。因此，运用这种方式能大大提高促成的机率。

2. 心理暗示

运用这种心理暗示的方式促成销售应选择在客户的拒绝口气不是很坚决的情况下，其目的在于告诉客户，如果你不选择这种商品，你或许会后悔的，从而提升成交的成功率。

3. 预设成交

这种方式在客户犹豫时，直接越过向客户征求成效意向的环节，直接跳到成效之后，即用跳跃式的话语，确认假定成交后的事宜。

4. 打亲情牌

在某些时候，打亲情牌也不失为一种高明的促成话语。对于谨慎而固执的人，运用这种方式就得想办法为他准备一套理由：“你买了这个按摩仪，不但你自己能用，家中其他人也可以用。”比如，一个卖化妆品的销售员正在向一个犹豫不决的女士说：“你用了这套化妆品，定会让你显得更年轻。你对于你的先生肯定更具吸引力，你的孩子也会为你而骄傲的。”这种促成话语让对方瞬间产生一种购买这种商品是为了全家的幸福快乐着想的高尚感，所以促成成交的比例大大提升。

5. 激将法

有些人对商谈中的商品基本还满意，但又总觉得差点感觉而出现举棋不定的状态。对于这类人，或许给予适当的刺激，也许会有效果。比如：“你不认为这个商品和你很相配么，有的人没有这种眼光，你肯定不会没有这点见识的。”相信，再淡定的人也经不起这么一激。

总之，在使用以上促成话语时，一定要根据实际情况进行，切忌生搬硬套。同时，还要注意看准时机，这样才能真正打动客户，达到顺利成交的目的。

关照客户，为他找一个拒绝的理由

【核心提示】

销售人员最易犯的一个毛病就是在沟通中过于强调自我、强调自我利益的实现，而忽视了客户的利益。这种做法是愚蠢的。

【理论指导】

营销人员最常犯的一个错误就是在沟通中过于强调自我、强调自我利益的实现，而忽视了客户的利益。这种做法是愚蠢的。

沃尔玛总裁萨姆·沃尔顿先生认为，成功的企业必须遵循两条原则：第一条原则是客户永远是对的；第二条原则是如果客户错了，请参照第一条。不要以为这是在玩文字游戏，事实证明这是一个真理。对企业来说，客户永远是对的；对营销人员而言，客户同样永远是对的。

很多营销人员在进行产品推销的过程中，依仗某种有利条件（例如客户的领导下令必须买）或先天优势（例如营销人员的家人或亲戚是当权者），经常让客户为难，最后客户不得不违心地购买，这种方式只能在短期内增加少许收益，时间一长，绝对有害无益。“客户永远是对的”这一条原则要求营销人员为客户着想，为将来的销售着想，在必要的时候，营销人员还要为客户寻找不买的借口和理由。

客户如果说“不”肯定有他的理由，如果推销人员无法让客户主动说出真实理由，那么最好的办法就是为客户寻找借口和理由，不要让客户丢面子。

有一位汽车营销人员，当他耐心向一个客户推销某种型号的汽车时，该客户刚开始表示并不想购买，但由于已经询问了该营销人员很长时间，并且得到对方很周到、热情的服务，可能觉得若不购买的话很过意不去。

于是，客户就谎称自己没带钱。汽车营销人员看出了客户的意图。他对客户并没有冷嘲热讽，而是恭恭敬敬地递给客户一张名片，对客户说：“如果您以后决定购买的话，请随时给我打电话，到时我们再详谈细节问题。”客户这才如释重负、带着感激的微笑离去了。

两周后，这位客户给营销员打来电话说，他回去给朋友讲了这个营销员的热情和耐心的服务，有几个朋友都希望能买到那种型号的车，并要求面谈。结果营销员一次就做成了几笔业务。

营销人员必须记住，无论客户是否有购买产品的欲望，都不能对客户施压。你多说一句让客户购买你产品的话，客户对你的反感情绪就会增加一分。当一个客户说“不”时，他通常觉得这个产品并不是物有所值。但这种想法他往往是不会表达出来的，相反他会说自己没带钱或找出其他借口。遇到这种情况，营销人员不要说和客户一起回家取钱，而是应该和客户友好地告别。因为客户如果真的认为你的产品很棒，他们自然会想方设法购买。

在营销中遵循“客户永远是对的”这一条原则。为客户寻找借口或理由能够赢得客户的好感，而那种强卖态度只会让客户觉得气愤难耐，更别说主动购买你的产品了。

把合理说明与生动描述结合起来

【核心提示】

客户遇到的业务员所讲的内容大同小异的话，通常只能用比价的方式来选择，这应是业务员最不想看到的结果。所以销售时除了要提供足够的信息，也要注意尽可能多用实例来辅助说明，让产品介绍变得更加生动，才能让自己的介绍跟别人不一样，也更有吸引力。

【理论指导】

为了给购买者更多的直观感受，增加买者购买的决心，销售人员就必须注意对商品的描述。而且好的商品描述也可以避免商品销售过程中的很多不必要的麻烦。要想使顾客产生购买的欲望，光给顾客看商品或进行演示是不够的，因为要打动的不是顾客的眼睛而是顾客的心，因此必须加以适当的劝诱。

生动的商品描述语言，除了可以让消费者了解到商品的使用方法，商品的独特之处外，还能感受到卖家的品位以及商品的艺术之美。在商品质量相同的情况下，这样的商品描述更能打动消费者的心。

有位室内空调机的销售人员，他从来不会滔滔不绝地向顾客介绍空调机的优点如何如何，作为多年的销售人员，他深知，人并非完全因为东西好才想得到它，而是自己要先有需求，才会觉察到东西好。如果没有需求，东西再好，他也不会产生兴趣。因此，他在介绍空调产品时会这样跟顾客说："在如此炎热的季节里，忙碌了一天。当您下班到家后打开房门，你希望迎接您的是一间更加闷热的蒸笼吗？您刚刚抹掉脸上的汗水，在额头又渗出了新的汗珠。打开窗，但没有一丝风；打开风扇，却是热风扑面。您是不是感觉本来疲惫的身心更加难受了呢。可是，您想过没有，假如您一进家门，迎面吹来的是阵阵凉风，那该是一种多么惬意的享受啊！"

由上面这个故事可以看出，销售过程中，介绍产品的每一个环节，都有其特定的目的和使命，你不能仅以产品的各种功能为限，这样做难以使顾客动心。要使顾客产生购买的念头，你还必须在此基础上用不同的说话结构进行生动描述，这样使产品更加吸引人。但一旦说错了，起到的很可能是反效果，赶走原本想买的顾客。

当客户问及产品相关的问题时要对答如流，千万不能够对自己的产品表现出陌生，否则就无法获得客户对产品和销售人员本身的信任。所以，只有掌握了足够的产品信息做后盾，销售员才能为客户打造使用产品后的美好画面，进而说服客户启动购买力。

对于销售人员而言，能否把产品的信息有效地传达给客户，是销售能否成功的一大关键，这就要求销售人员对所销售的产品有所了解。那么该如何才能使自己的商品描述达到最佳的效果呢？对于商品的描述通常包含以下的几个内容：

· 熟悉商品的基本和详细信息，以免在描述时勾勒出没有事实根据的虚幻形象。在为客户介绍自己的产品时，要明确知道自己描述的目的是为销售的产品或服务锦上添花，所有的描述也要以商品的基本资料、详细信息为基础，而不是仅凭想象勾勒出没有事实根据的虚幻形象，以免招来顾客日后的怨恨。

· 要突出重点和要点。销售用语的重点类似于推荐和说明，如果你推荐商品时仅仅强调“价廉物美”没有太大说服力，还应该详细、具体地描述一下价廉到什么程度，物美又是从何表现出来的。因此，在接待顾客中，不但要抓住重点，还要突出要点，以激发顾客购买的欲望和兴趣。

· 要注意描述中语言表达的顺序和逻辑性。在对商品的介绍和描述中，要把握好说话的条理性、层次性，准确、清晰地向客户表达自己的意思，让客户能有一种亲临其境的感受。比如只说“好听”，只是笼统的明白好听，怎么好听就不能准确感知。如果换个词说“余音绕梁”，那么对于好听的程度便很容易理解了。因此，在销售中，只要话说到位了，成交也就不是什么难事了。

· 用比较来说明和描述商品。如果在向客户介绍商品时，配以比较和类比的方法，客户就更容易加深印象。比如“液晶电视比一般电视保护眼睛”“空调比电风扇凉爽多了”“高压锅比炉灶炖肉要快得多”等等，这样一比较，人们对这些商品的印象就会加深。

· 对商品的说明和描述要秉着客观的态度，实事求是地进行描述。不能夸大其辞，对其功用不能胡乱吹嘘。一时的夸张描述可能暂时推销出商品，但并不是长久之计，时间久了，自然也就一目了然了，最终受损失的还是自己。

总之，要想在销售中打动客户心的最有效的办法就是要用形象、细致的描绘再配合以生动的说明，这需要在实际的工作中慢慢琢磨和掌握。

在销售语言中注入感情色彩

【核心提示】

销人员应将“尊重顾客，用心服务”牢记在心，并将情感贯穿于销售活动始末。巧妙地运用这类情感技巧，在整个销售语言中充满感情色彩，对顾客动之以情，占领消费者的心理制高点。使顾客对企业及其产品产生信任、偏好甚至情感依赖。要知道，同样一句话用不同的情感来表达，效果是不一样的。

【理论指导】

知名品牌哈根达斯情感营销的经典广告词“爱她，就请她吃哈根达斯”，如同一种病毒迅速向世界蔓延，使得众多企业纷纷效仿它的情感营销。

要知道，情绪是可以传染的。优秀的销售人员总是能够很好地向客户传递积极的情绪，用自己的热情去感染对方，以促成交易。而那些业绩平平的销售人员常常注意不到这一点，在不知不觉中因自己的消极情绪而影响了销售的业绩，让大把的成交机会从身边溜走。

在房产销售过程中，房产经纪的整个销售过程就是与供需双方进行语言交流的过程，通过语言表达自己的立场、观点，协调双方的目标和利益，保证交易的成功。

一天，一个客户上门登记房屋出租信息，由新来的小张接待，一切按程序询问、回答。谁知在小张问完房屋情况后，却在租金上发生了小摩擦，差点“崩盘”。房东将自己的房屋报了每月 450 元的高价，小张嫌高就极力压价，根据市场行情月租金 350 元已经不错了。于是小张与房东理论，房东则“横竖不吃”坚持己见，两人相持不下展开了口水大战，小张甚至脱口而出：“这破房子最多值 300！”一句话惹脑了房东，眼看矛盾就要升级，这时小王急忙上前“灭火”。

“大爷，我首先对小张的无礼向您表示道歉，您先消消火，大热天的别把您老气着了，我绝对相信您的房子先前租过这样的价格。但是大爷，现在到处都在开发，楼房越盖越多、房子空置也多了，而租房的人却没有明显的增加，所以房屋的价格有所回落，达不到前两年那样的价格，相信你也能理解。如果您的房要坚持你提出的价格也不是不行，只是和您一样的房子都比您价低，这样人家的房子租出去了而您的还闲着，闲一个月就少 450，闲三个月就少 1350，如果租金是 350 元的话，我肯定一个礼拜就能租出去，您不就省心了嘛。”

小王在语言表达中注入了感情因素，以情感人，以柔克刚。在讲话过程中对一些细节也把握得非常好，客观分析了目前租房行情及产生这种现象的原因，并用适合的表达方式维护了客户的面子与自尊，及时赞同、肯定客户先前的观点，消除了因小张的不理智而给客户心理带来的不悦，最后成功留下了这条房源。

不难看出，同样一件事，因为两个经纪人运用了不同的语言，结果大相径庭：一个费尽力气没有成效；一个则用“四两拨千斤”的方法达到事半功倍的效果。

总的来说，人的情感是最丰富的，也是最容易激发的，所以在销售语言中适当加入一些感情色彩，把冷冰冰的经济交易变得富有人情味是十分必要的。要成功地进行情感营销，在销售语言中融入感情色彩，归纳起来有以下几点：

· 要让用户愉悦。在销售中针对不同客户群、不同的需求，充分利用自身对产品的熟知的优势，学会做客户的贴身参谋，使自己与客户在情感上产生共鸣。在此基础上，才能让自己在销售中更好地施展自己的才华，不断地把新产品推向客户。

· 不能采用“推销”的方式与用户沟通。在销售过程中要与客户进行互动沟通，多让客户说自己的需求，根据对方的需求为客户提供“个性化”“专业化”服务，让客户感觉到你所推荐的商品“特意为你量身定做”的诚意，这样才能让客户觉得亲切、温暖，既觉得备受尊重和关注，又有精神上的享受。

· 与客户建立信任关系。与客户建立信任关系的前提，就是感情投资。在销售中，应注意使用敬语、礼貌用语或赞美词，以表示尊重对方的感情和人格，引起对方好感。应少用祈使句，多用疑问句。比如说“你到这里来吧”就不如“你能到这里来吗”让人容易接受。另外，少用否定句，多用肯定句。比如“你这个观点是错误的”就不如“我同意另外那种观点”。此外，还应多用褒义词、中性词，少用贬义词。

销售人员要“会说话”

【核心提示】

出色的口才不仅要求口齿伶俐、思维敏捷，还要求语言要有逻辑性，把话说到点子上。对于推销员来说，良好的口才是说服客户的利器，是把握主动权的保证。

【理论指导】

对于推销员来说，会说话是说服客户的利器，是把握主动权的保证，是推销成功的前提。作为一名销售人员，良好的口才是最基本的要求，但好口才不意味着能说会道、唇枪舌剑，也不是一味地只说好话。好的销售口才要做到能够达到自己的目的、表达意图、提出问题、论证是非。如果不坚持自己的观点，不敢表达自己的意思，不能维护自己的利益，这样的销售人员很难促成交易，从而达到成功推销的目的。

对于销售人员来说，好口才是说服客户的必要“武器”，不但是保证销售成功的前提，也是在销售活动中掌握主动的保证。但因为口才能力的不同，不同的销售人员基于相同的出发点，收到的效果完全不同。我们来看下面这个例子。

游戏软件推销员王林对客户说：“您的孩子快上小学了吧？小学阶段的时候，是孩子开发智力最重要的时候。我这里正好有提升智力的一些游戏软件。”客户：“我怕儿子玩物丧志，再说他都快上小学了，谁还玩这些东西？”王林：“我们推出的游戏软件是专门为小学生设计的，它是一款能把数学和英语学习综合在一起的智力游戏，绝不是一般的游戏软件，其主要目的是提升游戏者的数学和英语能力。”

听完王林的这番介绍，客户开始动心了。王林于是继续说道：“现在是一个知识爆炸的时代，现代的知识需要通过现代的模式学习。事实上，游戏软件已经成为孩子学习的重要工具了。”王林边说边取出了一个游戏软件递给客户：“这就是我说的游戏软件，不如让我们一起来看看内容吧？”很快，客户便被王林推荐的游戏软件的内容给吸引住了。

王林又说：“现在的孩子真幸福，家长为了孩子能够全面发展，付出再多也甘心。好多家长都买了这款游戏软件。因为他们觉得这款游戏能帮得上孩子学习，他们还要求我一有新的产品就要马上告诉他们呢。”最后，这个客户很高兴地买下了这套游戏软件。

成功的推销员非常清楚客户心里想要的是什么，因此总能把话说到点子上，说到客户的心坎里。在这个案例中，推销员充分发挥了自己形象思维的优势，巧妙地运用了口才艺术，一步一步、循循善诱，吸引了客户的注意力，激发了客户的购买欲。可见，推销员要取得很好的销售业绩，就必须把话说到点子上，提高自己的销售能力。

销售人员说的每一句话都代表着向客户的承诺，能够将企业和产品的诚信完美地表达出来，这样的营销人员才算具有艺术性的口才。拥有好口才是每个销售人员的梦想，但是怎样才能够让自己拥有良好的口才呢？这就要求你在与客户交流的过程中，遵循以下几项原则：

1. 措辞得当

在与客户沟通时，要对客户的人格和习惯表示充分的尊重，不能讲让客户下不了台面的话。委婉含蓄的措辞能帮助自己更好地表达，同时也更易于被客户所接受。面对客户提出的意见，不论正确与否，都应向客户表达感谢。可以说："感谢您提出的宝贵意见，是值得考虑的。"

2. 语调要柔和

在与客户交谈时，我们要将情感加入到语言中去，让语调富有抑扬顿挫。就算不是为了说服别人，谈话时的语调也应该尽量柔和。用柔和的语调说话，会令声音优雅而富有磁性，对方就会有听下去的愿望。

3. 恰如其分的语速

说话的速度既不要太快，也不要太慢，并且要善于调节。遇到感性的话题，语速当然可以加快；而在需要理性的问题上，语速就要相应放慢。

4. 恰当控制说话语气

说话的语气有着不可思议的魔力。有时，只要语气控制到位，就可以在一定程度上控制对方的情绪，甚至感动对方。

训练口才的几个要点

【核心提示】

没有天生的销售高手，你要想做好，就得努力训练。

【理论指导】

有些营销业务人员刚和顾客交谈了几句，顾客就没有耐心再听下去了；而有的业务人员却知道如何吸引顾客、如何赞美顾客、如何给顾客提出及时的建议，因此创造了不错的业绩。

为什么基于同样的出发点，有的人很成功，而有的人却很失败呢？显然是因为他们的口才有差异。

很多时候，推销员达不成交易，不是因为说话太多或者说话技巧不够好，就是由于在不该说话的时候没有闭上嘴巴或者是说了不该说的话。

伟大的销售员不是天生的，而是培养出来的。安利的直销天皇中岛薰在给自己的 101 个信条里，就有着这样的一句话。

你已经接受了很多销售活动的训练，具备了对消费者促进销售的能力，而且你在不断学习新的技巧，不断掌握更多的产品知识、服务和销售理念，这些都可以使你为消费者提供更好的服务。然而，你还是会有失败的时候，被拒绝是不能避免的，如果你想成为一个出色的销售员，不妨拿出业余的时间来专门学习销售知识。

当然，所有这些努力并不能保证你一定会获得成功，关键在于你要能够把学习到的知识运用到日常的销售工作中去。是什么让潜在的客户发生了购买行为？是什么让他们无情地走开了？是的，这就是经验，没有捷径，经验只能通过一些老式的积累方式才能获得。

那么，成功的销售人员是怎样训练自己口才的呢？销售专家总结出了下面几个基本要点。

1. 勇气和决心

怕难为情是口才不好的关键因素。见了陌生人就会脸红的人，他的口才一定不会很好，说话时一定迟迟难以开口。所以，要想训练口才，你一定要下定决心鼓起勇气。你要牢记“我和别人一样”，这样才能减轻自己的畏惧心理。只要消除这种心理，提高口才就不再是难事。

2. 真诚和恳切

虽然你不能够像别人一样健谈，但如果你的态度真诚，语气恳切，客户也会因你的态度而感动。让你的感情说话，同样可以获得客户的信任。很多时候，和客户保持和谐的关系是建立在感情的基础上的。

3. 简明扼要

说话啰唆，特别容易引起别人的反感，让别人对你产生不好的印象。因此，你的每一句话都应该简洁明确，不要用一些不必要的形容词，也不要重复表达一个意思，就像背书一样说一大套。每一句话都要有力量，让人听了不会厌倦，虽然是简单的两三句话，却能使对方明白你的意思。客户的时间是十分宝贵的，要尽量用最短的时间让对方听明白你的想法。

4. 注意语言的逻辑

说话就像写文章一样，如果你善于用词，那么你一定也能写出好的文章。语言必须符合逻辑，并且语句要无误，意思要明确。

5. 多说多读

必须要大胆地和客户交谈，只要话题能引起客户的兴趣，对方就一定不会拒绝你。而读书有助于你组织语句，丰富你的谈话材料，提高你的口才。

对于一个刚刚走上销售岗位的人来说，在掌握以上技巧的前提下，还必须加强实践，要充分相信自己，并且勇敢和客户交谈，或许一次成功的销售经历就会增强自己对销售的信心。

少犯错，永远不说让客户反感的话

【核心提示】

如果客户对你说的话很反感，就不会购买你的产品。

【理论指导】

一句妙语可以带来财源滚滚，一句拙言可能令人前功尽弃，对销售员而言，最怕的就是

“祸从口出”。因此，在销售过程中，你必须注意一点：永远不要说让客户反感的话。

一天晚上，刘先生和他的太太、孩子去一家饭店吃饭。刚走到饭店门口，门口的迎宾小姐就热情地说：“您好！欢迎光临！”刘先生和太太很高兴，带着孩子往饭店里面走。这时候，服务小姐马上迎上来说：“您好，请问是一家三口吗？这边请。”刘先生一家被请到了一张餐桌前。刚一坐下，刘太太就生气地对刘先生说：“他们的服务小姐怎么这么没礼貌，问咱们是一家三口吗，有这样问话的吗？”刘先生笑道：“人家可能是想问是不是三位用餐。”张太太说：“反正我觉得那句话很别扭，以后别再到这儿吃饭了！”

那位服务小姐之所以得罪了前来用餐的刘先生一家，不是因为不喜欢他们，而是因为不懂得怎么说话。就像有些销售人员一样，不是不想交易成功，而是不懂得怎么说话或是说错了话，从而导致了失败的结果。

会说话的销售人员，深知说话的重要性，甚至还善于在销售过程中安排好讲解的顺序，不仅能把话说对地方，还能让话听起来合情合理。在销售过程中，只有巧妙运用说话艺术循循善诱，激发客户的购买欲望，客户才会付诸购买行动，交易才能成功。

一般来说，推销员在与客户沟通过程中，不要涉及以下几个方面的内容，让客户产生抵触情绪，使交易失败。

1. 不说批评性话语

许多业务人员讲话不经过大脑，脱口而出伤了别人，自己还不觉得。一些业务新人，见了客户第一句话便说，“你家这楼真难爬”“这件衣服一点都不适合你”“这个茶真难喝”再不就是“你这张名片真老土”等这些脱口而出的话语里包含批评，虽然可能无心去批评指责，只是想打一个圆场有一个开场白，而在客户听起来，感觉就不太舒服了。

2. 不说夸大不实之词

不要夸大产品的功能，这一不实的行为，客户在日后使用产品中，终究会清楚你所说的话是真是假。不能因为要达到一时的销售业绩，就要夸大产品的功能和价值，这势必会埋下一颗“定时炸弹”，一旦纠纷产生，后果将不堪设想。

3. 杜绝主观性的议题

在商言商，与你推销没有什么关系的话题，你最好不要参与去议论，比如政治、宗教等涉及主观意识的东西，无论你说是对是错，这对于你的推销都没有什么实质意义。

4. 禁用攻击性话语

我们可以经常看到这样的情况，同行业的业务人员带有攻击性色彩的话语，攻击竞争对手，甚至有的人把对方说得一文不值，致使整个行业形象在人心目中不理想。多数的推销员在说出这些攻击性话题时，缺乏理性思考，却不知，无论是对人、对事、对物的攻击词句，都会造成准客户的反感，因为你说的时候是站在一个角度看问题，不见得每一个人都与你站在同一个角度，你表现得太过于主观，反而会适得其反，对你的销售也只能是有害无益。

5. 避谈隐私问题

与客户打交道，关键是要把握对方的需求，而不对他人的隐私特别感兴趣，这也是推销员常犯的一个错误。有些推销员会说，我谈的都是自己的隐私问题，这有什么关系？就算你只谈自己的隐私问题，不是别人的，试问你推心置腹地把你的婚姻、财务诸如此类的情况和盘托出，能对你的销售有何帮助？也许你还会说，我们与客户不谈这些，直奔主题谈业务难以开展，谈谈无妨，其实，这种“八卦式”的谈论是毫无意义的，浪费时间不说，更浪费推销商机。

6. 少用专业性术语

业务员把客户当作同仁在训练他们，满口都是专业，让人怎么能接受？既然听不懂，还谈何购买产品呢？如果你能把这些术语，用简单的话语来进行转换，让人听后明明白白，才能有效达到沟通目的，产品销售才会达到没有阻碍。

7. 回避不雅之言

每个人都希望与有涵养、有层次的人在一起，相反，不愿与那些“粗口成章”的人交往。同样，销售中，不雅之言对销售产品必将带来负面影响。诸如，我们推销寿险时，最好回避“死亡”“没命了”“完蛋了”，诸如此类的词藻。然而，有经验的推销员，往往在处理这些不雅之言时，都会以委婉的话来表达，如“丧失生命”“出门不再回来”等替代这些人们不爱听的话语。

恰当的场合说恰当的话

【核心提示】

话不在多，只有准确把握说话的时机和火候，把话说到点子上，才能引起人们的共鸣，收到预想的效果。

【理论指导】

语言的魅力多姿多彩，能言善辩者成千上万。只要能够在最恰当的场合说出最恰当的话来，你就是那个最会说话的人。

在现代这个商业社会，如何才能在恰当的场合说恰当的话，这里有一则故事可以作为前车之鉴。

乔治是美国加利福尼亚州鼎鼎有名的大亨，资产超过10亿美元。有一天，乔治与商业伙伴戴维从加利福尼亚州飞到中国某城市，准备在那里投资建厂，因此，他需要寻找合作伙伴。经过多方努力，三天后，乔治终于坐到了谈判桌前，他的谈判对象是中国某一大型企业的负责人。

这位负责人之所以能坐到谈判桌前，就是因为他的精明能干和把握市场行情的能力令乔治很是欣赏。特别是当乔治听了他对合资企业的想法后，仿佛已经看到了合资企业的光辉前景。就在两方正准备签约的时候，忽听这位负责人颇为自豪地道：“我们企业拥有2000多名员工，去年共创利润700多万元，拥有着其他企业所无法可及的雄厚势力……”

听到这儿，乔治立刻愣住了，他暗暗在心里盘算：700万元人民币折成美元是100余万，一个2000多人的企业一年才赚这么点儿钱；而且，这位负责人居然还表现得如此自满，甚至有点沾沾自喜，乔治开始对这个企业产生失望心理，因为离自己预定的利润目标差距实在太大了。还好合同还没有签，于是，乔治决定立即终止合作谈判。

眼看着原本就要到手的投资就这样飞了，原因仅仅是因为一句话，况且还是因为一句好话。试想如果那位负责人当时能保持一下低调，少说一句，那么这事不也就成了吗？这只只能说明他说话还没找对时机，或者说他在商场摸爬滚打多年还没有学会如何说话，至少不知道在什么场合说什么样的话，最终也因为这个问题而失去了一笔很大的投资，使企业失去了一个良机。

好话并不是什么时候都适用，并不是什么时候都能给自己带来好处，而是要看时机。时机对了，那就是力量；时机不对，那就成了阻碍！

一位年迈的老太太去商店买牙膏，由于当时销售人员忙着接待另一位顾客，老太太自己挑选了两把牙刷后就抬脚走了。此时销售人员才想起钱还没收。销售人员想了一下，亲切地说："大妈，您瞧……"老大娘以为把什么东西忘在了柜台上，就又走了回来，销售人员举着手中的包装纸，说："大妈，真不好意思，您看，我忘记给您的牙刷包上了，让您这样拿着，容易沾上灰尘，多不卫生呀，这可是要入口的东西啊。"销售人员说完，接过老人的牙刷熟练地包装了起来，一边包一边说："大妈，这牙刷，一元钱一支，两支一共两元钱。""呀，你看我，我忘了给钱了，真不好意思！""大妈，我母亲的年纪跟您差不多，她也是什么事都好忘！"

这个销售人员用一个小小的"迂回术"，非常自然地将老人请了回来，又十分自然地将话引到牙刷的价格上，如此点拨，既让老人意识到了自己没付钱，又让她不至于尴尬。在整个谈话过程中，销售人员没有用一个发难的词，没有一句话提到没付钱这件事，启发得非常自然，引导得也很巧妙。

话不在多，只有准确把握说话的时机和火候，把话说到点子上，才能引起人们的共鸣，收到预想的效果。

用开场白吸引对方的好奇心

【核心提示】

对于销售员来说，开场白的好坏直接影响客户的心理感受，只有用有效的开场吸引客户的注意，刺激客户的兴趣点，才能使客户对销售员、对产品以及对公司产生心理依赖。

【理论指导】

好奇心，人皆有之，这是人的一种本性。推销员如能利用好奇心，使客户对推销的产品留下深刻的印象，那么就能在很大程度上促进交易的成功达成。

一个推销员推销节水喷头，他开始没有作任何自我介绍，而是直接从包里拿出一样东西，递给一个客户，说："请您看一下。"对方不知怎么回事，只好接过来。就在这时，推销员又拿出了几个同样的喷头，分给旁边的其他人，很快便吸引了在场人员的好奇心，推销员于是抓住时机开始介绍。这样大家的注意力都集中到了他推销的节水喷头上。

案例中的这个推销员正是成功地利用了人们容易对陌生人及物品产生好奇的心理，直接将人们的注意力转移到他推销的产品上，并及时把握住人们观察节水喷头的时间去说服人们，当人们了解到他的真正身份和意图之后，心中已经产生购买欲望了。

对于销售员来说，开场白的好坏直接影响客户的心理感受，只有用有效的开场吸引客户的注意，刺激客户的兴趣点，才能使客户对销售员、对产品以及对公司产生心理依赖。

此外，如果推销员在被拒绝后，还可利用人们对“只说一句话”之类的小小请求的宽容和好奇，重新唤起客户的注意，引起其再次思考，这样往往能够起到力挽狂澜的作用。

推销员文方来到一个公司业务经理的办公室，他之前已经与对方沟通过，对方也没有异议，这次来正准备与经理签订上次与该公司商定好的供货合同，但对方看到他的到来，却突然告诉他，由于他们公司的资金紧张，周转不畅，已经决定要取消那批货了。

文方听到这种情况后，不仅没有着急，反而诚恳地对客户说：“陈经理，我能再讲一句话吗？”听他这么一说，正想关门送客的经理停下来，等待下文。“您真的要放弃这到手的几十万元吗？”文方这样说道。客户感到一惊，深思一下，一边请文方坐下来一边说：“也许我们可以有其他的方法……”于是推销又有了转机。

开场白就像一篇故事的开头，需要引人入胜，对故事的发展起到推波助澜的作用。销售工作也一样，一个有效的开场白能使接下来的销售工作顺利开展。销售员要掌握一定的开场技巧，在与客户初次见面时，用独特的开场白吸引客户的注意。

要想达到用开场白吸引客户好奇心的目的，要注意以下事项：

· 销售人员要想吸引客户的谈话兴趣，就要避免直接谈论产品，而是从侧面着手，进行有效开场。有效开场的关键在于语言运用得巧妙。

· 好奇心开场白的使用重在新奇，这样才能够吸引客户的聆听兴趣，所以通常要求销售人员能够灵活应对，并且有丰富的销售经验。

· 在开场白中可以向客户提出只占用客户很短的时间，暗示客户不会耽误他太长时间，避免客户产生反感。

解决问题式与体验式开场白

【核心提示】

调整好自己的心态，明白自己销售的不仅仅是产品，而是通过产品提供给顾客一个有效的解决问题的方案。

【理论指导】

一般情况下，销售人员有必要掌握下面两种较为实用的开场白。

1. 解决问题式

很多销售人员在销售的过程中容易陷入研究产品的误区，把产品的功能、特点、成分，甚至制作工艺、原理都记得滚瓜烂熟，结果在顾客面前滔滔不绝地讲解时，顾客却表现得很不耐烦。有个著名的营销理论讲得很好，那就是“人们买电钻的目的是为了在墙上钻个洞”。所以，你只有由专注产品本身转为关注顾客想解决的问题，才能更娴熟地运用解决问题式的开场白。

通常情况下，顾客会拒绝销售人员的销售，但是绝对不会拒绝销售人员对他的关心，更不会拒绝销售人员提供的解决问题的方案。因此，在销售活动过程中，身为销售员的你一定要调整好自己的心态，明白自己销售的不仅仅是产品，而是通过产品提供给顾客一个有效的解决问题的方案。

2. 体验式

在适当的时候，你不妨把邀请顾客参与体验产品作为开场白。相信高品质的产品本身会说话，给你带来销售机会。

所谓体验式就是邀请顾客亲自参与使用产品，使其感受产品的性能与功用。很多直销产品都具有自己的优势，只要顾客使用，就能给其留下难忘的体验。比如“小姐，这件上衣正好是我们品牌今夏特别设计的款式，而且采用特殊面料……对于电脑、电视等具备特别的防辐射的功能，上下班都能保护您身体的健康。请试穿！”

以上两种常见开场技巧经常可以组合运用，但是要想与客户沟通顺利，你还要根据现场服务客人的需要，随时应变。但切记不要在一开场就立刻报价和报出折扣，很多销售员是这么干的，但往往招致客户反感，除非你的产品真的有价格上的优势。

销售中要善于“示弱”

【核心提示】

示弱并不是真示弱，只不过是顺着顾客的思路，用一种曲折迂回的办法来俘虏对方的心而已。

【理论指导】

人们受自尊心的驱使，总是对自己的缺点和短处讳莫如深，不甘示弱。然而，如果对示弱巧妙地加以运用，它会成为赢得成功的有力帮手。示弱在市场竞争中和商品销售中越来越广泛地受到商家的青睐。恰当的“自贬”，有时反会出奇制胜。在销售商品的时候，善于示弱，你就能够满足客户的挑剔心理，一笔生意很快就能做成。

有个人很善于做皮鞋生意，在一次销售经验交流会中，别人问他做销售有何诀窍，他笑了笑说：“要善于示弱。”接着，他举例说：“有些客户到你店里来买鞋子，总是东挑西拣到处找毛病，把你的皮鞋说得一无是处。这时，你要承认自己的皮鞋确实有不足之处，如式样并不新潮，但水远也不会过时，并以此向对方示弱。你顺便可以恭维对方确实眼光独特……当你在表示不足的同时，也侧面赞扬一番这鞋子的优点。善于示弱，满足了对方的挑剔心理，一笔生意很快就会成功。”

示弱并不是真弱，示弱仅仅是一种手段，而不是目的，通过示弱赢得成功才是最后的目标。无论何种形式的示弱，都要以强劲的实力作后盾，并要做到诚恳巧妙。否则，只会弄巧成拙，一事无成。

实现销售目标的方式并不是单一的进攻式的说服，巧妙地利用示弱的方式与客户进行沟通，往往更能达到销售的目的。在与客户进行沟通的过程中，一些销售人员以为自己在每次沟通中都扮演着进攻者的角色：为了达成销售目标一步一步地向前迈进，不断地说服客户认可产品或服务的品质、接受产品或服务的价格等等。

这些销售人员的销售目标是明确的，为了达成目标而努力奋进的勇气也是值得赞扬的，但是他们为了实现目标所采用的方法却不见得高明，至少，我们不提倡销售人员对客户进行单一的、进攻意图明显的说服。

从表面形式看，示弱大致可分为行为示弱与言语示弱。行为示弱主要表现为有具体明显的示弱行为。俗话说，一百句解释不如一个小小的行动。从行动上表现自己没有恶意，愿意合作，诚恳谦让，最易消除误解，融洽关系。行为示弱主要利用在没有根本原则性利害冲突的人中间，它要求示弱者有谦虚容人的胸怀，有不计个人得失的品质。

言语示弱是通过巧妙的话语示人以弱。表面是示弱实为自己套上一层软甲，使自己先立于不败之地，所示之弱又是有目共睹无法回避的缺点或弱点，自己事先表明，可避免给人可乘之机。运用这种方式还要注意示弱言语到示强言语的转换，示弱只是手段，示强才是目的。它的真正目的是迂回进攻，暗渡陈仓。

但是，并不是所有的销售人员都懂得灵活运用让步策略，为此，我们为销售人员提出以下建议：

1. 选择有利的示弱时机

示弱时机的选择宜巧不宜早，销售人员应该在充分掌握客户相关信息、并对这些信息做出有效分析的情况下示弱。否则的话，销售人员过早地示弱只能进一步抬高客户的期望，让他们以为只要再坚持一下，你就会继续示弱；如果销售人员继续轻易示弱，就会使自己处于很被动的地位。

2. 在细枝末节的小问题上示弱

为了在关键问题上获得客户认同，销售人员可以先在细枝末节的小问题上表示适度的示弱，这样可以使客户感受到你的诚意，同时也可以使客户在关注小恩小惠的时候淡化其他问题。

用“寒暄”敲开销售之门

【核心提示】

一般来讲，寒暄是你与顾客进行沟通的第一关，寒暄得当，销售的第一道门就会应声而开。

【理论指导】

寒暄作为销售语言艺术的一种，其实就是话家常，谈一些轻松的话题，聊一些对方关心的问题，说一些互相恭维的话等等，寒暄看上去很简单，但功效不可忽视。寒暄可以让第一次接触时紧张的彼此轻松下来，建立可信赖的关系。

因此，一个成功的销售员应注重利用寒暄的语言艺术，抓住客户的心。相反，一个不能使用寒暄的方式与顾客进行互动的销售员是无法抓住客户的心的。

王蕴想要买车，经过无数次的选择，他选定了一种车型。来到该车的展售中心，业务员先请王蕴坐下。王蕴开门见山地表示："基本上我很满意这辆车，但我有几个问题想请教，在车上再加装两个喇叭要多少钱？"

业务员说："这要看你喜欢哪一种喇叭，我才能告诉你价钱。"

王蕴又问："哦，那我要再加 CD 音响呢？"

业务员又直接回答："这也要看你的爱好，CD 种类很多，要你先试听可以了，我才能告诉你价钱！"

王蕴又问："那隔热纸呢？"

"隔热纸也分很多等级，要看你要哪一级的！"

"哦。"

这时电话铃响，业务员去接电话，王蕴赶紧站起来离开了。

王蕴后来对朋友说，业务员与他交流时的感觉很尴尬，使他面对购买的产品缺乏可信赖感，同时开始担心以后的售后服务也会不好，所以只好借机开溜了。

按惯例来说，对于一个已经决定要购买的顾客来说，交易的成功机率是极大的，因为顾客已经看好你们的产品，也就是说推销员不用再浪费双方的时间去向顾客推销自己的产品，并且在谈话的开头，顾客已经就此进行了暗示，应该说这是一个即将到手的买卖，接下来推销员要进行的工作就是强化顾客购买的心理，尽可能地消除顾客的犹豫心理。

对于这个案例来说，这位业务员当时应进行的工作是尽自己最大的能力给顾客以满意的答案。但这桩即将成功的生意还是失败了，这是为什么呢？

从双方的交流中，我们可以看出业务员没有先寒暄，就直接谈到商品的本身。这让顾客感觉到这场交易没有人情味，因而推销员根本无法与顾客建立融洽的关系，更别提抓住顾客的心了。而且业务员又在洽谈中跑去接电话，这给顾客的感觉是"商家不以我为中心"。因此对交易之后的服务，顾客产生了怀疑。

在体育比赛之前，都要做一些热身运动。其实，寒暄就是交谈前的热身运动，是为销售产品做准备的。寒暄可以使双方放松一些，熟悉一些，造成一种融洽的氛围，使销售行为有效促成。

寒暄在销售过程中的作用是十分重要的，但并不是任意的寒暄都能起到这种作用。不恰当的寒暄很可能会弄巧成拙。

寒暄是正式交谈的前奏，它的"调子"定得如何，直接影响着整个谈话的过程。因此，对寒暄绝不能轻而视之。那么，如何做好"寒暄"呢？

1. 记住对方的职务和姓名

销售员在很多时候要与客户交换名片，这时不要急于将对方的名片装进口袋，你应拿在手中，或放在自己座位前面的茶几或桌子上，以便于利用这段时间记住对方的职务和姓名。

2. 引客户到感兴趣的话题上

寒暄的内容可以是多方面的，尽量用语言把话题引到客户感兴趣的话题上去。最常用的是问客户的家乡是哪里的，有什么风土人情等。客户是否经常旅游等等，这些过程中的见闻，以及客户的爱好等等，都可以聊。当然这也需要销售人员有宽广的兴趣爱好以及很广的知识面。

有时候对方主动找话题，在这种情况下你只要顺着对方的主题发挥就是了。但一般来讲应该自己先开口，比如“百忙中来打扰您，真不好意思”。

3. 用客套语开始

如果事先没有预约，你可以说：“我也没有事先跟您打个招呼就来了，很对不起。”如果客户刚上班，你可以说：“一大早就来打扰您，真对不起。”如果是下午3点之后，你可以说：“这么晚了还来打搅您，真对不起。”接下来，你还可以说一些关于时节之类的客套话，或祝福对方事业兴旺之类的客套话等。

当然，做任何事情都应有个“度”，寒暄也不例外。恰当适度的寒暄有益于打开谈话的局面，但切忌没完没了，时间过长（当然，对方有兴致聊时例外）。有经验的推销员，总是善于从寒暄中找到契机，因势利导，言归正传。

另外，寒暄中难免要恭维对方一番，这样会使对方感到心情愉悦，对即将进行的交谈更感兴趣，但是要注意，恭维一定要得体，一定要了解他的需要，恭维不能过分，否则会适得其反。

重视榜样的带动作用

【核心提示】

现实生活中的“榜样”太多了，你应该多用心去发掘，必要时就把他们“抬”出来，他们的说服力比你直接费口舌要强得多。

【理论指导】

榜样的力量是一种自然性影响力，它既没有正式的规定，没有上下授予的形式，也没有合法权力的命令与服从的约束力，但其影响力却比权力影响广泛、持久得多。因此，在销售活动中，你应充分发挥榜样力量的作用，促使销售活动的完成。

健康药房在当地是一家小有名气的药店，新官上任的店长雷厉风行地推出了一系列改革，大烧三把“火”：一烧绩效考核，他认为原有考核制度存在明显弊端，必须革新；二烧岗位调整，对于连续3个月没有完成销售任务的店员，调离原岗位；三烧末位淘汰，对于总是处在评比末位的店员，予以及时“清除”。

薛功是该药店的一名出色销售员。每月的销售额在店里都是前三名，为了不被新领导的三把火烧到自己，很多同事要求薛功谈谈自己的成功经验，薛功说自己就是习惯用“榜样的力量”来说服顾客相信自己的。

为此，薛功还举了一个事例进行说明：一个顾客来买药，对薛功推销的一种药持怀疑态度，表示以前没有用过这种药，不知道药效如何？这时，薛功说：“省三院你知道吧？他们用的这类药都是我们药店给提供的，你说如果药效不好，那么大的一个医院怎么可能长期与我们合作？”一般情况，顾客听到这类的话，都会决定购买。

顾客在购买商品之前，大多会对商品持有一定的怀疑态度，但如果有人使用并认可该物品，顾客就比较放心。如果你能有效地利用这一点，就会大大提高业务效率。因为借助于已成交的一批顾客去吸引潜在顾客，无疑会增强销售说服力。尤其是已成交的顾客是非常知名的人物时，你的说服会更有力。

在销售中善用榜样，对于那种离现实生活不太遥远的榜样更要利用起来，比如顾客认识的人，甚至是他的亲戚、他的邻居。比如以下这种说法：

一位图书公司的销售人员对客户说：“钟主任，您认识县教育局的李局长吗？他刚从我这里买了 100 本书，我想你们物资局跟他们那儿情况差不多，也迫切需要有关市场营销与企业管理方面的书籍，您说是吗？”

一位销售家用小电表的促销员向顾客介绍产品时，总是这样开头：“我看你邻居家安装的就是这种型号的电表，它可省电啦！”

无论上述两单生意能否谈成，这样的榜样证人在客户心目中都会留下很深的印象，自然会对产品产生兴趣。现实生活中的“榜样”太多了，你应该多用心去发掘，必要时就把他们“抬”出来，他们的说服力比你直接费唇舌要强得多。

客户拒绝购买的典型借口：价格太高我买不起

【核心提示】

你可以通过分解产品价格，达到消除客户怕高心理的目的。

【理论指导】

在销售活动中，你听的拒绝次数最多的恐怕就是“价格太高我买不起”这个借口。这时，你千万不要再针对价格问题与对方争辩，哪怕你的产品价格并不高。

销售人员最好先避开价格这一敏感问题，重点介绍产品在性能、品质以及售后服务等方而的优点或特点，让客户获得足够的产品信息。当遇到价格问题时一定要多谈价值再谈价格。比如，你可以这样说：“女士，您提出的这个问题，等会儿我们可以专门讨论，现在我先介绍一下这种产品的特色。”

当客户以“太贵了”“价格太高了”“我没有预算那么多钱”“我在其他地方可以买到更便宜的”此类的借口回答，其实，很多时候客户讲这些话，并不是真的嫌太贵了，而是要争取更大的议价空间，这时，你可以用一些技巧性的语言进行说服。我们来看一个楼盘销售员与客户王先生的对话：

王先生：“这套房子的价格太高了。”

售楼代表：“是的，我和你的看法相同。这套房子价格是有点高，但是王先生，你就是订这个价格的人啊。"

王先生:"我订的价，这是什么意思？"

售楼代表:"事实上，你和其他想买房子的人为这个房地产市场订了价格。例如，99% 的要买房的人突然停止买房，我可保证不出半年，房价就会下跌。但是，房价一下跌，大量买家又会迅速回到市场，房价又会重新上涨，所以说，房价是由买家设定的啊！正如你所知道的，房价是一路上涨的，相信 1 年或者 10 年后，当你准备出售这套房子时，房价还将比现在更高，如果今天你决定购买这套房子，你就可以随着房价的上涨赚取到更多的利润。"

王先生深思了一下，然后说:"好像是这个理，那我还是先订了吧。"

有些客户就是要与你讨论价格问题，这时，你可以分析产品的整个市场行情，再介绍产品的优点，最后说明其实这个价格是合理的。当然你也可以分解产品的价格。任何一种产品都由很多部件组装而成，比如电冰箱有压缩机、外壳和冷冻室等部分，你可以分别就每个部件的性能、生产厂家和类似产品进行比较，然后加以汇总，让客户得到满意的回答。

顾客有可能真的买不起。因此，做一些试探是有必要的，如果顾客说的是实话，那就介绍一些价格低一点的产品。

不管怎样，你在和"无钱购买"的客户打交道的时候，不要听见"没钱"两个字就转身走开，冷淡客户，而应坐下来和客户进行充分的沟通，着重介绍产品的优越性能与相对低廉的价格。然后，你还要从各方面去充分证明这种产品的质量，而且还要抓住有利时机向客户进行说明，购买产品最关键的是质量，一分价钱一分货。然后，你要让客户在了解了产品的优点以后得出其总价格和类似产品相比很划算的结论。

当然，在现代销售活动中你还可以采取分期付款的方法，以客户的收入作为担保，分期分批付款。

客户拒绝购买的典型借口：过段时间再来吧

【核心提示】

"过段时间再来吧！"也是一句典型的客户拒绝购买的借口。它真正的意思就是"不"。要想克服这个借口，你要努力查明真相并想出对策，否则生意就会落入竞争者之手。

【理论指导】

有时候，当销售员把产品质量、价格及售后服务一一做了介绍之后，客户并没有提出任何异议，而说"我先了解一下，有需要的话过段时间再来"。这是一种较为礼貌的拒绝方式，虽然客户并没有直说，它真正的意思就是"不"。

要想避免这个借口，你就必须找出问题到底出在何处，客户真的不需要该种产品或者服务吗？有其他竞争对手吗？价格太高了？客户有购买能力吗？有经验的销售人员都知道，如果客户能下次再买，他今天就应该购买。

有经验的销售人员不会相信客户许诺的“以后再买”。因为他们知道，口头协议不如书面协议可靠、有保证。

要想避免这个借口，你要努力查明真相并想出对策，否则生意就会失之交臂。你如果听了客户的这种推脱之词就退缩了，那么在你如此轻易地离开以后，他多半会忘掉你的话，这笔交易也许就会被竞争者夺去。因此，你应该努力去弄清楚客户拒绝的原因。

通常来说，用这种借口推脱的客户多数是两种类型的人：一种是感觉敏锐、能够考虑到对方的立场、很礼貌。这种人看来沉静且易于接近，其实说服他们要花费很多的功夫。简短交谈之后，对方所说的“请你改天再来吧”的原意如果仍未改变，那么，你就要改用其他策略了，你可以说：“冒昧地打扰您了，真是很抱歉。那么，我改天再来拜访吧。”第一次访问的时候，吃客户的“闭门羹”是很平常的事。重要的是，还要再接再厉进行第二次访问，若得到的答复仍同第一次一样，那么，这笔生意成功的希望也就大大减少了。

另外一种人是优柔寡断、不愿意给予明确答复。当这一类型的人推辞的时候，你要虚心地接受他的看法。

遇到这种情形，经验丰富的销售员应该这么说：“考虑？这是当然的。一台电脑上万元，再怎么样，也不能随随便便就决定买。我最近看新闻说是有某个部门专门有一项统计，统计结果表明，全国 85%的家庭都使用电脑。这倒是相当惊人的。”“85%”这句话，无形之中将使客户产生“哇！那我家就包括在剩余的 15%里头了”的心理，从而引起客户购买的欲望。

当客户说他现在不需要该产品，并计划在将来适当的时候再谈论这个问题时，你可以这样说：“我只不过是想给您提供一些情况而已，让您对产品有一个大致的了解。当您使用这种产品的时候，可以节省许多开支。”或者说：“这是为您提供的一些资料，您可以将这些资料存档，需要的时候再订阅。”在业务洽谈开始的时候，你不要随意反驳客户的反对意见，也别对客户提出的问题予以应付和搪塞。

此外，你还可以这样问客户：“您现在不买，有什么特别的原因吗？”无论客户说什么，你都要表示赞同其说法，最终确定一个见面时间。

客户拒绝购买的典型借口：以前用过，但不好用

【核心提示】

客户说反对意见并没有恶意，因为如果客户真心存有恶意，就不会和你见面、谈话了。

【理论指导】

有时候，销售员刚向客户发出销售信息，客户就这样张口拒绝：“以前用过，但不好用。”

可以想象，遇到这种客户可算是一件比较尴尬的事了。但这时，你不可急于分辩或发火，必然要冷静地应付。

徐佳是一家小电器公司的推销员，这天，她正微笑着站在柜台前，有两个四十多岁的阿姨走了过来。其中一个胖胖的阿姨要求徐佳给她介绍一下一个豆浆机的功能，徐佳热情而周到地为她们服务。胖阿姨似乎对这款豆浆机很满意，就在她下决定购买时，身边那个身材比较瘦的阿姨像突然醒来一样，说："这个牌子的豆浆机，我以前用过，但不好用。"

胖阿姨听到这话，马上就犹豫起来。徐佳看到这一切，赶紧对瘦阿姨说："这位阿姨，您好像曾经在一种类似的产品上有过不愉快的使用经历，能跟我说说吗？让你不愉快的原因是什么？是产品还是服务？"

瘦阿姨这才说出事情的经过："我之前曾经用过与这款类似的豆浆机，至于是不是这个牌子的，其实我也不确定。使用了一段时间后，出了故障，当我去找售后时，他们却说我的东西过了保修期，不给予修理。我当时特别生气。"

徐佳又笑着说："阿姨，我非常理解您的心情，况且您也不能确定您的东西就是我们公司的对吗？另外你们担心的也许就是售后服务了。这一点我可以向您保证：从我这里卖出的产品，售后服务不用担心，只要您一个电话就有人上门修理。当然，我们的产品保修期是三年，三年之内免费保修，如果过了保修期，只要您出修理费，还是可以上门为您服务的。"两位阿姨听了徐佳的一番话，直夸她的服务态度好，各自买了一个豆浆机，高高兴兴地离开了。

在这个案例中，徐佳像是让客户把不愉快的经历发泄出来，然后又冷静地帮助对方分析，并有针对性地解决对方的顾虑，从而使客户下决心购买产品。

客户说反对意见并没有恶意，因为如果客户真心存有恶意，就不会和你见面、谈话了。如果客户心存恶意，又干嘛和你见面、谈话呢？因此，客户愿意和你见面、谈话，愿意拿你的产品看看，然后又说些反对意见，这些行为表明客户对你和产品至少不反感，甚至有购买意愿。

事实上，如果客户提出反对意见，大多数情况下是发生过不愉快的购买经历。你可以通过让客户诉说，摸清客户抗拒的根本原因，接下来通过对比，给客户建立一种信心，为什么我们会做得比之前的服务好，将客户的异议点从产品转移到对我们的信任上，再通过对我们的信任转移到对产品的信任上。

如果这种方法依然不能使客户消除担忧，通常只有一个方法来补救，那就是不断地去拜访客户，如果你能以一种关心和热诚的态度帮助客户解决问题，然后再以真诚来感动客户，那么，事情自然就解决了。

客户拒绝购买的典型借口：我再考虑考虑

【核心提示】

碰到客户的"考虑一下"而让销售失败，这不能全怪客户，只能怪你经验不足。

【理论指导】

在销售活动中，当销售员在对产品质量、价格和售后服务等方面做出介绍以后，有的客户通常会说："让我考虑考虑！" 这种拖延之词听起来很合理，但大部分只是个借口，是个打发你走而又不失礼貌的借口而已。

这种情况下，你的介绍很可能已经激发了客户购买的欲望，但欲望还不足以让他马上购买，他在犹豫。决策购买是一种痛苦，他想回避痛苦，而你一旦同意他"再考虑考虑"，等他的热情冷却下来的时候，你就没戏了。此时必须采取适当的销售技巧促进成交，让他讲出"考虑"的原因，促使他进行购买。

比如，此时你可以说一句："请原谅我不怎么会讲话，一定是让您有不明白的地方，否则您就不至于说'让我考虑'了。可以将您担忧的问题对我说说吗？"

如果你用这样诚恳的语言加上销售技巧，对方一般就会讲出实情，针对这个实情，你就可以再有针对地进一步推销了。

推销是需要主动沟通，但不是死乞白赖地喋喋不休，而是很艺术地克服拒绝，把销售技巧和话术展开。面对客户的"再考虑考虑"，你完全可以这样说："是啊，这个产品对您很重要，要好好考虑考虑，让我们一起来研究吧，您需要考虑哪方面问题，我帮助您提供信息。"

这样，客户就不会马上离开了，你就可以与客户一起"考虑"了，当他讲出实情后，你再有的放矢地做工作。

此外，你还可以用以下三种方法应对客户的拒绝借口。

1. 优思法

也就是给客户一个优惠，使他们不能再拖延下去。以"节假日大优惠、店庆优惠、当日有效、次日失效"等条件，给客户"回扣"或者"折价"，以促成交易。

2. 比较法

你可以运用这种方法把客户拖延下去的优点和缺点加以比较，客户就会清楚拖延的得与失，自然就不愿意拖延了。一般，通过好坏对比，可知好处极少，而坏处甚多。你可以把拖延下去的好处与坏处都写在一张纸上进行比较，用数字比较要比用文字比较更有说服力。客户在通过比较分析之后，可能就会马上购买。

3. 过期作废法

在陈述拖延下去的坏处时，可以说产品供应也许会中断，价格也许会上涨，型号也许会不全，交货期无法保证等。比如很多有经验的销售人员会诚恳地对客户说："对不起，我们无法保证日后还能向您提供和本次一样的产品与条件，请您考虑对比一下再做决定吧。"这样一来，客户因为担心将来无法以这么优惠的条件买到产品，也就不会再拖延了。

碰到客户的"考虑一下"而让销售失败，这不能全怪客户，只能怪销售人员经验不足。客户早就有了暗示，只能怪销售人员私底下打错了如意算盘。假设客户说"让我考虑一下"，那就表示有拒绝购买的意思，在这个反对意见刚刚萌生之际，你必须马上把话头打住，不然的话，任其拖延下去，客户购买欲愈来愈淡，生意就做不成了。

因此，你要根据成交信号来进行判断，当你判断出客户是没有购买欲望拒绝你时，没有别的方法，只能检讨自己的销售技巧和销售话术，重新对客户进行推销。

给顾客说话的机会

【核心提示】

真正的销售高手，绝不会对顾客滔滔不绝，而是想办法让顾客开口说话。这样，既避免了自己言多必失，也可以从顾客的嘴中得知一些对销售有用的信息。

【理论指导】

现在有许多人，总是喜欢抢先，好像自己先说了，便可以压倒对方或者使对方觉得自己不是一个平凡的人；还有好多人，一开始说话便滔滔不绝，自以为是个长于口才者，殊不知别人早已对他有一个恶劣的印象。事实上他已经失败，这根本不是交谈，完全是他说给人听。

在和客户交流的时候，销售人员一定要给客户说话的机会。因为你的话不是说给自己听，而是说给顾客听。所以，不能只顾自己说话，而忽视顾客的感受。如果不听顾客的反馈，不给顾客说话的机会，即使你说得再好听也全是废话。

给顾客说话的机会，一方面是表示你的谦逊，使别人感到高兴，一方面是可以借此机会，观察对方的语气神色，给你一个思考的机会，这是个两全其美的方法。

一个商店的售货员，拼命地称赞他的货物怎样好，而不给顾客说话的机会，就很难做成这位顾客的生意。因为顾客对你巧舌如簧、天花乱坠的说话，顶多将其看作生意经。反过来，你只有给顾客说话的余地，使他对货物有询问或批评的机会，双方形成讨论和商谈才有机会做成你的生意。

世界著名记者麦开逊说："不肯留神去听别人说话，是不受人欢迎的第一表现。"想要使交谈促进产品销售，销售员首先要学会做一个有耐心的听众，给顾客说话的机会。这是一种尊重他人的表现。无论对方的地位和身份比你高还是低，你都必须这样做。因为每个人都有自己的表达欲。

换个角度想一下，假如是自己作为顾客，面对滔滔不绝的销售人员，是不是有一种本能的排斥心理。因此真正的销售高手，绝不会对顾客滔滔不绝，而是会想办法让顾客开口说话。这样，既避免了自己言多必失，也可以从顾客的嘴中得知一些对销售有用的信息。

如果顾客不喜欢谈论产品，不喜欢谈论工作，那就试着谈论他喜欢说的吧！只要让顾客开口说话，你就可以和他交谈起来，业务的往来也就成为自然而然的事情了。

客户最关心的事，就是你的成功机会

【核心提示】

该怎样选择接近客户的话题呢？告诉你一个秘诀，那就是和客户谈他最关心的事。

【理论指导】

在销售活动中，销售员在与客户沟通时，应该选择合适的话题，缩短与客户之间的距离，使自己的说服逐渐被客户接受，然后再把话题引向自己的产品，从而开始商谈，这才是成功销售的途径。

据心理学研究表明，每个人的心里都很明白，在这个世界上，最重要、最亲近的人就是自己。因此，如果你想让客户喜欢你、接受你，使销售获得成功，就得多花些精力研究客户的一些基本情况，比如，了解客户的喜好、品位，这样才能有效说服对方购买自己的产品。

营销大师约翰逊在拜访客户时，总是先对客户的情况进行一番调查研究，有时候甚至提前花几个月的时间做准备。等到开始会见时，他也就对已经知道了那个人的兴趣、爱好、消遣和欲望。

现在，约翰逊已经成为美国最成功的营销高手之一，在全美营销界享有很高的声誉。人们普遍认为，约翰逊之所以能够取得今日的成就，其秘诀就在于他在推销之前，总是先做大量的准备工作，找到双方的共同话题，并投其所好地说服对方。

美国一位叫伊尔斯的冠军销售人员，为了能够配合客户的爱好，短短几年内他努力培养了二十多种不同的爱好。当然，伊尔斯不可能把这些爱好都做到样样精通，要知道，他是在了解到客户对钓鱼、下棋、保龄球等颇有研究之后，为配合与他们商谈时的话题而学习的。他的努力使他得到丰厚的回报：销售额节节攀升。而且，这些爱好一旦养成，还让他终生受益，生活变得更有情趣了。

在产品销售的过程中，身为销售员你要时刻记着：主角永远必须是买方，是客户。而卖方必须自始至终扮演配角。如果你在沟通过程中老是以自己为中心，只是洋洋自得地反复谈论自己的感情或只是自夸自己的产品，只管发表自己的看法，而不从买方的角度来考虑，这种说服必定引起客户的反感情绪——“这家伙只会谈论自己”。

最不愉快的反应恐怕会来自客户——“谁听你的？”照这种情形，当你终于结束你的高论而请求客户做出购买决定时，得到的反应只会是冷冷的拒绝。

你和你的顾客可能在许多问题上有不同的看法，但是你游说他时你所要强调的是你们的共同价值观、希望和抱负。换言之，很好地把握住客户最关心的事，就找到了你成功的机会。

寻找共同话题的五种方法

【核心提示】

在与客户进行沟通的过程中，寻找共同话题进行交谈在很大程度上能够拉近和客户之间的距离。一旦你找到了共同话题，一定要注意不要因为共同话题谈得太过投机，而将原始目标弃之不顾。

【理论指导】

在与人交往中，我们会有这样的体会：与自己没有共同语言的人交谈时，会感到别扭，烦闷。而在销售工作中也一样，你要善于找到与对方共同感兴趣的话题，和对方发生共鸣。这样，交谈才能够愉快进行，对方才乐于与你交谈。

一位销售妇婴用品的女销售员到某小区推销产品。当她刚进入一个小区时，发现小区门口旁边的长椅上坐着一位孕妇和一位老妇人。

于是，她就向小区保安假装不经意地问道："那两位好像是一对母女吧？她们长得可真像。"保安马上告诉她："的确是一对母女，女儿马上就要生宝宝了，母亲从老家来照顾她。"

随后，这个女销售员走到长椅旁，亲切地提醒孕妇："您不能在椅子上坐太长时间了，外面有点凉。你也许现在没什么明显的感觉，但是等到以后生完宝宝就会感觉不舒服。"然后她又转向那位老妇人说："现在的年轻人都不太讲究这些，但有了您这当老人的提醒和照顾就好多了。"

就这样，三个人开始交谈起来，从怀孕聊到生产，从产后产妇的身体恢复聊到宝宝的照料及营养等，聊得非常开心。接下来，那对母女已经开始主动要求看销售员手中的产品资料和样品了……

女销售员巧妙地找到了一个客户感兴趣的话题，并与之愉快地交谈起来。可见，寻找共同话题对于沟通的双方是多么重要。当你初次与他人交谈时，首先要解决好的问题便是尽快熟悉对方，消除陌生。你可以设法在短时间里，通过敏锐的观察初步地了解他：对方的发型、服饰、随身带的提包、说话时的声调及他的眼神等等，都可以给你提供了解对方的线索。

如果你事先就知道将要同一个陌生人见面，则在见面之前通过别人打听一下这位陌生人的情况，这对于将要开始的交谈是十分有利的。

在与客户沟通的过程中，由于此前并不熟悉，所以你需要寻找双方的共同话题，而且这个共同话题的主动权应该是掌握在你手中的。那么，如何寻找共同话题呢？以下几种方法可以参考。

1. 从客户的口音找共同话题

一个优秀的销售人员一定是一个善于观察和学习并能不断积累的人，仔细听对方的口音，按这条线索不断地学习，并积累知识和经验。一般来说，从客户的说话语音中，你可以判定客户的出生地或曾经生活过的地方。你不妨大胆地通过客户的口音猜他是哪里人。猜对了，必然可喜，两个人有了共同的话题；猜错了，也很可喜，因为客户会告诉你他是什么地方的人，这样你们还是找到了共同的话题。

2. 从客户的穿戴来寻找共同话题

一般来说，客户的衣着、举止，在很大程度上可以反映出客户的身份和地位。这些都可以作为你判断并选择话题的依据。如果看到一个穿着考究的人坐在一间较大的办公室，你就可以判断其为主要负责人，就算猜错了，也可以借这个错误的判断对客户恭维一番。只要你能搭上话，整个局面就可以很轻松地控制了。

3. 从与客户的家庭共同点寻找共同话题

如果有机会，你可以观察客户的家庭构成，如果发现是有孩子的家庭，可以先夸一夸客户的孩子，然后再谦虚地说说自己或朋友的孩子，以此来引起客户的关注。你要对客户的说法有所赞同，并鼓励客户说下去，因为客户说得越多，你越掌握更多的主动性，整个局面对于你来说也就越有利。

4. 从与客户的共同遭遇寻找共同话题

通常，遭遇相同或者近似的人容易有共同话题。“同是天涯沦落人，相逢何必曾相识”，你可以大胆地通过共同的遭遇与客户寻求心灵上的共鸣。比如知识青年上山下乡，对于这种经历你可以和客户侃侃而谈，尽量让双方处在良好的交谈状态。

5. 从与客户拥有的共同物件寻找共同话题

如果你发现自己和客户有某种共同的物件，往往可以从共同物件谈起。比如，当你的手机和客户的手机是相同品牌的，你就可以从谈这款手机出发，引导客户和自己交谈。

在与客户进行沟通的过程中，寻找共同话题进行交谈在很大程度上能够拉近和客户之间的距离。一旦你找到了共同话题，一定要注意不要因为共同话题谈得太过投机，而将原始目标弃之不顾，毕竟你寻找共同话题的目的还是为了交易的达成，而不是找人聊天消遣。

以上只是日常中常见的寻找共同话题的几种方法，事实上只要双方留意，就不难发现彼此对某一问题有相同的观点，在某一方面有共同的爱好和兴趣，有某一类大家都关心的事情。找到它，可以使交谈有味道，谈得投机，才能够沟通得深入、愉快。

老老实实说话更易打动顾客

【核心提示】

在买卖过程中，销售员和顾客不只是买卖关系，更是服务与被服务的关系。不能总是把自己和顾客限于买卖关系之中，而应以事实说话，给顾客带来信任感。

【理论指导】

在销售活动过程中，销售员销售往往不只是产品，更重要的是销售态度和服务水平。市场营销学里有这样一个观点：客户会更多地从他喜欢的公司买东西。所以要想在市场中有竞争力，除了产品质量、外观款式等因素，最不应忘记的是：与客户建立依赖感，让客户喜欢。

所以，在买卖过程中，销售员和顾客不只是买卖关系，更是服务与被服务的关系。要想让客户信赖自己，销售人员就要学会老老实实说话，这样更容易打动客户。

段先生在一家房地产公司从事销售工作，由于他说话诚实可信，多次被公司评为“销售明星”。当然，公司每当有难缠的客户或难度大的工作，领导都会找上他去与客户协调处理。这次，当领导告诉他必须销售出的那块地由于紧邻一家木材加工厂，电锯锯木的噪音使一般人难以忍受，大家都不敢接受，唯恐销售不出去。

段先生接受了领导的安排，同事认为那是一项艰巨的无法完成的任务。段先生先是去实地考察了一番，他发现这块地不仅与一个吵闹的木材加工厂相邻，但距离火车站比较近，交通便利，而且附近的基础设施还算健全。

这时，段先生想起有一位客户曾经想买块土地，他提出的价格标准和地理条件与这块地大体相同，而且这位顾客以前也住在一家工厂附近，整天噪音不绝于耳。于是，他就前去拜访这位顾客。

段先生见了客户坦白地说：“这块土地处于交通便利地段，可是比附近的土地价格便宜多了。当然，之所以便宜自有它的原因，因为它紧邻一家木材加工厂，噪声较大。如果您能容忍噪音，那么它的地理位置、价格标准均与您的希望非常相符，很适合您购买。”段先生如实地对那块土地作了介绍。客户表示去现场实地考察后再决定。

不久，这位客户去现场参观考察，结果非常满意，他对段先生说：“上次你特地提到噪音问题，我还以为噪音一定很严重，那天我去观察了，发现那种噪音我还能接受，我以前住的地方整天都是大卡车来来往往，而这里的噪音一天只有几个小时，而且都是在白天，而我白天多数都在外面工作，所以我很满意。你很诚实，要是换上别人或许会隐瞒这个缺点，光说好听的，你这么坦诚，反而使我放心。”

就这样，段先生不仅顺利地做成了这笔难做的生意，而且还和这个客户成了朋友。

试想，如果段先生介绍那块土地时仅说其优点，闭口不提其缺点的话，等客户发现附近有噪音，就会认为段先生在欺骗他，那么销售成功的希望就会很渺茫。

因此，销售人员为了自己的声誉，在做生意时，最好用事实说话，别去欺骗他人，因为被骗的人会把自己的经历告诉另一个人，而另一个人也会转告其他人。失去一桩生意并不意味着你只失去了一位客户，千万别因为一次交易的利益得罪客户而失去大量潜在的生意。

事实上，在买卖过程中，顾客对销售人员怀有双重心理：一方面有戒备心，怕销售人员自卖自夸，甚至怕被欺骗；另一方面又有信任感，认为销售人员懂商品，又懂行情。因此，在买卖过程中，你把顾客当朋友，以朋友的身份来说话，就会增加顾客的信任感。

顾客对商品、商店、销售人员的信任感会影响其购买力，而这种信任感又常常取决于销售人员的语言。所以，不能老是盯着商品说话，不能总是把自己和顾客限于买卖关系之中，而应以事实说话，给顾客带来信任感。

销售时夸奖别人的要领

【核心提示】

通过赞赏向对方表示一种肯定、理解、欣赏和羡慕。

【理论指导】

在销售活动中，销售人员如果通过赞赏向客户表示一种肯定、理解、欣赏和羡慕，可以有效地促进交易的成功。当然，你可以赞美客户本人，也可以夸赞客户的家人，还可以夸赞客户公司的职员、公司的业绩等。

一个顾客在一款地砖面前驻留了很久，销售人员走过去热情地说："您的眼光真好，这款地砖是我们公司的主打产品，也是上个月销售最好的一种地砖。"

顾客马上问："多少钱一块啊？"

销售员说："这款瓷砖，折后的价格是 150 一块。"

顾客说："有点贵，还能便宜吗？"

销售员说："您家在哪个小区？"

顾客说："在翰林院。"

销售员说："翰林院那个地方我知道，附近是学区，居住的多是条件不错的学生家长及年轻教师，听说小区的绿化非常漂亮，而且户型格局都非常合理，交通也很方便。在这么好的小区买房，装修也要讲究，我想您也不会在乎多几个钱了吧？不过我们正在做一个促销活动，这次还真能给您一个团购价的优惠。"

顾客兴奋地说："可是我现在还没有拿到钥匙呢，没有具体的面积怎么办呢？"

销售员说："您要是现在就提货还优惠不成呢，我们按规定要达到 20 户以上才能享受优惠，今天加上您这一单才 16 户，还差 4 户。不过，您可以先交定金，我给您标上团购，等您面积出来了，再告诉我具体面积和数量。"

这样，顾客提前交了定金，两周之后，这个订单就算搞定了。

这个案例虽然很简短，但却不乏许多闪光的地方供我们思考。最重要的是这位销售员善于赞美。"您的眼光真好，这款砖是我们公司的主打产品，也是上个月销售最好的一种地砖。"尽管这句话并不一定是真话，也可能销售员所讲的这款产品是本月最差的产品。但是有一点，顾客喜欢，这就是真理。既然顾客喜欢，我们为什么不能够为顾客这种喜欢提供一些证据让顾客更喜欢呢？每个人都需要认同，顾客更加需要。"本月销售冠军""我公司的主打产品"就是对顾客选择最好的也是最有力的认同。

再看后面的部分："听说小区的绿化非常漂亮，而且户型格局都非常合理，交通也很方便。"这位销售员先赞美顾客购买的小区非常漂亮（实际上是夸客户的选择），再告诉客户不该省钱，让客户感觉到住这么好的小区再谈价钱有点惭愧，然后，再告诉客户我们正在做促销。"即使您不谈，我们也可以给您打折的"。这等于给客户额外的惊喜。

我们都知道，我们赞美顾客的目的是为了签约，所以赞美顾客一定要诚恳。顾客对真诚的赞美是不会拒绝的。那么，销售人员该如何赞美客户？如何赞美客户才是最恰当最有效的赞美，才能达到销售成功？赞美客户要特别注意以下的要领：

1. 寻找一个顾客可以来赞美的点

赞美顾客是需要理由的，我们不可能凭空制造一个点来赞美顾客，这个点一定是我们能够赞美的点，要有一个充分的理由来赞美你的顾客。这样的赞美顾客才容易接受，这样的赞美顾客才能从内心深处感受到你的真诚，即使这是一个美丽的谎言，顾客也会非常喜欢。

2. 抓住对方的优点和长处赞美

我们要发现顾客身上所具备的优点和长处，优点和长处正是我们大加赞美的地方，顾客的优点可以从多个方面来寻找，例如：顾客的事业、顾客的长相、顾客的举止、顾客的语言、顾客的家庭等等多个方面来进行赞美，当然这个赞美要是顾客的优点，只有赞美优点才能够让顾客感受到你是在赞美他，如果你不加判断地赞美了顾客的一个缺点的话，那么你的赞美只能适得其反。

3. 赞美的点是一个事实

顾客的优点要是一个不争的事实，对于事实的赞美和陈述是我们对事物的基本判断，会让顾客感觉到，你的赞美没有过度，这样的赞美顾客会更加容易心安理得地接受。

4. 用自己的语言表达出来

对顾客的赞美要通过我们组织自己的语言，以一种自然而然的方式非常自然地表达出来，如果你可以用非常华丽的词藻来说明一件生活中和工作中经常遇到的事情，那么我们就会认为你是一个太过做作的人，顾客对你的话的信任就会打一些折扣。所以用自然的方式来表达你的赞美将是一种非常好的表达方式。

5. 在恰当的时候真诚地表达出来

对顾客的赞美要在适当的时机说出来，这个时候才会显得你的赞美是非常自然的，同时对于顾客的赞美可以适当地加入一些调侃的调料，这样更加容易调节气氛，让顾客在心里感觉非常舒服。

第 7 章

谈判口才

商业谈判，讲究的是巧妙迂回

【核心提示】

在谈判时绕个弯子巧妙地表明自己的态度，有时比直接提出自己的要求更能让人接受。

【理论指导】

在交际时，为了达到谈话的目的，有时需要绕一些弯才能起到作用，即我们生活中常用的“以迂为直”策略。这种方法在正面强攻不下时最为有效。因为它结合明确的目的性与战术的灵活性，避开对方布下的“地雷区”，进攻的路线又带有隐蔽性，并符合对方的心理需求，所以容易在对方戒备不严的情况下，逐步使其不知不觉地接受自己的观点。

让我们举触龙说服赵太后的例子说明采用“以迂为直”策略的好处。

公元前 265 年，赵国的赵太后刚执政不久，秦国便发兵前来进攻。赵国向齐国求救。齐国提出必须以赵太后的小儿子长安君做人质，才答应发兵相救。但是赵太后舍不得小儿子，拒绝这个条件。赵国危急，群臣纷纷进谏劝说赵太后。但赵太后依旧坚决地说：“从今日起，有谁再提用长安君做人质，我就往他脸上吐唾沫！”大臣们便不敢再多说什么。

这天，左师触龙要面见赵太后。赵太后认为触龙一定是为了劝谏而来，于是她便摆开了吐唾沫的架势。没想到触龙却慢慢走上前，见了太后并没有劝谏之意，而是自责地说：“老臣的脚有毛病，行走不便，好久未能来见太后您。今天特地来看望，最近您过得如何？饭量没有减少吧？”太后答道：“我每天都喝粥。”触龙却说：“我近来食欲不振，但我每天坚持散步，饭量才有所增加，身体才渐渐好转。”赵太后见触龙每句话都不提人质的事，怒气也渐渐消了。两人便很融洽地聊了起来。

聊着聊着，触龙向赵太后请求道：“我的小儿子最不成才，可是我偏偏最疼爱他，恳求太后允许他到宫中当一名卫士。”太后问触龙：“他今年几岁了？”触龙答：“十五岁。他年岁虽小，可是我想趁我在世时，赶紧将他托付给您。”赵太后听到触龙这些怜爱小儿子的话，便深有同感地说：“真想不到你们男人也疼爱小儿子呀！”触龙说：“恐怕比你们女人更甚呢！”太后不服气地说：“不会吧，还是女人更爱小儿子。”

触龙见时机已到，于是把话题引申一步，说道：“老臣认为您爱小儿子爱得不够，远不如您爱女儿那样深。”太后自然不同意触龙的这个说法。

触龙解释道：“父母爱孩子，必然为孩子以后作长远打算。想当初，您把女儿远嫁到燕国时，虽然为她的远离而伤心，可是又祈祷她不要有返国的一日，希望她的子孙后代相继在燕国为王。您为她想得这样长远，这才是真正的爱。”太后信服地点了点头。

触龙接着说：“您如今虽然赐给您的小儿子长安君许多土地、珠宝，但若不让他为赵国立功，您百年之后，他如何能自立？所以我说，您对长安君不是真的爱护。”

赵太后听完触龙的这番话，立即吩咐给长安君准备车马、礼物，送他去齐国当人质，并催促齐国出兵。而齐国也很快地出兵解了赵国之围。

触龙说服赵太后的方法，便是运用以迂为直的策略典范。因此，在谈判中，当在关键问题上谈不下去时，可以采取迂回战术。有人说，拐弯抹角的话我可不喜欢听，我还是希望别人有什么话就直接告诉我，不然来回绕弯子多耽误大家时间，还不一定能达到良好效果。可是有时候有些话直接说出来不但让对方接受不了，也会给自己招来祸端。谈判进入僵局。为了取得积极的成果，有时就应该采取迂回的策略。

南方某省玻璃厂率代表团与美国欧文斯公司就引进先进的浮法玻璃生产线一事进行谈判。双方在部分引进还是全部引进的问题上陷入分歧，中方的引进方案美方无法接受。这时，中方首席代表虽然心急如焚，但还是冷静地分析了形势，把直接讨论变为迂回说服。

“全世界都知道，欧文斯公司的技术是第一流的，设备是第一流的，产品也是第一流的。”中方首席代表转换了话题，先来了三个“第一流”诚挚而又中肯地称赞了对方。“如果欧文斯公司能帮助我厂跃居中国的第一流，那么中国人民都会感谢你们。”刚离开的话题，此时，似乎又转了回来，由于前面的迂回，已解除了对方心理上的对抗，所以对方听到这些话时，显得顺耳多了。

“美国方面当然知道，现在，意大利、荷兰等几个国家的代表团，正在同我国北方省份的玻璃厂进行引进生产线的谈判，如果我们这个谈判因一点小事而归于失败，那么，不但是我们的玻璃厂、更重要的是欧文斯公司将蒙受巨大的损失，这损失不仅是生意，更多的是声誉。”

这里我方代表没有直接提到谈判中的敏感问题，也没有指责对方缺乏诚意，只是用“一点小事”来轻描淡写，目的是冲淡对方对分歧的过度关注；同时，指出万一谈判破裂将给美方造成巨大损失，替对方考虑，这一点，对方无论如何是不能断然拒绝的。

“目前，我们的确因资金有困难，不能全部引进，这点务必请美国同行理解和原谅，并且希望在我们困难的时候，能伸出援助之手，为我们将来的合作奠定一个良好的基础。”经我方代表的迂回说服，据理力争，僵局打开了，协议终于按我方的要求签订了。

在商业谈判中，学会使用含蓄委婉的说话方式，不但不会伤害对方的面子，还能为自己留退路，对方也不会因此迁怒于你。绕个弯子再回到事情的关键，既能避开对方的锋芒，又给了自己回旋的余地。在从容周旋、借题发挥的同时，很可能达到自己的目的。

因此，在谈判时绕个弯子巧妙地表明自己的态度，有时比直接提出自己的要求更让人接受。

牢牢掌握谈判的主动权

【核心提示】

在谈判过程中，谁占据主动，谁就可能获得较多的利益，所以多掌握一些制约对方的技巧，谈判的胜算才会大一些。

【理论指导】

有人说谈判场就是战场，谈判的过程就是两军交锋的过程，而要想牢牢地控制战局的发展，就需要谈判手具有超前的眼光，敏锐的洞察力，把握好每一次战机，才能彻底地、干净地、坚决地“消灭敌人”。

在谈判过程中，谁占据主动，谁就可能获得较多的利益，所以多掌握一些制约对方的技巧，谈判的胜算才会大一些。

娜拉被某汽车公司制造的一辆卡车撞倒。当时司机踩了刹车，但是卡车还是把娜拉卷入车下，导致其被迫截去了下肢，骨盆也被碾碎。娜拉自己也说不清楚是在冰上滑倒摔入车下，还是被卡车卷入车下的，汽车公司的委托律师尼桑先生则巧妙地利用了各种证据，驳倒了几名目击证人的证词，娜拉小姐因此败诉，没有获得应得的赔偿。

陷入生活困境中的娜拉小姐向斯蒂芬律师求援，斯蒂芬通过调查掌握了该汽车公司的产品近 6 年来曾发生了几十次车祸，其原因都是因为汽车的制动系统有问题，急刹车时，车子后部会打转，并把受害者卷入车底。

胸有成竹的斯蒂芬对尼桑说：“卡车制动装置有问题，你隐瞒了它。我希望汽车公司拿出 600 万美元来给那位姑娘，否则，我们将会提出控告。”

老奸巨猾的尼桑回答道：“好吧，不过，我明天要去伦敦，一个星期后回来，届时我们研究一下，做出适当的安排。”

一个星期后，尼桑却没有露面。斯蒂芬感到自己上当了，但又不知道为什么上当，他的目光扫到了日历上——斯蒂芬恍然大悟，诉讼时效已经到期了。

斯蒂芬连忙给尼桑打电话，尼桑在电话中得意洋洋地放声大笑：“先生，诉讼时效今天过期了，谁也不能控告我了！希望你下一次变得聪明些！”

斯蒂芬愤怒了，他问秘书：“准备好这份案卷要多少时间？”

秘书回答：“需要约 4 个小时。现在是下午 1 点钟，即使我们用最快的速度草拟好文件，再找到一家律师事务所，由他们草拟出一份新文件，交到法院，那也来不及了。”

“时间！时间！该死的时间！”斯蒂芬在屋中团团转，突然，一道灵光在他的脑海中闪现，“肇事的那家汽车公司在美国各地都有分公司，为什么不把起诉地点往西移呢？隔一个时区就差一个小时啊！位于太平洋上的夏威夷在西十区，与纽约时差整整 5 个小时！对，就在夏威夷起诉！”

正因为斯蒂芬赢得了至关重要的几个小时。当他以雄辩的事实，催人泪下的语言，使陪审团的成员们大为感动。陪审团一致裁决：斯蒂芬胜诉，肇事汽车所在的公司赔偿娜拉 600 万美元损失费！

由此可见，决定谈判成功的关键不是多么会耍小花招，多么会钻法律的空子，而是要敏锐地掌握先机，把握好时间，这样才能夺取最后的胜利。

谈判双方中失去主动权的一方必然就要失去较多的利益。所以，在谈判中必须利用一切可以利用的手段和智慧掌握谈判主动权。在任何谈判形势下只要遵循以下原则，谈判的双方都可以拥有自己的主动权。

1. 善于倾听、分析和判断

谈判中要有一半左右的时间要听对方说话。常言说“锣鼓听声，听话听音”。会不会倾听？能不能听出对方的“音”？听了能不能做出正确的分析和判断？能不能找出对方的“软肋”或“破绽”？从而拿出应对的策略，这些都是能不能实现谈判目的的关键。因此，高明的谈判者不仅善于倾听，还善于在不显山露水的情形下，启发对方多多地说，详细地说。要尽力地“谆谆善诱”，最好把他们要说的话、想说的话尽量地都说出来。

在倾听了对方的意见后，要从对方说话的神情、讲话的速度、声音的高低，说话的思维逻辑等方面，判断出对方是一个什么类型的谈判者。还要尽量判断出对方的真实意图和水份。然后根据自己方面的原则立场，拿出一套应对的谋略。

同时，还要随着对方策略的转换而转换，或者是设法把对方思路引到自己的策略中来。这样才能谈笑风声之中，掌握谈判的主动权。

2. 控制对方弱点掌握主动权

任何人和组织都有弱点，每一个弱点都可能使谈判对方获得更多的利益，特别是一些能对谈判造成致命影响的弱点，谈判对方一旦获得就将掌握着绝对的主动权。所以，谈判中要通过各种渠道获得对手的弱点。这些弱点可以是谈判者个人的，也可以是组织的。

在使用对方弱点时，有一些弱点可以直接向对方挑明；有一些弱点不可以挑明，特别是涉及到对方秘密的信息，不可以轻易挑明。控制着对方的弱点，就可以强硬地坚持自己的谈判立场和价格，对方总会让步的；另外，对方的“弱点”也可能是自己的“弱点”。这时，就要及时做出让步争取主动，不然客户就有可能流失。所以，“谈判主动权”是指在当时的条件下以最有利的条款和自己想要的客户尽快地签约，而不是僵硬地坚持原则。

布下“最后通牒”的陷阱

【核心提示】

因此，谈判中发“通牒”一定要注意一些语言上的技巧，要把话说到点子上。

【理论指导】

在谈判中，有些谈判者支出架子准备进行艰难的拉锯战，而且他们也完全抛开了谈判的截止期。此时，你的最佳防守兼进攻策略就是出其不意，发出最后通牒并提出时间限制。这一策略的主要内容是，在谈判桌上要给对方一个突然袭击，改变态度，使对手在毫无准备且无法预料的形势下不知所措。对方本来认为时间挺宽裕，但突然听到一个要终止谈判的最后期限，而这个谈判成功与否又与自己关系重大，不可能不感到手足无措。由于他们很可能在资料、条件、精力、思想、时间上都没有充分准备，在经济利益和时间限制的双重驱动下，会不得不屈服，在协议上签字。

美国汽车王亚科卡在接管濒临倒闭的克莱斯勒公司后，觉得第一步必须先压低工人工资。他首先降低了高级职员工资的 10%，自己也从年薪 36 万美元减为 10 万美元。随后他对工会领导人说："17 元一小时的活有的是，20 元一小时的活一种也没有。"

这种强制威吓且毫无策略的话语当然不会奏效，工会当即拒绝了他的要求。双方僵持了一年，始终没有进展。后来亚科卡心生一计，一日他突然对工会代表们说："你们这种间断性罢工，使公司无法正常运转。我已跟劳工输出中心通过电话，如果明天上午 8 点你们还未开工的话，将会有一批人顶替你们的工作。"

工会谈判代表一下傻眼了，他们本想通过再次谈判，从而在工薪问题上取得新的进展，因此他们也只在这方面做了资料和思想上的准备。没曾料到，亚科卡竟会来这么一招！被解聘，意味着他们将失业，这可不是闹着玩的。工会经过短暂的讨论之后，基本上完全接受了亚科卡的要求。

亚科卡经过一年旷日持久的拖延战都未打赢工会，而出其不意的一招竟然奏效了，而且解决得干净利落。

所谓"最后通牒"，常常是在谈判双方争执不下、陷入僵持阶段，对方不愿做出让步以接受交易条件时所采用的一种策略。事实证明，如果一方根据谈判内容限定了时间，发出了最后通牒，另一方就必须考虑是否准备放弃机会，牺牲前面已投入的巨大谈判成本。

但是，该方法并非屡试不爽，一旦被对方识破机关，最后通牒的威力可能会反作用到自己身上来。

美国通用电器公司与工会的谈判中采用"提出时间限制"的谈判术长达 20 年。这家大公司在谈判开始的时候，使用这一方法屡屡奏效。但到 1969 年，电气工人的挫败感终于爆发。他们料到谈判的最后结果肯定又是故技重演，提出时间限制相要挟，在做了应变准备之后，他们放弃了妥协，促成了一场超越经济利益的罢工。

因此，谈判中发"通牒"一定要注意一些语言上的技巧，要把话说到点子上。

1. 出其不意，提出最后期限，要求谈判者时必须语气坚定，不容通融

运用此道，在谈判中首先要语气舒缓，不露声色，在提出最后通牒时要语气坚定，不可使用模棱两可的话语，使对方存有希望，以致不愿签约。因为谈判者一旦对未来存有希望，想象将来可能会给自己带来更大的利益时，就不肯最后签约。故而，坚定有力、不容通融的语气会替他们下定最后的决心。

2. 提出时间限制时，时间一定要明确、具体

在关键时刻，不可说"明天上午"或"后天下午"之类的话，而应是"明天上午 8 点钟"或"后天晚上 9 点钟"等更具体的时间。这样的话会使对方有一种时间逼近的感觉，使之没有心存侥幸的余地。

3. 发出最后通牒言辞要委婉

必须尽可能委婉地发出最后通牒。最后通牒本身就具有很强的攻击性，如果谈判者再言辞激烈，极度伤害了对方的感情，对方很可能由于一时冲动铤而走险，一下子退出谈判，这对双方都是极为不利的。

随时准备说“不”，以掌握主动权

【核心提示】

只掌握了说“不”的技巧，你的谈判条件便会很自然地水涨船高。

【理论指导】

谈判中，我们要随时准备拒绝对方，一个“不”字，可以在很大程度上维护你的权益。只要是正确的，就要勇敢说出来，拒绝有时候更容易掌握主动权。

很多年以前，哈维·麦凯充当过一位很棒的美式足球员的免费经济人。那位足球员叫 I.C. 安得，当时，他被加拿大足球联盟的多伦多冒险者队以及国家足球联盟的巴尔的摩小马队邀请加入各自的队伍。

由于 I.C. 安得出生于一个贫穷的黑人家庭，兄弟姐妹连他共 9 人，经济情况真是糟糕透了。情况很明显，麦凯先生必须为他争取到最好的待遇，而且要在两大老板间做好选择——一位是多伦多冒险者队的巴赛特，另一位是巴尔的摩小马队的罗森布伦。

巴赛特是多伦多一家报社的老板，干得有声有色；罗森布伦从事服装业和运输业，着实赚了不少。两人有三个共同点：极有钱、极好胜、极精明。当然，麦凯也并非平庸之辈。

一开始，麦凯故意让人告诉罗森布伦，他要先跟巴赛特谈谈。见到巴赛特后，他果然出了个很吸引人的价码。就在这当口，麦凯凭直觉告诉自己：快走，快离开此地，到巴尔的摩去见见罗森布再说。所以麦凯很客气地说：“非常谢谢您，巴赛特先生。您开价这么高，我们一定会谨慎考虑。我们会再跟您联系。”

巴赛特则冷笑了一下，说：“不过，我要补充一点，我开的价码只有在这房间里谈妥才算数。你一离开这房间，我就立刻打电话给巴尔的摩的罗森布伦先生，告诉他我对这个球员已经没有兴趣了。”尴尬呆站一两分钟后，麦凯问：“我可不可以和我的客户 I.C. 安得在隔壁房间商量一下？”巴赛特同意了。

麦凯怕房间中央那张桌子下面装有窃听器，所以就把 I.C. 安得拉到窗户旁低声跟他说：“安得，我们一定要争取一点时间，马上赶到巴尔的摩去，就假装你受不了压力，精神崩溃了。或者我告诉他，我必须赶回明尼亚波利斯去交涉一些劳工问题。”最后麦凯还是用处理劳工问题为借口而离开了。

麦凯说：“巴赛特先生，今晚我一定得赶回明尼亚波利斯去协调一些劳工问题。I.C. 安得这件事，还有很多要谨慎考虑的，我想明天再给您答复。”

随后，巴赛特拿起电话。难道他要打电话给罗森布伦吗？麦凯心想。还好，他是找他的秘书。他说：“我们那三架小型喷气机在不在？派一架送麦凯和 I.C. 安得先生回明尼亚波利斯。”三架小型喷气机！就在麦凯身后，I.C. 安得紧张得呼吸愈来愈急促。

这下，麦凯先生可是又尴尬得手足无措了，既然已经厚着脸皮撒了这个瞒天大谎，又当场被逮住，没办法，只剩一条路可走了。

麦凯说:“巴赛特先生，我想您也别麻烦打电话到巴尔的摩去了，这桩生意我们不做了。”安得当时差点气疯了。不过，次日，他们到了巴尔的摩，和罗森布伦签约，条件比巴赛特那边更好。

后来安得为巴尔的摩效力整整10年，打进两回超级杯比赛。后来，罗森布伦把加盟职业队的权利卖给洛杉矶公牛队时，只带了一位球员跟着他到加州，那位球员就是I.C.安得。

在这次谈判中，麦凯先生掌握了两项很重要的诀窍：第一是随时准备说“不！”第二是在谈判中，最有力的工具是掌握情报。巴赛特之所以希望I.C.安得在离开他办公室之前签约，只有一个原因：他准知道罗森布伦提供的条件比他要好。一个精明的商人单凭直觉就知道绝不能在那种情况下签约。

身为买方，你必须警觉到：卖方可是一直在算计着你，想办法一举成交。时间对卖方永远是不利的因素，对你可不是！时间拖得愈久，钱在你手上也愈久，你掌握交易条件的时间也会对你愈有利，因为你能掌握交易的条件。这就是为什么卖方总在暗示你当机立断，现在就买，如果你不为所动，他们就会想法子让步。

也许就是明天，你会很惊讶地发现：只要你掌握了说“不”的诀窍，你的谈判条件很自然地会水涨船高。1986年，在美国有100家银行经营失败，其中不少家是因为没有拒绝不良贷款而倒闭的。

因此，在谈判过程中，当你不同意对方观点的时候，可以直接说“不”，但要注意拒绝的语气和时机。作为谈判者，尤其要学会拒绝，才能赢得真正的交流、理解和尊敬。但是，我们要掌握一些拒绝的策略，才能更好地将主动权掌握在自己手里。

1. 尽量说“我”“我们”

拒绝的技巧有很多，但目的则是一个，就是既要说出“不”字，又使人觉得可以理解，尽可能减少对方因被拒绝而引起的不快。对于谈判，马基雅维利有一句名言:“以我所见，一个老谋深算的人应该对任何人都不说威胁之词或辱骂之言。因为两者都不能削弱敌手的力量。威胁会使他们更加谨慎，辱骂则会使他们更加恨你，并使他们更加耿耿于怀地设法伤害你。”

因此，谈判出现僵局，需要表明自己的立场时，也不要指责对方。你可以说:“在目前的情况下，我们最多只能做到这一步了。”如果这时你可以就某点做出妥协，你可以这样说:“我认为，如果我们能妥善解决那个问题，那么，这个问题就不会有多大的麻烦。”既维护了自己的立场，又暗示变通的可能。在这里用的词都是“我”“我们”，而少用“你”“你们”。

2. 寻找一些托词

谈判中，遇到你必须拒绝的事情，而你又不愿伤害对方的感情，这时你可以寻找一些托词。例如:“对不起，我实在决定不了，我必须与其他人商量一下。”“待我向领导汇报后再答复你吧。”“让我们暂且把这个问题放一放，先讨论其他问题吧。”

这种办法，既可以摆脱窘境，不伤害对方的感情，又可使对方知道你有难处，故意在拖延或拒绝。

3. 讲究策略

谈判中拒绝对方，一定要讲究策略。婉转地拒绝，对方会心服口服；如果生硬地拒绝，对方则会产生不满，甚至怨恨、仇视你。所以，一定要记住，拒绝对方，尽量不要伤害对方的自尊心。要让对方明白，你的拒绝是出于不得已，并且感到很抱歉、很遗憾。尽量使你的拒绝温柔而缓和。

逼迫对方接受自己的条件

【核心提示】

威胁策略的好处就在于，即使对方很不情愿，他也不得不权衡利弊，以重新做出有利于自己的选择，而这个选择，可能就是你对他的要求。

【理论指导】

商务谈判中有很多复杂的、成功的谈判，就是在一方的威胁下，甚至是双方的相互助威胁下才达成的协议。

谈判威胁是指在谈判过程中，当谈判双方就所谈问题存在意见分歧时，一方逼迫另一方使其按照己方意愿行事，否则就要采取行动造成一个不利于对方的结果，受到威胁的一方往往会感到一种压力。谈判中的威胁对谈判双方均形成压力。

谈判中的威胁之所以能起到作用，就在于其中的一方（通常是在某些方面掌握主动权的一方）仰仗着自己的优势，以某种条件要挟，强硬地指出了对方的利益关系所在。假如对方不答应己方的要求，他们就必须为此承担相应的损失。为了避免损失太大，被威胁的一方就会权衡利弊，一方面要看答应了对方会造成什么后果，另一方面要看如果不答应对方会造成什么后果，如果相对来说后者的损失更大，那么权衡利弊后，他们当然要选择答应对方了。

原一平在做保险推销员时就曾经巧妙地利用了威胁策略使一个难缠的客户顺利签单。原一平知道山本先生完全有能力购买家庭保险，而且他也很关心自己的家人。可是当原一平劝他投保时，他总是用各种借口来推脱，并且进行了一些琐碎且毫无意义的反驳。原一平意识到，如果不用点什么好对策的话，这次谈判大概不会成功了。

于是，原一平说："山本先生，实际上您对自己购买家庭保险的要求已经十分明确，而且您也有足够的能力支付相关的保险费用，更重要的是，您比任何人都关爱家人的安全和健康。不过，您仍然不能下定决心购买保险，这可能是我此前向您介绍的保险方式不太适合您。也许我不应该让您签订这种方式的保险合同，而应该签订一种'29 天保险合同'。"

山本先生立即被"29 天保险合同"吸引住了，他马上问道："'29 天保险合同'是一种什么保险方式？"

山本先生的疑问完全在原一平的意料之中，他向山本先生解释说："简单地说，'29 天保险合同'与过去我向您介绍的合同保险金额是相同的。不同的是'29 天保险合同'还具有一个重要特点，那就是购买这种保险的人只需要花费常规保险合同 50% 的保险费用。从这方面来说，它似乎更符合您的要求。"

山本先生的确对这个条件很感兴趣，原一平从他吃惊而喜悦的神色中可以看出来。山本先生又问："既然它可以拥有与常规的保险合同同样的保险金额和保险条件，为什么只要花费 50% 的保险费用就可以了？这个'29 天保险合同'应该还有一些特殊的要求吧？"

原一平知道这下才到了谈论问题实质的时候了，不过他仍然用不紧不慢的语调说道："你这一问题的答案正是这种保险最独到的特点。所谓的‘29 天保险’就是指您每月受到保险的日子是 29 天。比如这个月是 5 月份，有 31 天，您可以得到 29 天的保险，只有两天除外。这两天您可以随意选择。您大概会考虑周末两天吧？因为这种休息时间您通常可以自由支配。”

稍微停顿了一下，原一平继续说道：“不过，您打算如何支配您的休息时间呢？为了更有保障，您可能会选择待在家里。其实据有关统计数据表明，家庭是最容易发生危险的地方。”说着，原一平将一些统计资料交到山本先生手中。

刚才还出现在山本先生脸上的喜悦表情这时已经荡然无存了。原一平此时将声调提高了一点，他说：“山本先生，如果您现在马上让我从您家出去的话，我会认为那是情理之中的事情。因为我说了不应该说的事情，我提议的这种保险方式是对您和家人的不负责任，而您对家人的责任感却相当强烈。我在说明这种‘29 天保险’时说，您每月有一天或者两天没有保障，我担心您会想：如果我正是在这个时间里发生意外伤害怎么办？”

山本先生很诚恳地点了点头，表示认同原一平的说法。

原一平直视着山本先生说：“山本先生，请您放心。刚才我提出的这种‘29 天保险合同’只是我冒昧地说说而已，目前我们公司并不认可这种保险方式。所以，您不必为刚才的想法所担心。我相信，您早就意识到了常规保险的意义。有了这种保险，您一周 7 天之内的任何一天都有足够的安全保障，在一天 24 小时里的每一小时都不会被忽略。不管在什么地方，您都会享受到安全的保障，您的家人也会得到这样的保障，这一定正是您所希望的吧？”

此时的山本先生还有什么可说的呢？他高高兴兴地购买了费用最高的那种保险，因为他要保证自己和家人时刻都处于一种足够安全的保险体系当中。

没有人愿意被威胁，客户更是如此。这里所谓的“威胁”策略与恶意的恐吓没有任何关系，而是销售人员通过基于客户需求的认真分析，对客户进行的善意提醒。“威胁”策略应该与自身优势等正面说服方法相互结合，否则的话，就会引起对方的不安，从而造成谈判中出现不愉快的局面。

威胁策略的好处就在于，即使对方很不情愿，他也不得不权衡利弊，以重新做出有利于自己的选择，而这个选择，可能就是你对他的要求。

当然，对方也可能采取相应的威胁策略，从而使谈判陷入僵局。当然陷入僵局也没什么可怕的，但关键是你的威胁对他还有没有用。所以，谈判者一定要掌握好威胁的技巧，才能在谈判中应用自如。

因此，要想使威胁达到目的，主要得看威胁的内容。具体地说，它有赖于两个相互关联又各不相同的因素。

1. 实施威胁的可信度

实施威胁的可信度，就是说一定要让对方相信你对他的威胁并不是在吓唬他，而是说出来就要做到的，这样他才会真正害怕。只有害怕了，他才会乖乖地听你的话。如果你的威胁像是跟他开玩笑一样，没有人相信你会真的去做，那么这一威胁的效果也就被削弱到最小了。

2. 给对方造成的危害越大越有效

威胁给对方造成的危害程度一定要足够大，这才能逼迫对方屈服。在你向对方发出威胁后，对方一定会面临两个选择：答应你，或者不答应你。这时他就要比较两者可能对他造成的威胁：如果答应你，他会有什么损失？如果不答应你，他又会有什么损失？如果后者的危害程度大于前者，那么为了减少损失，他也就只有选择答应你了。

用好“客套”与“敦促”，避免落入俗套

【核心提示】

“客套”与“敦促”都是打动对方的妙方，但运用得不好，效果会适得其反。

【理论指导】

很多商业人士在洽谈生意的过程中，发现“客套”与“敦促”都是促成交易的好办法。但是，由于他们不是从公关角度去熟练常握、灵活运用，而是盲目尝试、到处滥用，有时效果会适得其反。不少人的习惯程序是：洽谈双方初见面时互相赞美和取悦，待到进入实质性谈判就收敛笑容，并咄咄逼人地讨价还价，一副“俗套”的样子。

海南一家公司与一个县的工厂签订购物合同，定于一个月内交货。可两星期后，该工厂见物价暴涨，就想撕毁合同，将货物高价转卖。于是，海南这家公司的营销人员马上前往谈判，力争对方履行合同。

该工厂早就准备舌战一场，然而，海南代表的一席话，使他们改变了想法。

海南这家公司的代表说：“这次和贵厂打交道，我们都感到你们做生意确实非常精明，特别是领导经营有术，更令人钦佩，值得我们学习。这次我公司向贵工厂订购的货物，是同另一家大公司合作经营的。若我们不能按期交货给那家公司，就可能闹出麻烦，也许到时要请贵工厂出面解释一番。我们的困难，想必你们是可以理解的。”

海南公司的代表说到这里，工厂代表脸上的表情已经发生了改变。看到这里，海南公司代表又推心置腹地说：“事实上，我们已经是多年打交道的老主顾了，此次虽出了些矛盾，但将来还要打交道。若贵工厂无意间让我公司蒙受损失，不仅中断了我们的生意交往，也会使想同贵厂做生意的新客户退而三思。再说，目前贵厂客户众多，业务兴旺，倘若他们知道贵厂单方面撕毁这项合同，就会觉得你们不守信用，不可信赖，难以合作。他们极可能减少或中断业务，那样，贵工厂就得不偿失了……”

海南公司代表动之以情，晓之以理的一番话，打动了厂方代表，他们咽下了原本准备好的托辞，而按照之前的合同履行。

这就启发我们：许多传统的经验和方法经过改单更新，与公关理论知识相结合，就会产生新奇的良好效果，各个企业的员工都应借此提升自己的说服能力。

这个实例中，海南公司代表的这些“客套”与“敦促”之话可谓是自然而不庸俗、巧妙而不诡辩，也正是这样的巧话，深深震动了对方，使其自愿恢复合作关系。所以，经过长久以来经验和方法的革新，“客套”与“敦促”俨然已经成为一种能产生新奇效果的说话方法。每一个人的成长过程中都需要交际，而说话便是交际中最为重要的手段，所以，在说话的时候一定要注意方法，切不可在不知不觉中得罪人。

从公关心理学角度分析，“客套”与“敦促”都是打动对方的妙方，但运用得不好，效果适得其反。人人都有自尊心，适当与对方客套可赚得好感；人人都有责任心，适当敦促对方可得到承诺，所以，交替使用这两种方法会带来预期效果。

抛出问题，摸清对方底细

【核心提示】

没有弄清对方的底细前，绝不能掏出你的心。

【理论指导】

谈判双方都知道“知己知彼，百战不殆”的真理。因此，在谈判的开始，双方总是千方百计地刺探对方的底细，从而调整自己的战线和策略，从而达到制敌先机的效果。

发问人通过问话，希望对方提供自己不了解的情况，例如：“这个卖多少钱？”“你们对这一点是怎么考虑的？”这类问话归结起来，有一典型的、常见的引导词，如“谁”“什么”“什么时候”“怎么”“哪个方面”“是不是”“会不会”“能不能”等等。提出这类问话时，如果不事先把问话的意图表明，很可能引起对方的焦虑与担心。比如，双方在洽谈商品交易中一项条款，如果买方在提出自己对价格的看法后，再询问卖方的意见，那么卖方心里就会踏实，他会根据对方所提供的信息，斟酌自己的回答，但如果对方并没有讲述自己的观点，径直问卖方要开什么价，那么，他很可能有些担心和焦虑，因为他不知道对方是怎么想的，会对他的开价做出什么反应。

在商业谈判中，对方的底价、时限、权限等内容均属机密，谁掌握了对方的这些底细，谁就会赢得谈判的主动权。因此，在谈判初期，双方都会围绕这些内容施展各自的探测技巧，抛出问题。

俗话说：抛砖引玉，就是主动抛出一些带有刺激的话题，从而摸清对方的底细。一般来说，谈判双方总是喜欢先主动抛出一些带有挑衅性的话题，刺激对方表态，然后，再根据对方的反应，判断其虚实，或者在谈判中向对方提出苛刻的条件，以探查对方的真实心理。

比如，A 买 B 卖，A 向 B 询问几种不同产品的价格情况。A 这样问既像是打听行情，又像是在谈交易条件；既像是个大买主，又不敢肯定。而对 A 的问题，B 一时搞不清楚对方的真实意思，心里很矛盾，如果据实回答，万一对方果真是来摸底的，那岂不被动？但是自己如果敷衍应付，有可能会错过一笔好的买卖，说不定对方还可能是位可以长期合作的伙伴呢。情急之下，B 想：我何不探探对方的虚实呢？于是，他急中生智地说：“我是货真价实，就怕你一味贪图便宜。”我们知道，商界中奉行“一分钱一分货”“便宜无好货”的准则。B 的回答，暗含着对 A 的挑衅意味。除此之外，这个回答的妙处还在于，只要 A 一接话，B 就会很容易得知 A 的实力状况。如果在乎货的质量，就不怕出高价，问答时的口气也就大；如果 A 在乎货源的紧俏，急于成交，口气就会显得较为迫切。在此基础上，B 就能很容易地确定自己的方案和策略了。

当然，除了这种常用的侦察试探的方法，还可以运用以下方式抛出问题，帮助你在谈判的过程中摸清对方的底细。

1. 迂回询问

迂回询问可使对方松懈，然后乘其不备，巧妙探得对方的底牌。在客场谈判中，东道主往往利用自己在主场的优势，运用这种技巧。东道主为了探得对方的时限，就极力表现出自己的热情好客。在客人感到十分惬意之时，东道主提出帮忙订购返程机票或车船票。这时客人往往会随口将自己的返程日期告诉东道主，在不知不觉中落入了圈套。至于东道主的时限，客人却一无所知，这样，在正式的谈判中受制于他人也就不足为怪了。

2. 聚焦深入

先就某方面的问题做“扫描性”的提问，在探知对方的隐情所在之后，再进行下一步，从而找到问题的症结所在。

3. 示错印证法

探测方有意通过犯一些错误，比如念错字、用错词语，或把价格报错等种种示错的方法，诱导对方表态，然后探测方就借题发挥，最后达到目的。

要了解对方的想法和意图，掌握更多的信息，倾听和发问都是必要的，这两者相辅相成。倾听也是为了发问，而发问则可以更好地倾听。需要提醒的是，在抛出问题询问对方的同时，我们也要注意把握发问的时机和态度。要心平气和地发问，对于对方一时不愿回答的问题不要强问，以免招致对方的敌对情绪，触发僵局或冲突。

他赚话头你赚钱

【核心提示】

真心实意地认错、道歉，就不必推说客观原因、作过多的辩解。

【理论指导】

某家政学校的最后一门课是《婚姻与经营和创意》，主讲老师是校方特地聘请的一位研究婚姻问题的教授。他走进教室，把随手携带的一叠图表挂在黑板上，然后，他掀开挂图，上面用毛笔写着一行字：婚姻的成功取决于一点：尽量不与对方发生争执，如果有争执时，让对方赢。

“就这么简单，至于其他的秘诀，我认为如果不是江湖偏方，也至少是些老生常谈。”教授说。

这时台下嗡嗡作响，因为下面有许多学生是已婚人士。不一会儿，终于有一位三十多岁的女子站了起来，说：“如果这一条没有做到呢？”

教授翻开挂图的第二张，说：“那就变成两条了。”

一、找个好人；

二、自己做一个好人。

“如果这两条也没做到呢？”台下有人又问。

教授翻开挂图的第三张，说：“那就变成 4 条了。”

一、容忍，帮助，帮助不好仍然容忍。

二、使容忍变成一种习惯。

三、在习惯中养成傻瓜的品性。

四、做傻瓜，并永远做下去。

教授还未把这 4 条念完，台下就喧哗起来，有的说不行，有的说这根本做不到。等大家静下来，教授说："如果这 4 条做不到，你又想有一个稳固的婚姻，那你就得做到以下 16 条。"

接着教授翻开第三张挂图。

一、不同时发脾气。

二、除非有紧急事件，否则不要大声吼叫。

……

教授念完，有些人笑了，有些人则叹起气来。教授听了一会儿，说："所以，大家还是做到最初的一条——尽量不与对方发生争执，如果有争执时，让对方赢。

婚姻经营与谈判也有相同这处，那就是尽量避免争执，如果双方发生争执，不妨让对方占上风，赚了话头又如何。事实上，谈判中有很多人总是不等对方说完就急于争辩，并激怒对方，从而引起双方的激烈争辩，不仅对谈判没有任何帮助，又伤了和气。

在许多综合性谈判中，议题往往有好几个，具体争论点可能会更多。善于谈判的人不是处处都"以牙还牙"，寸步不让，而是做到让少得多，让小得大。

谈判中时刻要有全盘的统筹计划，这才是聪明而又高明的谈判家。谈判中有些无关紧要的问题，最好不要争论。为了避免破坏谈判氛围，与对方发生不必要的争执，我们要立即道歉。当然道歉并非代表我们真的错了，意在让对方在话头上胜出。道歉的话如果说得好，你不仅能赢得期望的谈判效果，还可促进谈判的顺利进行。

巧用激将法，"请君入瓮"

【核心提示】

激将是以语言信息的反作用力作为刺激，激起对方按照说话人的意向说话或回答问题，从而使对方落入设好的陷阱。

【理论指导】

俗话说："请将不如激将。"这是用来引发别人在不愿表态或讲话时讲出话来的一种有效方法，借以打开对方的"话匣子"。其实，在外交、商务谈判中，也经常有人使用这种方法，以刺激对方做出有利于我方的反应。总之，只要激将得当，就可使你在做事时收到"请君入瓮"的效果。

某一著名的教育家，他对于不喜爱练小提琴的孩子尤其独具慧心。在教孩子们练琴时，经常碰到的难题就是儿童学琴意识低落，然而他却能使这些孩子们个个乐意接受他的指导。用逼迫的方式吗？不！因为这种办法只能收到一时之效，并不能持久，原来他所使用的特效药就是这么一句话：

"我想这件事你必定做不好，因为你的技能比人家差，所以你才不想练习。"

只要是从事教育工作，便经常能体会到这一类情形。尤其是小学生更是如此，他们很少有能够主动进取的，常以投机取巧的方式来达到他们偷懒的目的。对于这样的孩子，你若说："难道你是不喜欢它吗？"这会毫无效用的，而要对他们说："这样的事情对你来说是勉强了点，可能你没办法做得好。因为你的能力比别人差。"只要这一句话，大多孩子都会自发地行动起来。

人的心理有一种特性，往往愈受到压迫，反抗心也愈强。所以当你有某事需要他人代劳时，不要用"你不想做"，而要以"你是因为能力差，不会做"来激发他，因为前者并不能刺激对方的自尊，后者却击中了他的要害，而对方为了挽回自尊，也会勉强做。

有人说："过度的压力可以让天才变白痴，适当的激将却可让白痴变天才。"这句话充分说明了激将法的神奇力量。激将法的类别有多种，其中反语式激将最有效。它是一种用故意扭曲的反语信息和反激将的语气表达自己的意见，以激起对方发明表态，达到预期目的的方法。

在谈判中，如果对方提出了一个你根本无法回答的问题，直接反驳显得有失身份，不妨试一下激将法，也许你会收到意想不到的效果。

在一个晚会上，英国文学家肖伯纳独自坐在一旁想心事。一位美国富翁非常好奇，便走过来说："肖伯纳先生，我想出一块钱来打听你在想什么？"

显然，这位富翁不但干扰了肖伯纳先生的思绪，而且还浑身散发着一股铜臭味。他的话不仅俗不可耐，而且完全是对肖伯纳人格的侮辱。

面对富翁庸俗的做派，肖伯纳决定给给予反击。于是，他抬头看了一眼富翁，说："我想的东西不值一块钱。"

这下更引起了富翁的好奇，他急不可待地问道："那么你究竟在想什么东西呢？"

肖伯纳笑了笑，叹了口气说："我想的东西就是你呀！"

作为一种论辩技巧，"请君入瓮"的关键就在于巧设圈套和伺机点破，使对方"哑巴吃黄连——有苦说不出"，无言以对，俯首以输。

案例中肖伯纳的回答可谓典型的"请君入瓮"。富翁问他在想什么，如果他直接回答的话，必然兴味索然，达不到反击的目的。而他所说的"我想的东西不值一块钱"，自然就勾起了富翁的好奇心，使他不知不觉地上钩，非要对"不值一块钱"的"东西"问个水落石出不可。肖伯纳见"蛇"已"出洞"，便抓住玄机揭"谜底"，道出了"我想的东西就是你"。语言虽然简短，却巧妙地给了富翁当头一棒。

使用请君入瓮这一论辩技巧，必须注意以下三个问题：

1. "口袋"要设好

在揣摩对手心理状态的基础上，主动以进攻者的姿态发问，或假设其事，或虚言夸张，巧布疑阵，设好"口袋"，诱使对方上钩，为后面做好准备。

2. 引诱要巧妙

可以采用障眼法，巧布疑阵，不露痕迹，以免被对方识破而功亏一篑。当对方不轻易上钩时，便辅之以激将等法，尽快诱使对方进入你预先设好的"口袋"。这是诱敌入瓮的关键所在。

3. 反击要有力

一旦论敌已经进入"口袋"，就应不失时机地扎紧袋口，迅速出击，瓮中捉鳖，不给对方以回旋的余地。

软硬兼施，摧破坚冰

【核心提示】

软硬兼施的策略被谈判者普遍采用。凭软的方法，以柔克刚；又用硬的手段，以强取胜。

【理论指导】

在谈判中，一味地用和气、温柔的语调讲话，一个劲地谦虚、客气、退让，有时并不能让对方信赖、尊敬及让步，反而会使一些人认为你必须依附于他们，或认为你是个软弱的谈判对手，可以在你身上获得更多更大的利益。

但是，如果你一开始就以较强硬的态度出现，从面部表情到言谈举止，都表现出高傲、不可战胜、一步也不退让，那么留给对方的将是极不好的印象。这样，会使对方对你的谈判诚意持有异议，从而导致对方对你失去信赖和尊敬。

正确的做法应当是“软硬兼施”，强硬与温柔相结合，能使人的心态发生很大的变化：强硬会使对方看到你的决心和力量，温柔则可使对方看到你的诚意，从而增强信任和友谊。

1923 年，苏联国内食品短缺，苏联驻挪威全权贸易代表柯伦泰奉命与挪威商人洽谈购买鲱鱼。

当时，挪威商人非常了解苏联的情况，想借此机会大捞一把，他们提出了一个高得惊人的价格。柯伦泰竭力讨价还价，但双方的差距还是很大，谈判一时陷入了僵局。柯伦泰心急如焚，怎样才能打破僵局，以较低的价格成交呢？低三下四是没有用的，而态度强硬更会使谈判破裂，她冥思苦想终于想出了一个办法。

当柯伦泰再一次与挪威商人谈判时，她十分痛快地说：“目前我们国家非常需要这些食品，好吧，就按你们提出的价格成交。如果我们政府不批准这个价格，我就用自己的薪金来补偿。”挪威商人一时竟呆住了。

柯伦泰又说：“不过，我的薪金有限，这笔差额要分期支付，可能要一辈子。如果你们同意，就签约吧！”

挪威商人们被感动了，经过一番商议后，他们同意降低鲱鱼的价格，按柯伦泰的出价签订了协议。

在商务谈判中，软硬兼施的策略被谈判者普遍采用。凭软的方法，以柔克刚；又用硬的手段，以强取胜，上述事例中的苏联谈判代表用的就是这种方式。具体来说，在商务谈判中，当谈判一方处于被动或劣势的时候，可以先软后硬，硬了再软，或一波三折，软硬交叉，来促使谈判成功。

由这种策略引申出来的一种类似技巧是“红白脸”策略。这种策略的基本做法是，在谈判过程中，由小组的一个成员扮演强硬派，即“白脸”的角色，在谈判开始时果断地提出较高的要求，并坚定不移地捍卫这个目标，在谈判中态度坚决、寸步不让，几乎没有任何商量的余地。此时，由小组的另一个成员扮演温和派，即“红脸”，寻求解决问题的办法，然后在以不损害“白脸”的面子的前提下建议做出让步。

美国富翁霍华·休斯性情古怪，脾气暴躁。他有一次为了采购飞机的事情与飞机制造商的代表进行谈判。

休斯要求在条约上写明他所提出的总共 34 项要求，并要求制造商承诺不向其他竞争对手透露这些要求。但对方不同意，两方针锋相对，谈判中冲突激烈，对方甚至把休斯赶出了谈判会场。

后来，休斯意识到是坏脾气把这场谈判弄僵了，他想自己大概没有可能再和对方坐在同一个谈判桌上了，于是就派了他的私人代表奥马尔继续同对方谈判。他告诉奥马尔：“你只要争取到 34 项中的那 11 项没有退让余地的条款就行了。”奥马尔态度谦和、通情达理，使飞机制造商的代表感到格外轻松。经过了一番谈判之后，争取到了 30 项条款，其中包括休斯所说的那非要不可的 11 项。

休斯十分惊奇地问奥马尔是怎样取得如此辉煌的胜利的，奥马尔先是笑了笑，然后说：“其实很简单，每当我同对方谈话不一致时，我就问对方：‘你到底是希望同我解决这个问题，还是要留着这个问题等待休斯先生同你解决？’结果，对方每次都接受了我的条件。”

采取这种策略要求本方的谈判者必须配合默契，在重大问题的处理上事先要有共识和约定，这样才能进退自如。什么时候应该坚持强硬立场，什么时候应当持有合作态度；什么问题必须达到本方要求；什么问题可以满足对方，在“时机”与“火候”上都应把握好。初涉谈判或经验并不丰富的谈判者要谨慎地运用这种策略，否则可能会适得其反。

原则性与灵活性兼顾

【核心提示】

在商业谈判中，一下就谈成是很难的，这就要求谈判双方既要坚持原则又要有灵活性，并且要注意归纳双方的一致点，从而适时寻找到双方都能接受的适当方案。

【理论指导】

我国有一个大型水电站建设工程，要从美国霍利菲尔德机械制造公司引进成套发电机组设备，我方代表就此问题与美方展开商谈，由于该笔交易涉及金额达数千万美元，因而中美双方在商谈中都尽量促使对方做更大让步，以维护自己的利益。

美方：“我们的谈判已经进行一个星期了，尽管目前我们之间还有不小的分歧，但我们希望我们之间良好的合作能够促成这笔买卖尽快实现。你们知道，我们很欣赏你们为国家的利益尽职尽责的精神。”

中方："十分感谢霍利菲尔德公司在过去的谈判中给予的合作。其实，我方认为我们现在的分歧已经缩小了很多：设备的价格分歧从20%缩小到5%；卖方信贷的年利率分歧从7.5%降到6.5%；设备试验期限的分歧由6个月降到3个月。只要我们真诚合作，相信会达成协议的。霍利菲尔德公司应该知道，我们发电站的二期工程已进入招标阶段，届时必然还要购买设备。况且，中国电力产业是受重点扶持的产业，霍利菲尔德公司完全可以在与我们的长期合作中获取更多的利益，因而我们建议贵方能在价格上再削减2%。"

美方："这样吧，我们把价格下降1.5%，这是最低价了。"

中方："那好，我方接受。"

在这次成功的商业洽谈中，双方都把人和事分开，原则性与灵活性兼顾，在坚持了己方立场的同时又尊重对方的立场，力求寻找彼此都能接受的方案。

谈判是一种互动行为，有进就有退。这就要求谈判双方既要坚持原则又要有灵活性，并且要注意归纳双方的一致点，从而适时寻找到双方都能接受的适当方案。那么，谈判中的原则与尺度如何把握好呢？

1. 不要过早让步

让步太早，会助长对方的气焰。待对方等得将要失去信心时，你再考虑让步。在这个时候做出哪怕一点点的让步，都会刺激对方对谈判的期望值。

2. 不妨在次要问题上让步

你率先在次要议题上做出让步，促使对方在主要议题上做出让步。

3. 在没有损失或损失很小的情况下，可考虑让步

但每次让步，都要有所收获，且收获要远远大于让步。

4. 让步时要头脑清醒

知道哪些可让，哪些绝对不能让，不要因让步而乱了阵脚。每次让步都有可能损失，掌握让步艺术，减少你的损失。

5. 每次以小幅度让步，获利较多

如果让步的幅度一下子很大，并不见得会使对方完全满意。相反，他见你一下子做出那么大的让步，也许会提出更多的要求。若你是卖者，做出的让步幅度太大，也许会引起买者对你的产品价格的怀疑；若你在做出一连串小的让步后，再问对方："现在，你打算怎么办？"买者也许会因你数次让步，在协议书上签字。

6. 承诺性让步最划算

如果你代表公司与经销商谈判时，上司要求你不能在价格上做出任何让步，而且还要你尽可能做到使客户满意时，你就要虚心听取对方的意见和要求，对客户表现出你的真诚及友好，让客户接受你，并让客户意识到你是可靠的，然后向客户介绍你所服务的公司及你所推销的产品质量和服务品质，请公司负责人出面向客户做出承诺。

7. 正确预估让步在对方眼里有无价值

别人并不看重的东西，没必要送给他。若谈判刚开始你就做出许多微小的让步的话，对方也许不仅不会领情，反而加强对你的攻势，因为他知道你做出这些小的让步有企图，而且他们并不看重这些让步。当对方要你做出真正的让步时，你先前所作的让步也许早已被人遗忘了。此时你再做出让步，可就吃大亏了。如果你先前并没有做出任何让步，当对方要求你做出让步时，即使这种让步是一小步，只要你做出了，对方也许会领情，因为此时他们还需要你继续让步。

总之，谈判中的任何一次让步都要获得一定的价值，不论这项让步对于你多么微小，只要对方需要，你就要利用它达到你的理想目标。

营造良好的谈判氛围

【核心提示】

轻松、友好的气氛对谈判将有很大帮助，它使谈判者轻松上阵，信心百倍，高兴而来，满意而归。

【理论指导】

谈判气氛是谈判对手之间的相互态度，它能够影响谈判人员的心理、情绪和感觉，从而引起相应的反应。倘若你经历过谈判，你一定对谈判的气氛记忆犹新吧？那或许是冷淡的、对立的；或许是松弛的、旷日持久的；或许是积极的、友好的；也有严肃的、平静的；甚至还有大吵大闹的……

谈判气氛有时是自然形成的，而多数情况下是人为营造的。不同的谈判气氛对谈判者来说都能感觉到。能运用谈判气氛影响谈判过程的谈判者，自是精明之人，他们知道，谈判气氛对谈判的成败影响很大。

因此，在谈判开始阶段，你首先要做好一项非常重要的工作，那就是营造洽谈的气氛，它对谈判成败有非常重要的关系。

卡普尔任美国电报电话公司负责人时，在一次董事会上，众位董事对他的领导方式提出质疑，会议充满了紧张的气氛。人们似乎都已无法控制自己的情绪了。

一位女董事发难："公司去年的福利你支出了多少？"

"九百万。"

"噢，你疯了，我真受不了！我要发昏了！"

听到如此尖刻的发难，卡普尔轻松地用了一句："我看那样倒好！"

会场意外地爆发了一阵难得的笑声，连那位女董事也忍俊不禁，紧张的气氛随之缓和下来了。

在商务谈判中，特别是在开谈之前如能巧妙运用，它会是使你获得成功的一种重要策略手段。谈判开始之时，虽然双方人员外表彬彬有礼，但往往内心忐忑不安。因此，不能一碰面就急急忙忙地进入实质性谈话，要善于营造一种良好的谈判氛围，一定要用足够的时间使双方协调一致。

因此，谈判开始的话题最好是松弛的、非业务性的。这样，可以避免双方的尴尬状态，稳定自己的情绪，使谈判气氛变得轻松、活泼，为谈判成功奠定一个良好的基础。我们要善于运用环顾左右、迂回入题的策略，你应该这样做：

1. 可以从题外话入题

你可以谈关于气候的话题。如"今天的天气真冷。""今年的气候很怪，都十一二月了，天气还这么暖和。""还是生活在南方好啊，一年到头，温度都这么适宜。"可以谈有关旅游的话题。如"广西桂林真是山水甲天下，各位去过没有？""我国的兵马俑堪称世界一绝，没有去看那真是一大遗憾。”“各位这次经过泰山，有没有去玩玩，印象如何？”等等。

题外话内容丰富，可以说是信手拈来，不花力气。你可以根据谈判时间和地点，以及双方谈判人员的具体情况，脱口而出，亲切自然，不必刻意修饰，否则会给人一种不自然的感觉。

2. 从自谦入题

如对方为客，来到己方所在地谈判，应该谦虚地表示各方面照顾不周，没有尽好地主之谊，请谅解等等。也可以由主人介绍一下自己的经历，说明自己缺乏谈判经验，希望各位多多指教，希望通过这次谈判建立友谊，等等。

3. 从介绍己方谈判人员入题

可以在谈判前，简要介绍一下己方人员的经历、学历、年龄和成果等，由此打开话题；既可以缓解紧张情绪，又不露锋芒地显示己方强大的阵容，使对方不敢轻举妄动，等于暗中给对方施加心理压力。

4. 从介绍己方的基本情况入题

谈判开始前，先简略介绍一下己方的生产、经营和财务等基本情况，提供给对方一些必要的资料，以显示己方雄厚的实力和良好的信誉，坚定对方与你合作的信心。

沉默有时是最好的武器

【核心提示】

在谈判中，有时多说话反而无益，适当地保持沉默，可以引起对方的好奇心和信赖感。

【理论指导】

在人们的印象中，谈判就好像唇枪舌战，甚至有人认为，在谈判中说得好、说得多才是王者。尽管有些谈判者口若悬河、妙语连珠，总能在谈判的过程中以绝对优势压倒对方。但谈判结束后却发现交易结果令人失望，与谈判过程中气势如虹的表现并不匹配，而说话最少的一方反而取得了更多的收益。因此，有时在谈判中，多说话反而无益，适当地保持沉默，可以引起对方的好奇心和信赖感。

代表以色列航空公司的三个商人来和美国一家公司谈判。会议从早上8点开始，进行了两个半小时。美国代表以大量的资料淹没了以色列代表。他们用图表解说，电脑计算，屏幕显示，以各种数据资料来回答对方提出的报价。而在整个过程中，以色列代表一句话也没说，只是静静地坐在一旁。

终于，美国代表关掉了机器，开了灯，充满信心地问以色列代表：“你们觉得怎么样？”其中一位以色列代表面带微笑地说：“我们看不懂？”美国代表的脸色霎时变得惨白：“你说看不懂是什么意思？有哪些地方看不懂？”另一位以色列代表也面带微笑地说：“都不懂。”美国代表对此非常惊恐："从哪里开始不懂。"第三位以色列代表以同样的方式慢慢答道："当你将会议室的灯关了之后。"美国代表顿感头脑发胀，他斜倚在墙旁，喘着气问："那你们希望怎样做？"以色列代表同时回答："请您再重复一遍。"美国代表的头好像要炸开了，谁有精力再将秩序混乱，而又长达两个半小时的介绍重新来过？美国公司终于不惜代价只求达成协议。

那三个商人也许真的不懂，但这种可能性极小，"我们不懂"的真正含义大概是，你的计算方法我们是不同意的。在谈判中，沉默不语也是一种反攻对方的武器，如果你对对方所说的东西感到厌烦，或者对方提出了一个不合理的要求，这时，你最好沉默不语。

一本智慧书中说："在某些时候，沉默比什么话术都有效。沉默就是力量，滔滔不绝、口若悬河并不是谈判的全部，以变应变，立足现实，以异乎寻常的方法反其道而行，往往会成为商场上的最大赢家。"

上面这个例子充分说明适时的沉默亦能获得成功。中国有句古话："不言之言。"还有句俗话："雄辩是银，沉默是金。"这都说明保持沉默也能达到说服的效果。

我们有时会看到这样的现象：一位谈判者在和别人谈话，当有人感到乏味时，会默默不语，然后将桌上的报纸拿在手上，随便翻阅起来，这其实是想让对方明白，报纸虽然无味，但总比你的话有意思。这种做法，显然是让对方终止谈话。

因此，商业谈判中，说什么，怎么说，一定要顾及说话的环境，如果环境不相宜，时机未到，那么保持沉默便是最好的办法。

学会换位思考

【核心提示】

只有从对方的角度出发，抓住对方的利益点，我们才能牢牢地把握主动权，或者投其所好，或者打其软肋，进可以攻，退可以守，从而应对自如，稳操胜券。

【理论指导】

在商业谈判的过程中，当有矛盾发生时，试着先将自己的想法放下，设身处地地站在对方的立场，仔细地为别人想一想，你将会发现，许多事情的沟通并非想象的那样难。没有人会拒绝善意的提醒，对方一旦按照你的思路考虑问题，便能促成谈判。

有一家精密机械工厂生产某项新产品，将其部分部件委托某个小工厂制造，当该小工厂将零件的半成品呈现给总厂时，没想到，总厂负责人说该小工厂生产出的产品完全不符合要求。可由于总厂急需这项产品，形势迫在眉捷，总厂负责人只得让那个小工厂尽快重新制造，但小工厂负责人认为他是完全按总厂的规格制造的，不想再重新制造，双方僵持了许久。

总厂厂长见了这种局面，在问明原委后，便对小工厂负责人说："我想这件事完全是由于公司方面设计不周所致，而且还令你吃了亏，实在抱歉。今天幸好是由于你们帮忙，才让我们发现竟然有这样的缺点。只是事到如今，事情总是要完成的，你们不妨将它制造得更完美一点，这样对你我双方都是有好处的。”

那位小工厂负责人听完，欣然应允。之所以被说服，就在于说服方站在被说服方的立场上去考虑，这样很容易使对方接受。

换位思考是人对人的一种心理体验过程，它客观上要求我们将自己的内心世界，如情感体验，思维方式等与对方联系起来，站在对方的角度上体验和思考问题，从而与对方在情感上得到沟通，为增进理解奠定基础。

在日常生活中，人们常常遇到这样一种情况：你在与别人争论某个问题，分明自己的观点是正确的，但就是不能说服对方，有时还会被对方“驳”得哑口无言。这是什么原因呢？心理学家认为，要争取别人赞同自己的观点，光是观点正确还不够，还要学会换位思考。谈判中，只有考虑对方的利益才能达成交易。否则，哪怕你说得再多，也徒劳无功。

汽车大王福特说过一句话：假如有什么成功秘诀的话，就是设身处地替别人想想，了解别人的态度和观点。只有从对方的角度出发，抓住对方的利益点，我们才能牢牢地把握主动权，或者投其所好，或者打其软肋，进可以攻，退可以守，从而应对自如，稳操胜券。

丘吉尔说：“我们没有永恒的朋友，也没有永恒的敌人，只有永恒的利益。”利益，永远是调动一切的积极因素。对于这一点，世界著名的富翁摩根领悟得非常透彻，他清楚如何利用利益来挣钱。

在摩根一生中，曾经有过很多合作伙伴。在各行各业，争着想与他合伙做生意的人大有人在。可就在这样有利的情况下，摩根还是给每一个合作伙伴非常优厚的条件。在通常情况下，摩根和合作伙伴的利润分成都是四六分成，摩根四成，别人六成。

有位朋友向他建议：“既然有这么多人愿意和你合作，你拿六成也不过分！最少也要五五分成呀！”摩根笑着答道：“我拿六成，没有多少人会和我合作；但我拿四成，几乎所有的人都抢着与我合作。单个看，我似乎吃了亏。但是，总体上看，我获得了多少个四成啊！”

因此，说服别人时，站在他人的立场上分析问题，会给他人一种为他着想的感觉，这种投其所好的技巧常常具有极强的说服力。所以，不管面对的是竞争对手，还是合作伙伴，我们都应该多站在对方的角度去考虑问题，多想想他们在想些什么、想得到什么、不想失去什么，然后制定自己的策略。只有这样，我们才能把握主动、因势利导，打开一扇扇通往成功的大门。

及时退让不如坚持到底

【核心提示】

谈判中如果你不慎说了一些错话，或做了某件错事，一定不要马上轻易地改口认错，要给人一个你仍然很正确的感觉。如果你轻易地认错、改口，就会使对方掌握主动权，从而给己方谈判造成损失。

【理论指导】

很多时候，我们在与人谈判时，如果自己说错话或者报错了价，都会习惯性地去纠正或者退让，以期能挽回一些什么。但是，很多时候，我们正是因这样的退让而吃了更大的亏。

某大学准备开运动会，体育爱好者宁伟准备买一套运动服。他来到一个摊位前，同卖主进行了一番讨价还价，最后，卖主提出的最低价格是 68 元。宁伟没有接受他的要价，交易告吹。

接着，宁伟又到其他摊点去寻找他要买的运动服。但由于其他摊点的运动服要么式样不合他的心意，要么开价太高，宁伟又返回原来那个卖主那里，决定拿下那套 68 元的运动服。

但是，当宁伟提出接受按 68 元的价格成交时，卖主却十分自信地说："现在要卖 72 元，68 元太优惠你了。"

宁伟又和这位卖主进行了一番讨价还价以后，最后勉强以 70 元的价格成交。

宁伟之所以在这次讨价还价中再次退让、妥协，是因为他吃了"回头草"。在讨价还价失败、交易告吹后，又回头请求对方卖货，从而让对方把握住了他的心理状态。

一般来说，如果双方在谈判中未能达成协议，并且也没有创造再次讨价还价的条件，或者交易完全破裂后，买方不能回头同卖方再次进行讨价还价。

买方如果要吃"回头草"，同卖方再次讨价还价，就十分被动了。这就说明买方看中了卖方的商品，而且除此之外没有更好的选择。总之，想成交的是买方而不是卖方，这就无意中抬举了卖方。买方会因此由强变弱，只能进行"强求"和"恋战"了。这就会在无形中让卖方居于更有利的地位。这时，卖方很可能要抓住机会，狠狠敲买方一记竹杠——或者抬高价格，或者提出苛刻的条件。

在谈判中也是同样的道理，谈判的目的就是要使自己获得利益，双方的利益又不可能一致，那么，首先就是在双方的利益分歧点上展开交锋。在交锋阶段，为了达到自己的目的，一定要不断向前，决不可后退，而且一定要坚持自己的既定原则和立场。

如果你不慎说了一些错话，或做了某件错事，一定不要马上轻易地改口认错，要给人一个你仍然很正确的感觉。如果你轻易地认错、改口，就会使对方掌握主动权，从而给己方谈判造成损失。

谈判中，明明讲错了，或讲出不妥的话，却坚持不改口，这种方法虽然有点近于不讲理，但在谈判中却相当有效。轻易地改口，往往会招来许多麻烦，所以有时不如来个"坚持到底"。要想坚持"自己有理"的态度，就不可失去冷静和理智。尤其是千万不要向对方说出诸如"到底怎么办"之类的话，这会让人觉得你已经失去自己的主见和判断力了。

当然，这也不是说任何情况下都不改口，具体情况具体分析。总之，在谈判中，要尽量避免对方利用你的改口，抓住你的小辫子不放，而将你置于不利的境地。

用幽默缓解紧张形势

【核心提示】

幽默是商务谈判气氛的润滑剂和特定情况下一招致胜的“杀手锏”。在谈判中采用幽默姿态，可以缓和紧张形势，制造友好和谐的气氛，从而缩短双方的距离，淡化对立情绪。

【理论指导】

不同的谈判气氛，对于谈判有不同的影响。热烈的、积极的、合作的气氛会把谈判朝达成一致协议的合作方向推动，而冷淡的、对立的、紧张的气氛则会把谈判推向更为严峻的境地，很难真正解决问题。这种情况下，你可以运用幽默的方法来缓解紧张的气氛。

幽默能减少人们之间的紧张对立。因为代表各自利益，恐怕很难轻易地让步、谈判其间必有一番唇枪舌剑的苦斗，有时甚至到了剑拔弩张的地步，如果某一方代表说句幽默的话，或讲个小笑话，大家一笑，紧张的气氛就可能化解，双方可以继续谈下去，直至取得成功。

幽默对于谈判具有十分重要的作用。很多时候谈判气氛形成后，并不是一成不变的。本来轻松和谐的气氛可能因双方在实质性问题上的争执而突然变得紧张，甚至剑拔弩张，一步就跨到谈判破裂的边缘。这时双方面临的最急迫问题并不是继续争个“鱼死网破”，而是应尽快使谈判气氛缓和下来。在这种情况下，诙谐幽默无疑是派上用场的最好武器。

幽默在现代商务谈判中发挥着越来越重要的作用，被作为气氛的润滑剂和特定情况下一招致胜的“杀手锏”。幽默是人情感的自然流露，可以直接让对方卸下原有的防备，它甚至可以像润滑油一样，缓和原本僵持对立的气氛。

1959 年，美国副总统尼克松访问苏联。在此之前，美国国会通过了一项控制与苏联经济往来国家的决议。赫鲁晓夫在与尼克松的会谈中激烈地抨击了这个决议，并且怒容满面地嚷道：“这项决议很臭，臭得像马刚拉的屎，没什么东西比这玩意儿更臭了！”作为国家元首，这样的场合，这样的讲话有失体面。

尼克松曾认真地看过赫鲁晓夫的背景材料，得知他年幼时曾当过猪倌，于是盯着赫鲁晓夫，说：“恐怕主席说错了。还有一样东西比马屎更臭，那就是猪粪。”

赫鲁晓夫听了这话，不禁哈哈大笑。

谈判桌上，赫鲁晓夫无所顾忌，出言不逊，好在尼克松幽默诙谐、暗藏讥讽。在谈判中采用幽默姿态，可以缓和紧张形势，制造友好和谐的气氛，从而缩短双方的距离，淡化对立情绪。

适度的幽默对缓解谈判气氛有两大好处：让大家精神放松，进一步密切双边关系，这样就可以营造一个友好、轻松、诚挚、认真的合作氛围。对谈判双方来说，这些都是具有实质性意义的。

一般人认为，谈判是很正式与严肃的。其实谈判中运用幽默技巧，可以缓和紧张形势，形成友好和谐的气氛，也就缩短了双方的心理距离，钝化了对立感。因此，幽默能使你在谈判中左右逢源，常常在“山重水复疑无路”时变得“柳暗花明又一村”。

重视合作性谈判的细节

【核心提示】

追求双赢的合作型的谈判应该成为我们谈判中的主要形式。它体现了人与人之间关系的和谐与融洽。

【理论指导】

睿智的谈判高手很善于在一些细枝末节上下功夫，他们在谈判过程中思维非常活跃，谈论的话题也非常广泛，有时还很风趣幽默，当对手稍一分心，注意力不够集中时，他们便会立刻单刀直入，直奔主题，让对手措手不及。

谈判时，我们要重视细节方面的问题。因为小事情更能体现出大智慧，从小事着眼，更能看出对方的态度、人格、品行……与人打交道，或许是一个不经意间的小动作，一句话就暴露了你的一切。

犹太人正式谈判时，穿着十分讲究。衣服要干净合适，符合礼仪。尽量避免穿奇装异服，给对方造成花里胡哨，不够稳重的感觉。他们认为鞋子也应注意保持光亮。袜子也不可忽视，有人穿着松松垮垮的袜子，都落到脚跟上了，实在是不雅观。

除此之外，谈判的时间、地点、出席人员等等细节问题也不可忽视。细小的地方，有时候也会影响谈判的结果。

除了这些礼节性的问题，在谈判过程中，言谈举止一定要文明有修养，说话要机智幽默，粗话脏话千万不可出口。剔牙、抓痒、上厕所等事都要格外小心。千万不要有什么笑柄留给对方。这些都是礼节问题，做不好只能说明你的谈判能力有限，只能说明你不是一个真正合格的谈判者。

犹太商人告诉我们，作为一个谈判者，在谈判时要注意各个细节，只有这样，才能在谈判过程中不出一些不必要的差错，从而使谈判更顺利地进行。商业谈判中，最易引起关注的往往是价钱因素，而其他一些因素，诸如服务、产地、质量、包装之类，却往往容易被忽略，或顾此失彼。其实，这些也构成了商品的需求因素。

为此，在谈判中，不宜把自己的目的规定得过于单一。因为若把焦点只定在一个点上（如价钱），就会出现你死我活、无法协调的情况。有时，最后谈成的结果虽然没有达到预定要求，但可能在意义上，为以后的谈判和扩大合作打下了基础。

既然谈判是由多种因素组成的，因此，达不到某种需要时，可以在其他方面得到满足，这样可以协调双方的需要使大家都得到满足。因此，商业谈判时，为了达成双赢的结果，应注意以下几点：

1. 适当坦白己方状况

谈判开始时，应适当说明己方状况，要果断地说："我需要你帮助我解决这个难题，因为目前我没有更好的法子。"这种话充满合作性，表现出一种强烈的热忱，不会使对方对立起来。

2. 给予对方希望

既然是谈判，就是有意合作，所以既要与对方保持适当的距离也要给予其希望，这就需要特别注意对方待人的特点，即使对方有些令人讨厌之处，你在接近他时若能表现出积极的期待，往往就会使对方解除武装。

3. 尽量从对方的观点看问题

尽量从对方的观点看问题，特别注意凝神静听。对方说话时，别让自己做出相反的结论。在答复对方时，避免用绝对的语气。试着在回答前先说："我所想的可能就是我听你曾经说的……"这种委婉的语气，会使你的行为高尚，将摩擦减到最小限度。

4. 多准备几种方案

对于某些暂时无法缓和的矛盾，在互相信任的前提下，多提几种方案，直至双方的需要都得到某种程度的满足。

在遇到冲突的时候，最重要的是首先要了解双方冲突的关键点是什么，如果能找出这个关键点，才有可能打破僵局。

5. 禁止当面斥责对方

任何情况下都不要当众人的面去斥责对方，即使你是正确的，你都必须尽量避免。这既是为了对方，也是为了你自己。

6. 要原则也要灵活

当一些问题无法立即解决时，应权衡利弊，适当地做出某些妥协；而当事态有所发展时，则应重新提出原则性的意见。这是一种前进的策略。

一句话，追求双赢的合作型的谈判应该成为我们谈判中的主要形式。它体现了人与人之间关系的和谐与融洽，也使谈判的结果扎根于深厚的基础中。

有的放矢，谈判必须有明确的目标

【核心提示】

目标是谈判的前提，只有在明确、具体、可行的目标指引下，谈判才能有目的、高效地进行。

【理论指导】

有的放矢是谈判语言表达针对性原则的实际应用。然而，面对着不同的谈判对象，谈判者要真正娴熟、有效地运用却并非易事。要知道，纸上谈兵终不如人们在谈判实践中的体会来得真切与深刻。谈判语言表达的方法与技巧更需要人们在谈判实践的过程中进一步去总结、思考、提高。

我们以话剧《陈毅市长》中陈毅与原国民党的上海代理市长、化学家齐仰之的一场成功对话来进行分析。

剧中的齐仰之，因被国民党搞得心灰意冷，闭门谢客，并规定了“闲谈不得超过三分钟”的禁令。身为新中国成立后上海的新任市长的陈毅为动员这位试图与世隔绝的老化学家参加新中国的建设，下了很大的决心并费了不少周折才敲开齐仰之的家门。下面是他们的对话：

陈毅：“齐仰之先生虽是海内闻名的化学家，可是对有一门化学，齐先生也许一窍不通！”

对于潜心研究化学的齐仰之来说，他所关心的莫过于化学了，现在听说还有一门化学自己一窍不通，便要问个明白，他自己先解除了三分钟禁令。

齐仰之：“今日可以破此一例，请陈市长尽情尽意言之。”

当陈毅向他说明了中国共产党的“化学”之后，齐仰之：“这种化学，与我何干，不知亦不为耻！”

陈毅：“先生之言差矣！孟子说：‘大而化谓之圣。’社会若不起革命变化，实验室里也无法进行化学变化。齐先生自己也说嘛，致力于化学 40 余年，而建树不多，啥子道理哟？齐先生从海外学成归国，雄心勃勃，一心想振兴中国的医药工业，可是国民党政府腐败无能，毫不重视。齐先生奔走呼吁，尽遭冷遇，以致心灰意冷，躲进书斋，闭门研究学问以自娱，从此不再过问世事。齐先生之所以英雄无用武之地，岂不是当时腐败的社会造成的吗？”

齐仰之：“是啊，归国之后，看到偌大的一个中国，举目皆是外商所开设的药厂、药店，所有药品几乎全靠进口……这真叫我痛心疾首。我也曾找宋子文谈过兴办中国医药工业之事，可他竟说外国药用也用不完，再搞中国药岂不多此一举？我几乎气昏了……”

陈毅：“可如今不一样了！……如今建国伊始，百废待举，这不正是齐先生实现多年梦想，大有作为之时吗？”

齐仰之：“你们真的要办药厂？”

陈毅：“人民非常需要！”

齐仰之：“希望我也……”

陈毅：“否则我怎么会深夜来访？”

此时齐仰之才如梦初醒，承认自己一是“对共产党的革命化学毫无所知”，二是“自己身上还有不少酸性”。

陈毅：“我的身上倒有不少碱性，你我碰到一起，不就中和了？”

齐仰之：“妙，妙！陈市长真不愧是共产党人的化学家，没想到你的光临使我这个多年不问政治、不问世事的老朽也起了化学变化！”

陈毅：“我哪里是什么化学家呀！我只是一个剂，是个催化剂！”

大家熟知，陈毅是行伍出身，又是中国共产党的高级干部，一向以坦率耿直的风格著称。为实现说服齐仰之的“谈判目的”，就要克服重重障碍，包括转变自身传统语言表达风格。对此，陈毅确实需要下很大的决心。

这场谈判的成功，主要因为两点：一是在于陈毅针对齐仰之的职业特点，以“化学”话题作为突破口，使齐先生自动地取消了自己设置的“禁令”。二是陈毅针对齐先生作为传统文人一生中一再碰壁的身份和经历，在谈论用词上都极富针对性。例如陈毅使用了“差矣”“才疏学浅”“孟子说”，以及“碱性”“中和”“催化剂”等化学名词。

陈毅这种有的放矢的语言表达技巧，终于使原本拒不见客、心灰意冷的老化学家重新燃起已冷却多年的事业心，投身到新中国建设事业的行列中来。陈毅的“谈判目的”通过运用有的放矢的语言技巧，最终获得了顺利实现。

谈判就像其他许多活动一样，“如果你不知道自己将要去哪里，你会很容易在别的地方停留下来”。目标是谈判的前提，只有在明确、具体、可行的目标指引下，谈判才能有目的、高效地进行。

因此，准备阶段确定的目标是整个谈判成败的关键所在。

1. 分清主次目标

在开展商务谈判活动之前，谈判者一定要把目标写下来，并根据优先等级来做相应的排序。目标要分清轻重缓急，哪个是最重要的目标，哪个是次要目标，把最终目标、现实目标和最低限度目标一一排列。

2. 制定最低限度目标

谈判时，是否应该留有余地，在准备时要制定一个最低限度目标。通常人们都希望自己的所有目标全部能在谈判过程当中得到实现，但事实往往不会如人们希望的那样完美，人们遇到的大多数情况是，如果你想实现这个目标，那么就必须放弃另外一个目标，二者不能兼得，至于如何平衡并解决这些目标之间的冲突，那就要看谈判者对主次目标的理解和掌握了。

事实证明，谈判者越能分清主次目标、掌握越充分的多重目标之间出现冲突时的解决办法，他在谈判过程中获得的最终利益就会越大。

相反，如果谈判者对某一商务谈判的主次目标划分不清，并且对多重目标之间可能出现的冲突也没有充分准备，那只能在谈判中处于被动地位，而自身的利益最终也很难实现。

打破谈判僵局的技巧

【核心提示】

僵局使谈判双方陷入一筹莫展的境地。它影响谈判效率，挫伤谈判人员的自尊心。谈判者必须灵活以对，找出突破点。

【理论指导】

尽管满足双方的某些需要是谈判的前提，但无论哪一方总是希望谈判最后的结果对自己更有利。因此有时会各执一词，相持不下。僵局使谈判双方陷入一筹莫展的境地。它影响谈判效率，挫伤谈判人员的自尊心。

因此，应尽力避免在谈判中出现僵局。在僵局已经形成的情况下，谈判者必须灵活以对，找出突破点。打破僵局的方式有许多种，一般应采取以下对策来缓和双方的对立情绪，使谈判出现新的转机。

1. 鼓励对方继续前进，不要放弃

当遇到谈判僵局时，我们可以这样应付："只剩下一小部分，放弃了多可惜！"许多大型谈判的内容通常牵连甚广，不只是单纯的一项或两项。在有些大型的谈判中，议题数量可能多达近百。当谈判内容包含多项主题时，可能有某些项目已谈出结果，某些项目却始终无法达成协议。这时候，你可以这么"鼓励"对方："看，许多问题都已解决，现在就剩这些了，如果不一并解决的话，那不就太可惜了吗？让我们再做最后一次努力吧？"这就是一种用来打破谈判僵局的说法，这些话虽看来稀松平常，却能发挥莫大的效用，所以值得作为谈判的利器来广泛使用。

2. 转移话题，缓解气氛

转移话题，谈些对方感兴趣的话题，缓解气氛。例如，谈些体育赛事、社会新闻、经济评论、历史人物等。谈判前要收集对手的一些信息，这是成败的关键。同时永远不要忘记赞扬对方或者和对方相关的人或物，例如他的孩子、妻子、所穿的衣服、一些有品位的用品、好的习惯等。所有的谈判者都应该记住一条心理学定律：

当对方心理获得满足时，会以一种回报你的心态来满足你所提出的要求。

转移的话题必须视具体情况和对象因地制宜，就近转移，不能不着边际，随心所欲，风马牛不相及。转移的话题主旨也不能变，虽然不涉及正题，但必须与正题有关，不管绕多少圈子，牛鼻子始终不能放，做到"形散神不散"。

转移后的话题展开要循序渐进、环环相扣、符合逻辑、自然而然地向正题靠拢，在不知不觉中使彼此相左的意见逐渐达成交集。话题转移要获得理想的效果，语言的表达也必须做到情理交融、刚柔并济。

3. 改变谈判环境

谈判室是正式的工作场所，容易形成一种严肃而又紧张的气氛。当双方就某一问题发生争执，各持己见，互不相让，甚至话不投机、横眉冷对时，这种环境更容易使人产生一种压抑、沉闷的感觉。

在这种情况下，一方可以建议暂时停止会谈或双方人员去游览，观光，出席宴会，观看文艺节目，也可以到游艺室、俱乐部等处玩乐、休息。这样，在轻松愉快的环境中，大家的心情自然也就放松了。更主要的是，通过游玩、休息、私下接触，双方可以进一步熟悉、了解，消除彼此间的隔阂，也可以不拘形式地就僵持的问题继续交换意见，寓严肃的讨论和谈判于轻松活泼、融洽愉快的气氛之中。这时，彼此间心情愉快，人也变得慷慨大方。谈判桌上争论了几个小时无法解决的问题，在这时也许会迎刃而解了。

4. 运用休会策略，暂时离开

谈判出现僵局，双方情绪都比较激动、紧张，会谈一时也难以继续进行。这时，提出休会是一个较好的缓和办法，东道主可征得客人的同意，宣布休会。双方可借休会时机冷静下来，仔细考虑争议的问题，也可以召集各自谈判小组成员，集思广议，商量具体的解决办法。

休会策略适用当谈判陷入僵局或无法继续下去的时候使用的一种策略。这个策略的价值在于：避开正式的谈判场所，把谈判转到轻松的环境中。

5. 利用调节人

当出现了比较严重的僵持局面时，彼此间的感情可能都受到了伤害。因此，即使一方提出缓和建议，另一方在感情上也难以接受。在这种情况下，最好寻找一个双方都能够接受的中间人作为调节人。

调节人可以是公司内的人，也可以是公司外的人。最好的调节人选是和谈判双方都没有直接关系的第三者。一般要具有丰富的社会经验、较高的社会地位、渊博的学识和公正的品格。总之，调节人的威望越高，越能获得双方的信任，越能缓和双方的矛盾，达成谅解。

6. 寻找利益相关点

举例来说，如果你向老板要求每周休两日，老板却坚持双周休，从彼此表面的要求来看，一方要周休两日，一方不要，这怎么可能达到双赢？看来一点机会都没有，然而我们换个做法，想想双方心里真正的需求：我们要周休两日，是希望能提高生活品质，而老板不愿多放假，希望公司利润不变。再想一想，其实双方的利益绝对是可以并存的，那么解决该问题就应该朝着寻找两全其美的方案来努力。可以一周上班五天，但每天工时延长一个小时，既顾到休闲生活，又能保住生产绩效，一个折中方案就出来了。这就是双赢的解决方法。

在进行谈判的过程中，谈判中的僵局是不可避免的，只要积极主动地去寻求解决途径，是有希望完成谈判的。达到这一目标的方法则是合作性的双赢谈判，以化解双方的对立局面。

第 8 章

领导口才

提问胜于执行

【核心提示】

过去的领导者可能是一个知道如何解答问题的人，但未来的领导者必将是一个知道如何提问的人。

【理论指导】

美国创新领导中心曾经对191位企业成功领袖做了深入的探讨，他们发现这些人成功的关键在于，他们善于制造发问的机会，并且懂得如何提问。管理大师以及成功的企业经理人一致认为提问是最重要和最有力量的管理工具。

的确，一句“为什么”可以引发人们的思考，当人们开始思考的时候，他对问题的认知将更加深刻。领导在与下属的沟通中，一句“为什么”通常能将他们敷衍的回答打消掉，而进入一个思考的过程，这个时候他们的回答才更接近真实。

因此，我们可以说，通过提问可以管理下属，可以鼓励员工开发创新性思维，可以引导员工积极主动地解决问题，可以帮助员工快速成长。

美国前国务卿基辛格，他不仅在外交工作中有着出色的政治手腕，而且在处理白宫内的事务工作上，也是一位巧于借用提问来管理下属的智慧能手。

基辛格有一个习惯，凡是下级呈报来的工作方案或议案，他先不看，压它三几天后，把提出方案或议案的人叫来，问他：“这是你最成熟的方案吗？”这时，对方通常会思考一下，一般不敢肯定是最成熟的，只好答说：“也许还有不足之处。”基辛格即会叫他拿回去再思考和修改得完善些。

过了一些时间后，提案者又一次送来修改过的方案，此时基辛格再认真看阅，然后问对方：“这是你最好的方案吗？还有没有比这更好的方案？”这时，提案者进入更深层次思考，把方案拿回去再研究。就是这样反复让别人深入思考研究，用尽最佳的智慧，达到自己所需要的目的，这不愧为基辛格的一大高招。

管理者要做全程掌控，是做下属没法做成或没有权利和能力做的事情，而不是整日为琐碎事务而忙碌。优秀的管理者，可以通过提问的形式充分调动下属发挥主观能动性，让所有的下属都尽职尽责。

“现代管理学之父”彼得·德鲁克非常赞同提问的重要作用，他曾经说过：过去的领导者可能是一个知道如何解答问题的人，但未来的领导者必将是一个知道如何提问的人。被誉为“世界第一CEO”的杰克·韦尔奇也表示：认为，真正问最多问题和最好问题的那些人，才是领导者。

事实上，优秀的领导者还可以通过提问来提高团队的工作效率、活跃会议气氛、解决存在的问题、帮助团队克服困难、协调各种矛盾，从而提升整个组织的整体实力，强化其整体战略、愿景、价值观等。

然而什么才算是有效的提问呢？关键在于不应该只将问题和答案视为单独的一个点，而是要在问题与可能的答案之间间隔一条虚拟的路径，借由它整理思绪激发创意，一点一滴地完成一个具体而且崭新的方向。

看准对象、机会的问话，可以使你获得所需要的信息、知识和利益，帮助你了解对方的需要和追求，从而达到人与人之间的交流和互助，促成交往的成功。那么，如何才能正确地问话呢？提问要注意以下几个方面：

1. 提问要看对象

首先，提问应因人而异，要从对方的年龄、身份、职业、性格等出发，选择不同的提问方式与技巧。如对高龄老人，就不能问："你几岁了？" 而应问："您高龄？" 如果问一位老之将至的女士提出这个问题，尽管你毫无恶意，也定会惹得她不快。

其次，对不同的民族文化背景进行不同的提问。比如中外的寒暄方式就不同，在我国，朋友、同事、邻居见了面，习惯的提问是："吃了吗？" "上哪儿去呀？" 对方听了会感到亲切友好。但是同样的话对英、美等外国人说，就会引起误解或让他们产生不快。问他吃过没有，他会误以为你要请他吃饭；问他上哪儿去，他则认为你在干预他的私事。

再次，提问要根据对方的知识水平。例如，有一位记者采访一个曾去过埃及的工人，想请他谈谈埃及人民怎样反对英国殖民主义，这个文化程度不高的工人不理解记者的意思，说不出话来。后来，这名记者换了个问题："埃及人对英国人怎么看？" 这下子对方明白了，话匣子一打开便滔滔不绝地说起来，那位记者也获得了自己需要的材料。

2. 让对方有话可答

有些人提问的方式过于笨拙，使对方无法回答，这样的提问自然是没有任何意义的。

有一个不善于提问的记者，他采访美国某跳水运动员，在明知该运动员的母亲是上海人时还连续问："你的母亲是上海人吗？" "你这次要去上海吗？" "你准备在上海见你亲戚吧？" 面对这些平淡无奇的问题，运动员只好一次又一次地重复："Yes！" 如果记者换另一种方法问："你准备怎样把对你母亲的怀念带回美国呢？" 情况就大不一样了。运动员不但可以介绍自己在中国的所见所闻，还有充分余地述说一下自己来中国的感受。

3. 提问要掌握时机

提问要掌握时机效果才佳。比如：两个过去很要好的朋友都刚刚走上工作岗位，一个偶然的机会两个人相遇了，互相询问："你们单位待遇怎样？你工资多高？谈恋爱了吗？" 显得既亲热自然，又在情理当中。但是，如果一位女孩经人介绍与一位小伙子在公园见面，女孩问："你谈过恋爱吗？工资多少？" 其结局就可想而知了。

4. 提问要注意措辞

注意措辞，实际是提问时努力营造一种亲切友好，轻松自然的气氛，有利于收到良好的提问效果。例如，在会议上我们经常听到主持人这样提问："不知各位对此有何高见？" 虽然从表面上看，这种问话很好听，但效果不会很好。多数情况下与会者会半天不出声。高见？众目睽睽，谁敢肯定自己的见解就高人一等呢？就算是有高见，谁又好意思先开口呢？这说明提问的措辞不佳。如果问："各位有什么想法呢？" 恐怕效果就会好一些。

领导者要善于用提问来解决难题

【核心提示】

如果有些难题运用正常的策略无法解决时，用迂回的方式提问也许会得到意想不到的效果。

【理论指导】

生活中，每个人都会遇到一些很棘手的难题，但又不得不解决，领导也不例外。这时你可以用提问的方式来巧妙解决难题。英国军事理论家利德尔·哈特在《间接路线战略》一书中说："从战略上说，最漫长的迂回道路，常常又是达到目的的最短途径。"如果这些难题运用正常的策略无法解决时，用迂回的方式提问也许会得到意想不到的效果。

提问是激发人们主动思考的重要工具，不过前提是问对问题。在提问之前，领导者要深入了解被提问者的现状、目标和背景。

十月革命取得胜利，意味着沙皇反动统治的皇宫被革命军占领了。当时，愤怒的俄国农民们拿起火把准备点燃这座举世闻名的建筑。愤怒之火把皇宫付之一炬，好像也无法表达他们对沙皇的仇恨。

在场的也有一些知识分子，他们深知皇宫的价值，纷纷出来劝说，但这对义愤填膺的农民们来说没有任何说服力，依旧坚决要火烧皇宫。

危急时刻，有人向列宁报告，列宁得到消息后很快赶到现场。看到现场的紧张气氛，列宁知道硬劝不行，于是就用委婉的口气恳切地说："亲爱的农民兄弟们，皇宫是可以烧的。但在点燃它之前，我有几句话要说，你们看可不可以呢？"

农民们一听列宁并不反对他们烧皇宫，就异口同声地说："当然可以了。"

"请问，以前是谁住在这座房子里？"列宁问。

"是万恶的沙皇统治者！"农民们大声地回答。

"那房子又是谁修建起来的呢？"列宁又问。

"是我们人民群众！"农民们坚定地说。

"那么，既然是我们人民修建的，现在就让我们的人民代表住，你们说可不可以呀？"

农民们开始点头。

"那你们还要烧掉人民住的房子吗？"列宁再问。

"不烧了！"农民们齐声答道。

就这样，皇宫终于保住了。

可以想象，如果列宁一上来就不让农民烧皇宫，能不能保住皇宫暂且不论，愤怒的人们甚至还会迁怒于他。所幸列宁没有只讲大道理，而是循循善诱地、有策略地将道理讲得具体而生动，引人思索，让人们觉得是这么个道理，从而达到了目的。

事实证明，迂回提问的方法是有效解决问题的一个上佳策略。作为领导要善用提问的方式解决难题。当下属对某些问题比较敏感，有所忌讳而不便直接询问时，就需要迂回曲折、委婉含蓄地提问。

除了上文所说的迂回提问法，还要掌握以下几种提问的方式，才能利用提问解决难题。

1. 明知故问式

一般情况下，提问者明明知道自己所提问题的答案，但为了达到自己的目的而故意提问。

美国总统罗斯福在海军担任要职时，一位朋友向他打听海军在加勒比海的一个小岛上建立潜艇基地的保密计划。罗斯福向四周看了看，压低声音问："你能保密吗？"朋友答道："能，当然能，我会守口如瓶。"罗斯福微微一笑跟着说："那么，我也能。"这个问题，真是机敏巧妙，异常精彩，既坚持了保密原则，又不使朋友难堪。

2. 反问作答式

反问实际上是用问句表达自己确定的思想，反问就相当于否定对方的问题。其实，这种提问有着明确肯定的答案，往往作为针锋相对的武器给挑衅者以有力的回击。它往往比正面提问更有力量，更能抒发感情，但要注意适度。

有一次，萧伯纳的脊椎骨出了毛病，需要从脚上取一块骨头来补脊椎的缺损。手术做完后，医生想多捞一点手术费，便对他说："萧伯纳先生，这可是我们从未做过的新手术啊！"萧伯纳笑道："这好极了，请问你打算给我多少试验费呢？"医生听了，无言以对。

3. 含蓄婉转式

这种提问的意图是为了避免对方拒绝而出现尴尬局面。例如，一个小伙子爱上了一个姑娘，但他并不知道姑娘是否爱他，此话又不能直说，于是他试探地问："我可以陪你走走吗？"如女方不愿交往，她的拒绝也不会使双方难堪。

4. 限制选择式

这是一种目的性很强的提问技巧，它能减少被提问者说出拒绝或提问者不愿接受的回答，帮助提问者获得较为理想的回答。

例如：有一家小面馆的老板在为客人煮面时，必问一句："放一个还是两个鸡蛋？"而不是问："要不要放鸡蛋？"这样提问就缩小了客人的选择范围，自然可以多做鸡蛋的生意。

5. 协商提问式

如果我们要别人按照自己的意图去做事，应该用商量的口吻向对方提出。例如，领导要下属起草一份文件，把意图讲清之后，应该问一问："你看这样写怎么样？"下属自然容易接受。

领导怎样说话才会有权威

【核心提示】

领导话语的权威，并不是靠呵斥、发脾气所树立起来的，而是靠与员工之间的亲和力建立起来的。

【理论指导】

身为领导，要想让自己的命令得到贯彻执行，说话就得有权威。虽然你不必过于矜持，但要让你的下属意识到，你是领导。这样，即使是活泼、轻佻的职员也不至于去拍你的肩膀，或拿你的缺点肆意开玩笑。否则，你将是一个失败的领导。

领导要保持自己的威严，在无形中造成员工对你的尊敬之意，会为你的工作顺利开展创造条件，员工会处处——至少在表面上尊重你的意见，当他们执行任务有困难时，会与你商量，而不会自作主张，自行其是。

身为领导要想有权威，就要特别注意自己的讲话分寸，在办公室里跟员工讲话，要亲切自然，不能让员工过于紧张，以便更好地让员工领会自己的意见。但是在公开场合讲话，譬如面对许多员工演讲、做报告，要威严有力，有震慑力。

领导话语的权威，并不是靠呵斥、发脾气所树立起来的，而是靠与员工之间的亲和力建立起来的。那么作为一名优秀的领导，该怎样说话树立自己的权威呢？

1. 要言简意赅，长话短说

领导讲话时，不可滔滔不绝，没完没了，不管你有多能说，也要抓住关键问题，突出重点，这样既能使人牢记于心，易于接受，又能为自己增添几分权威感。例如：某人写了很多封应征信，填了很多张申请表，一一寄出，均石沉大海，不料得到了一张回邮的明信片，仅有“某时面谈”简简单单几个字，他一定终身忘不了这张短短的回邮。

2. 要最后出场讲话

说话时愈将重点放在后面，愈能显出所说的话的重要性。“重点置之于后”，中国人最具有代表性。例如舞台上角儿露脸，最后出场的角儿必定是最重要、最顶尖的了。

3. 可以采用幽默的讲话风格

幽默的话易于记忆，又能予人以深刻印象，领导用幽默的语言来自我标榜，必定会使你的话语更深刻地留在他人心中。

4. 话要说得有条理

领导讲话要有顺序，选择什么线索来整理说话内容，可看需要而定。要注意通俗易懂，忌讳古词语、专业用语。当然还要注意吐字清晰，语速适当。

5. 句子要简短

短句子说起来轻松，听起来省力，吸引力也强。最好一句话一个意义，一句话的含义过于复杂，听者费力，交流就多了一层障碍。

6. 说话时要坚定而自信

领导在说话时要坚定而自信，力度要适中，眼睛正视对方，这样才显示你是充满自信和颇有能力的。若讲话时眼睛不敢正视、握手软弱无力，会使人觉得你意志薄弱、容易支配。

7. 最好站着讲话

讲话时站起来、要站直。开口前先等几秒，等大家都望着你时再开始说。与别人谈话时，身体稍往前倾，会让别人更容易接受你的意见。

8. 作强调时运用手势

但不可指着别人的脸晃动手指。讲话慢而清晰、语言简短，等于告诉对方：“我有能力控制一切。”

除此之外，身为领导还要注意行动轻捷，笨手笨脚对你的形象损害最大。穿着上要整洁，避免刺眼的色彩和繁复的配饰，保持干净、挺括，同时要注意身姿，含胸显得畏缩，昂首挺胸可以创造出你的领导形象。

主持会议要善于引导

【核心提示】

主持人打开局面、引导会议进行的技巧水平，取决于他的认识水平和良好的思维能力。

【理论指导】

会议的目的就是讨论和解决问题，领导在做会议主持人时，要积极引导，使会场呈现出轻松活泼、毫不拘谨的局面，让与会者畅所欲言。只有这样，才有可能从各种角度发现问题、提出问题、分析问题、解决问题，从而达到开会的目的。

领导在主持会议的时候，要想顺利打开局面，维持会场的正常进行，引导会议朝预想的方向发展，取决于领导的认识水平和良好的思维能力。

这就要求主持人要能够洞察现场情势，抓住众人共同关心的话题，广开言路。可以带头发言，为他人作好铺垫；也可以言语诙谐，吸引与会者的注意力，使那些持漠然态度者也能积极投入；还可以层层设问，启迪思考，借助“头脑风暴”倾听更多意见。

主持会议的一项重要职责就是搭桥连接、过渡照应、承上启下，把整个会议连成一个有机的整体。主持者在这个过程中，可以通过机敏的反应、良好的口才、高超的组织概括水平、有条不紊地完成各项任务。

当然，由于会议类型不同，连接话语长还是短，要根据具体情况而定，不能生搬硬套。若需要连接语，既可顺带，也可反推；可以借言，也可直说；可以设疑，也可问答。总之要使其别开生面，恰到好处。

当会议出现沉默的时候，主持者首先可以试试激将法：“老张向来能说会道，今天怎么会甘拜下风呢？”这样一激，老张还能不一吐鸿论吗？或者可采用迂回方式引他开口：“小王，你一直保持沉默，是不是身体不舒服？”对方可能会予以反驳，你正好顺水推舟：“那你就是有不同意见了，说出来让大家听听嘛。”有时也可以就某人的发言因势利导，引导大家顺此深入讨论：“老杨认为我校提高教学质量的关键，在于联系实际改进教学方法。大家对此议论一下吧！”对老杨是个鼓励，大家讨论也有了方向。

主持会议时，如遇到冷场，要善于启发，或选择思想敏锐、外向型的人率先发言。有时可以提出有趣的话题或事例，活跃一下气氛，以引起与会者的兴趣，使之乐于发言。遇有离题情况，可根据具体情况，接过议论中的某一句话，或插上一句话做转接，巧妙柔和地使议论顺势回到议题上来。

生动的语言对于活跃会议气氛、打破沉默局面，调动与会者情绪具有重要作用。幽默型的领导主持会议，会议气氛一般比较活跃，与会者参与的积极性较高。在主持会议时，适当插入幽默语言，能增强讲话的生动性、趣味性，使与会人员在紧张的会议中获得放松，促使大家在轻松愉快的氛围中完成会议任务。

主持人在引导会议讨论时应有较高的认识水平以及良好的思维能力。在会议上，要善于提问、积极引导，能够从不同层面上发现问题和提出问题，进行辩证式思维、逆向式思维、发散性思维，对问题的看法不仅从质上去认识，而且还能从量上进行分析、界定。

当会议进行中发生争执时，如果因事实不清，主持人可让与会者补充事实，如事实仍不甚清，可暂停该问题的争执。主持者应设法缓和冲突，而不能激化矛盾，更不能直接参加无休止的争吵。

会议进行到最后，主持人发言时，要先对前面的发言或讲话中最精华的东西给予概括和肯定，画龙点睛，做好铺垫；然后根据会议议题的内容，渲染蓄势，让听众感到贴切自然，顺理成章。

总之，领导会议局面的展开有赖于领导者的引导能力，但在根本上还在于领导者较好的素质。这就要求主持者善于观察与会者的性格、气质、素质和特点，并根据各类人员特点，区别对待，因势利导，牢牢掌握会议进程。

拒绝下属须有充分理由

【核心提示】

在拒绝下属的要求时不要一口否定，要讲策略、讲方法，避免矛盾冲突。

【理论指导】

工作中，员工有时难免会向你提出某些要求，有的要求是合情合理的，有的却可能是非分的要求，作为领导者，不可能什么事情、什么情况下都能满足员工的要求。有些领导往往因为顾忌面子在该说“不”的时候没有说“不”，结果将人际关系弄糟。

因此，恰到好处的拒绝既有利于自己，也有利于别人。几乎所有的人都想顺从人意、讨人喜爱。身为领导关心和重视下属绝对没错，但并不等于对下属的要求百依百顺，还要善于果断说：“不行！”回绝别人的确很不容易，但有时却不得不为之。

对于下属的要求，不论合理与不合理，有时候，身为领导都必须要有非坚持不可的立场。那么作为上司，如何拒绝员工的某些要求，才不会使员工感到难堪或者影响员工的情绪呢？

1. 下属的休假要求

当下属要求休假时，可能会有两种情况：要么是你的下属没有按照休假计划的规定办事，要么是这段时间已经安排给其他下属休假了。要是前一种情况，就应该让下属知道他没有遵守规定。你应该这么对他说：“很抱歉，我们打算在那个时间集中人员进行培训，公司要求任何人不准缺席。你知道，正因为这样我们才规定每年的一月安排休假计划。”

如果下属的请假要求与别人预先计划好的休假有冲突。遇到这种情况，你要让他明白，批假的原则是“先申请先安排”，所以不能批准他的请求。不过，可以准许他与已安排休假的那个下属自己协商调换休假日期。

2. 委婉拒绝下属的加薪或升职要求

当下属要求加薪或升职的时候，如果果断地说“不”，不但会挫伤下属的工作积极性，也会使你的领导魅力大打折扣，对付这种情况，最有效的方法是委婉地拒绝。这种方法就是在谈话中先肯定下属的工作能力和对他的良好印象，然后谈谈公司目前遇到的经济困境和公司的发展前景，巧妙而委婉地否定他目前的要求。

如果是那些特别尽职尽力的下属提出加薪或升职的要求，要领导开口说“不行”实在是一件很为难的事。有时下属的职位、薪酬早该变动了，但预算紧缩，生意清淡，或其他因素使你无法对他们的勤奋予以奖励，要说“不行”更是难上加难。

这时，最好如实相告，说清楚为什么不能提职或加薪。处理这类问题时，切忌做超出你职权的承诺。即便你承诺要视将来情况而定，如等生意出现转机，预算松动之后等，下属仍可能把它看成是正式的承诺。

3. 下属要求改变上下班时间

照顾子女、交通问题以及其他事情常常给下属带来困难。能与下属配合，帮他们度过暂时的困难当然好，但不一定总能行得通。关键是怎么说“不行”。因为如果下属感到你对他的困难漠不关心，他就很可能另谋高就。

处理这种要求时，要尽可能灵活，探讨各种可能的办法，这样即使不得不否决他的请求，你为这件事所做的努力也有助于消除下属的怨恨。

4. 下属要求调到另一部门

当下属要求调到另一部门时，如果是工作平常的人请求调动，那就赶快批准。但如果最得力的下属要求调动，而且是在大忙时节，或在一时找不到人顶替的时候，千万不要断然拒绝，因为那样会使一个好下属消沉下去。

这时，你应该跟他坐下来谈谈为什么要请调。也许你会发现促使他调动的原因可能与工作无关。可能是他与某位同事关系紧张，也可能是由于一些通过调整工作可以解决的问题，通过交谈才会发现问题在哪里。

如果通过谈话毫无结果，没有什么能使他改变调动的想法，你只有拒绝。但要尽可能减少给他造成的消极影响，尽量给他一线希望。比如可以说：“现在不能调，过一两个月再看看有没有机会。”这样做不仅为你赢得了考虑其他可能性的时间，而且在这段时间里，下属的想法也可能发生变化。不管怎样，对下属的调动要求表现出关心，有助于减轻拒绝对下属造成的伤害。

上级拒绝下属的某些要求，关键是怎么说“不行”。具体处理时要尽可能灵活，探讨各种可能的办法，这样即便不得不否决他的请求，你为此所做的努力也有助于消除下属的怨恨。因此，领导在拒绝下属的要求时不要一口否定，要讲策略、讲方法，避免矛盾冲突。

下达命令多使用建议口气

【核心提示】

工作中，作为领导者，对下属下达任务，发号施令是很常见的事情。领导者注重下达命令的艺术，不仅可以消除下属的逆反心理，提高执行效率，而且有助于团结下属，鼓舞团队的士气。

【理论指导】

说到命令，人们可能会想到在战争中“军令如山”，领导下了命令，下级不得不赶紧执行，于是认为以命令方式去指挥下属办事效率最高。但在实际工作中却不尽如此。

一些领导颐指气使，有事就大嗓门地命令下属去做。他们认为只有雷厉风行才能产生最佳效果，命令别人去做事的时候也不看人家的意见如何，反正一句话：“做了再说！”一般来说这样的领导比较有能力，在下达命令之前是经过一番深思熟虑的。

但久而久之，下属对领导产生了依赖，什么都不问就照领导说的去做，反倒失去了积极性和创造性，成为一件只会办事的机器。而有些下属呢，面对领导铺天盖地的命令，连问一句为什么的机会都没有，自己想不通当然就不愿去做了。不愿做的事要被迫去做是很难做好的。

李先生经营着一个有五六百名员工的企业。不管是在业务上还是在管理上，李先生的努力都有相当的成效。他运筹帷幄，指挥若定，威风八面，宛如领军千万的大将，好不神气。可是，李先生却拿他儿子没办法，每次一见面，没讲三句话就会争吵。

这天，他又和儿子因为一点小事吵了起来。就在双方面红耳赤之际，儿子突然间就住了口，然后一字一字地说：“爸，再这样吵下去也不是办法，能不能请你以后不要用命令的口气跟我讲话，我是你儿子，而不是你的下属。”“你是我儿子，我命令你又怎么了？”李先生理直气壮地说。“你可以命令，但我也可以不服从你的命令，整天一副教训人的口气，真不知道你的下属怎么受得了你？”儿子说完，直接打开家门出去了。儿子走后，李先生冷静一想，他竟然没有意识到自己竟然处处以命令的口吻给人说话。怪不得，员工很少跟自己沟通，甚至有人遇到了自己还想躲着走。这天晚上，他开始反思。

一觉醒来，李先生一大早就到了公司。因为早上要开一个重要的采购会议，讨论的是采购一种新型机器，到底要用国货好，还是日本货好。依采购部的报价，日本制的价格便宜，东西也不差，可是工程师却主张买国货。会场上，李先生让总工程师发表意见。这是一种表面上的礼貌，总工程师也知道，老板对这件事情早就心有定见，问他只是个形式。因此他说不到五分钟就说没意见了。若是往常，李老板这时通常会直接说：“不用再说，这就是我的决定。”今天竟然是“总工程师，你的意思是不是这样：日本制的机器，价格虽然便宜，东西也不错，可是将来如果出了毛病，要他们来做售后服务，问题就来了，他们的人因为语言问题无法跟我们直接沟通，找来的翻译对精密仪器又是外行，机器坏在哪里，我们无法充分了解，下次再发生同样的问题，还是要请他们的人来，说不定还会耽误生产时间，如此算下来，还是买国货比较便宜！”

看到李先生今天的态度不同往日，工程师的眼睛渐渐亮了起来。他打起精神，再次补充。就这么你一言我一语，大家滔滔不绝地讨论了起来。

权力在手是一件好事，同时对下属发布命令也是一种满足，但领导者一定要把握好分寸。试想如果下属听到“不用多问，这是命令”，或者“上级就是这样指示的，照着做就可以了”之类的话，心里会怎样想呢？这样能让他心甘情愿地去做事吗？像这种不顾实际情况，不管下属的感受，而只管发布强制式命令的做法应该尽可能地避免。因为这样布置工作，只会引起下属的反抗心理，而不会收到预期的效果。

要吩咐下属去办一件事，命令的方式是不可少的，特别是在情况紧急的情况下，一分一秒都是宝贵的，没有时间给你详细的解释。但更多的时候，最好还是以建议的方式。

领导如果采用商量或建议的口气说话，下属就会把心中的想法讲出来，如果领导认为说得有道理，就不妨说：“我明白了，你说得很有道理，关于这一点，你看这样行不行？”诸如此类，一方面吸收对方的想法和建议，一面推进工作。这让下属觉得既然自己的意见被采用，自然就会把这件事当作自己的事去认真做，自然也会产生良好的效果。

事实证明，多用“建议”，而不用“命令”往往会收到意想不到的效果。因为这样做能维持对方的人格尊严，使他有一种被尊重的感觉，执行任务时总是会尽心尽力。

一个无可挑剔的方案如果得不到有效的执行，那只是一纸空谈，那么如何命令才能让下属心悦诚服地接受呢？你应该铭记：

1. 重点突出

建议要重点突出，不要面面俱到。如果你把命令讲得过于详细和冗长，那只会制造误解和混乱。

2. 强调结果

为了使建议叙述得简要中肯，你要强调结果，而不要强调方法。

3. 尽量简单

建议不要太复杂，要尽量简单。一个简单的计划也会减少错误的机会，其简洁性也会加快执行的速度。

检点说话时的“小节”

【核心提示】

必须谨记“太多的小毛病往往使人平庸一辈子”“忽视细节，错失良机”的训诫。要知道，魔鬼就藏在不经意的细节当中！

【理论指导】

有的领导认为要想成就大事，言行举止就得“不拘小节”。实际上，日常琐碎的细节是自觉流露，特别说话最能客观、全面地反映一个人修养水平的高低。因此，身为领导千万不可忽视了说话的“小节”。

惠普创始人戴维·卡德说过：“小事成就大事，细节成就完美。”但是，太多的人总不屑一顾于小事和事情的细节。殊不知，事无巨细，小事情往往最能体现出个人的素养，小问题中往往隐藏着大学问。把握住细节，你才能赢得好人缘，才能将工作做得尽善尽美，才能得到机遇的垂青。

有一家家具公司的业务经理，非常擅长和经销商拉拢关系，可业绩却不是很好。业绩不好，业务经理认为是总公司的支持政策迟迟不能到位，才是他举步维艰的罪魁祸首。但事实却和他想的完全不一样，其实，他是在一个混沌的状态下工作：每天业务员出门干了什么他根本不知道，工作中只听业务员的汇报却懒得去了解市场。就算是“工作汇报系统”，业务员觉得太麻烦，访问记录都是空白的，身为业务经理的他也不在乎这些“小节”。

最为讽刺的是，在一次家具展销会上，该公司的品牌展台上居然有其他知名企业的产品。当别人指出他的这些错误时，业务经理居然一副“虽然有点小错但是也不需要大惊小怪”的样子。

尽管这家家具公司的业务员们不断吹嘘自己的营销队伍是“最优秀的，最过硬的”。但一个不关注细节的企业必然是平庸的，后来该企业产品销量的不断下滑恰好说明了这一点。因此，领导于小节处更应检点。尤其是在紧要的关头，更要以最佳状态小心应战。

在交往时，言行举止往往与人的内心世界联系在一起，因此对于个人的言行举止，也必须注意。因为这些言行可能会使对方对你产生好恶，从而在一定程度上影响交往的成败。我们总要时时反省、审视自己的举止言行，虽然只是一些小节，平时多加注意才会让对方对你有好感。

有的领导很少注意检点小节，言语上习惯使用口头禅，甚至时常用“不可以”“不行”这一类否定词语，这种人给人的印象多半不是很好。此外还有一种领导不注重外表，往往服装不整、不注意卫生，给人不洁之感，或常做些不雅的动作，以及态度冷漠、公私不分等，都必须好好注意，加以改善。

作为领导，在谨慎说话的同时，你还应该注意以下细节：

1. 不要小瞧和别人沟通的细节

虽然与人沟通感情的最初阶段只是打招呼，但不要忘记，在人的内心里有思想和感情两个方面，心与心之间要想系上纽带，最初的方法就是打招呼，如果连最简单的如“您好”“再见”等等日常的招呼也不会的人，怎么能称得上是一个成功的社会人士呢？

2. 拒绝恶劣的态度

与人交往时，要静静地观察别人。就表情而言，应注意的态度：自鸣得意、傲慢的态度，这会伤害对方的自尊心；冷淡的态度，使人感觉不亲切，缺乏投入感，态度过于严肃，使下属敬而远之；随便的态度，给人马马虎虎、消极的感觉，经常表现为反应过激，重要场合说一些粗俗的话语。

3. 不恰当的动作

就动作而言，应注意的姿势或动作，主要有：坐要有坐相，不要随便左右晃动，如果是女士的话两腿要并拢；站立时膝盖要伸直，腰板要直，不要抖腿，不要撅臀部；不要抓头搔耳，两手应自然垂放在两侧，或是轻放在前面；不要玩弄或吮吸手指，尽量不要跷脚；表情温和，有亲切的眼神和饱满的精神。

托尔斯泰说：“使人疲惫的不是远方的高山，而是鞋里的一粒沙子。”这粒沙子虽小，却足以败坏你的情绪，影响你的进程，甚至左右你的命运。而低下的道德、浮躁马虎的个性、笨拙的处世方法等就是这粒沙子。它虽然只出现一时，却会影响你一世。

上面说到的，都是人际交往中需要注意的小节，但我们并不是提倡处处都谨小慎微，缩手缩脚。但我们必须谨记“太多的小毛病往往使人平庸一辈子”“忽视细节，错失良机”的训诫。要知道，魔鬼就藏在不经意的细节当中！

说话语调要讲究优美

【核心提示】

如果说话没有声调，就不能感染人，不同的声调可以表达不同的感情。平时我们说话，要想吸引和感染别人，就一定要感情充沛，以情动人。如果我们说话冷冰冰的，就如同饮一杯白开水，索然无味，也会因枯燥乏味而无法引起别人的兴趣。

【理论指导】

语调的优美可以增强领导魅力。声音作为一种语言形式，影响着所要表达的内容。即使你天生音质不太好，也一定要学会如何让语言抑扬顿挫。声音优美、停顿有力还不够，我们还要把握好说话的音量。什么情况该用多大的声音说话，吐字清不清晰，这都决定了我们的语言是否能够感染别人。

中国有句俗话说：有理不在声高。如果你天生就是大嗓门，那就只有尽量降低自己的音量，每个人的耳朵都有一定的承受能力。同样，身为领导，如果你说话声音微弱低沉，吞吞吐吐，往往给人一种怯懦的感觉，有损于领导形象，也不利于内容的正常表达。

说话是一门高深的艺术，一段话出自演讲家的口中和出于一个没有文化的人口中，对受众所产生的效果绝对是不一样的。因为演讲家懂得用最适当的语速、最优美的声调、最清晰的语音来吸引听众。

在日常的语言表达中，你是否存在着以下这些缺点呢?

口头语太多，而且总是把一句话重复一遍又一遍；一说话就摆官腔，一股居高临下的官方语气和作风；语调酸味十足，拿腔拿调；与人交谈总是前不搭言后不搭语，含糊其辞……这些缺点常常会给人以最直接、最明显的感觉，因此需要你在工作实践中不断磨炼自己的嘴皮子，改正这些缺点，逐步提高。当然，这不是轻而易举能够做到的，一定要有耐心，不断努力。

不同的声调可以表达不同的感情。掌握以下六点会给你带来更多的帮助。

1. 音量要适当控制

说话时老是大声嚷嚷，会给人一种咄咄逼人的感觉，容易使人的神经过于紧张；一直轻声细语，虽然会使人感到亲切平易，但音量过小，可能让人听不清楚，同时在力度上也有所欠缺。

2. 要注意重音，使自己的声音充满活力

根据表情达意的需要，把重要的音、句或语意强调说出，使说话者的思想感情表现得清楚明晰，以引起听者留意并加深他们的印象。不可千篇一律。要想声音活泼生动，首先得遵照呼吸原则，如果一句话非常长，那么就要断句说。

3. 语调要富于变化

抑扬顿挫的语调可表达你的兴趣和热情，灵活准确地传达你不断变化的情绪。如果声调呆板，就会让人感到枯燥而平淡，甚至产生厌倦的心理。

4. 说话时要注意语音停顿

恰当地处理语言交流中的停顿，不仅是表达说话意图的需要，而且是增强语言表现力和精确性的需要，是有声语言表情达意的必要手段。

5. 声音适度，语速适中

说话不能太大声，这样会产生共振效果，令人听不清楚。因此应训练你自己，说话时声音要清楚，快慢合度

6. 说话的声音力求和谐优美

声音纯正悦耳，对方就会乐意倾听；声音尖细而嘶哑，只会让人感到做作，难以忍受。“嗓音是身体的音乐，语调是灵魂的音乐”。美国科学家的研究证明，一段讲话是否能被公众接受，内容的重要性仅占30%，讲话者的身体姿势占20%，衣着占10%，而讲话者的语调要占到40%。恰当地利用你的面部表情和语调，能够增强语言的准确度和感染力，准确鲜明地表达你的思想感情，提高说服效果。

用竞争的压力去教育下属

【核心提示】

当压力存在时，为了更好地生存发展下去，就要比其他人更用功，而越用功，跑得就越快。适当的竞争犹如催化剂，可以最大限度地激发人们体内的潜能。

【理论指导】

据说西班牙人爱吃沙丁鱼，但沙丁鱼非常娇贵，极不适应离开大海后的环境。当渔民们把刚捕捞上来的沙丁鱼放入鱼筐运回码头后，用不了多久沙丁鱼就会死去。而死掉的沙丁鱼味道不好销量也差，如果抵港时沙丁鱼还活着，价钱要比死鱼高出好几倍。

为了卖个高价钱，只好想法延长沙丁鱼的活命期。后来渔民想出一个法子，将几条鲶鱼放在鱼筐里。因为鲶鱼是食肉鱼，放进鱼框后，鲶鱼便会四处游动寻找小鱼吃。为了躲避鲶鱼的吞食，沙丁鱼只有不停地跳动，从而保持了旺盛的生命力。如此一来，运输过程中，沙丁鱼竟然一条条活蹦乱跳。这在经济学上被称作“鲶鱼效应”。

其实用人也是如此。领导也可以用竞争的压力去促使下属努力工作。在一个团队中，尤其是一些老员工，工作时间长了就容易厌倦、疲惰、倚老卖老，因此领导可以找些外来的“鲶鱼”加人，制造一些紧张气氛。这样一来，下属自然就不敢对工作懈怠了。

王林通过三年的努力成为了一名中层管理者，自己踏实肯干，态度积极，处处以身示范，但是他的下属工作态度普遍很差，做起工作来非常懒散，总有借口推托工作，拈轻怕重。王林没有晋升之前与他们都是同事，因此也不好当面批评。无奈之下，王林只好向老板求助。

老板教了王林一招，王林回来一试果然有效。他先是招集部门所有的人开了一个会，在会

上他说:“老板刚才把我叫去，公司决定使用竞争上岗制度，对工作不认真的人将被首先淘汰。”从此以后，王林手下的工作人员工作都非常卖力，就是平时那些倚老卖老的下属也变得听话了。

当压力存在时，为了更好地生存发展下去，就要比其他人更用功，而越用功，跑得就越快。适当的竞争犹如催化剂，可以最大限度地激发人们体内的潜能。

领导者可以根据人的这种心理，实行“竞争激励”，在组织或企业内部设计形式多样的竞争机制，从而促使员工在良性竞争的环境中自觉成长和提高。

格林被总厂派到下面一个分厂，分厂的副厂长告诉他，最近半年来，工人们总是不能达到生产指标，制定任务强迫他们都不管用。

格林通过几天的观察发现，工人们就是对工作的兴趣不大，对工作应付了事。白班还稍微好点，夜班更是偷懒成性。

这天下午，格林正要下班，他看到夜班工人陆续来到厂里，原来是换班的时刻到了。格林灵机一动有了主意。于是，他来到车间拿起一支粉笔，然后转向最近的一个日班工人，问道:“你们这班今天做了几个单位的工作？”

“5 个。”格林在墙上写了一个大大的“5”字以后，一言未发地走开了，当夜班工人进来时，他们看见这个“5”字，就问这代表什么意思。

日班的工人解释说:“厂长今天来这里了，他问我们做了几个单位，我们告诉他 5 个，他就在地板上写上了这个 5 字。”

凌晨，格林又从这车间走过，果然不出他所料，夜班工人已将“5”字除去，换上了一个大大的“7”字。

早晨日班的工人来上工的时候，他们看见一个大大的“7”字写在地板上，每个人都不服气地想道:“别以为夜班的工人比日班的好！一定要给夜班工人一点颜色看看。”他们拼命地加紧工作，下班前，他们把一个大大的“10”字神气活现地写在了墙上。

工厂的情形逐渐好起来了，不久，这个一度落后的厂就超过了公司其他的工厂。

这其中的原因就是厂长让工人们有了竞争的意识，要做成事情的办法就是激起竞争，这不是钩心斗角的竞争，而是胜过对方的欲望。像上面的工人们就是这样，没有人和他们对比，就激不起他们内心的自尊和斗志。有了潜在的对手，就能不顾一切地胜过对方。

在通常情况下，竞争的结果，不管有没有物质的奖励，人们都很愿意参与，至少证明你在这方面胜过了别人，精神上的享受也足以让员工去尽力做得最好。因此，有效的管理者必须懂得，在员工中适当地制造竞争，让员工感到适当的压力，因为有压力才有动力。

领导讲话要有吸引力

【核心提示】

高超的讲话艺术是一个领导形象的展示。优秀的领导者永远能够吸引下属的注意力，能够明确表达自己的观点，能够在适当的时机把适当的信息传达给下属。

【理论指导】

古话说，“文如其人”，其实很多时候“话”也如人。作为领导，下属当面接触你的机会可能不太多。他们了解你，主要通过你在各种场合发表的讲话。身为领导，经常抛头露面，成为各种场合和各种活动的焦点和中心，如果你讲话足够有吸引力，也有利于提升你在下属心中的形象。

一个领导者讲话的精彩程度，会直接关系到下属对他的信赖程度。一个只会念稿，讲话如念经文，或云天雾地、不着边际神侃的人，不会有太多人喜欢的。

高超的讲话艺术是一个领导形象的展示。一个优秀的领导者永远能够时时吸引下属的注意力，能够十分明确地表达自己的观点，能够在适当的时机把适当的信息传达给下属。

目前很多领导者讲话水平在不断提高，有时没有讲稿，也能滔滔不绝，如数家珍，一口气讲上两三个小时不成问题。不得不承认有人确实讲得很精彩，但也有一些讲话，我们实在不敢恭维。有的领导讲话，枯燥无味，让人听起来实在难受，很多人深受听会之苦，甚至有人为躲避听领导讲话，请假、会上打瞌睡、玩手机游戏、频频借故出入会场。

某单位在开会时，该领导在主席台上口若悬河讲了半天，结束时，台下掌声四起，讲话者以为是讲话精彩所致，不料听到下面有人长出一口气说:“总算讲完了。”原来，大家是为结束而鼓掌!

还有一个与此类似的事例。

据说，某地召开“×××动员大会”，为了“强行”让与会者坚持听完会议，会议组织者不得不紧锁会场大门，会议没结束时谁也别想“溜会”。有的甚至采取会场内外录像、会议结束后点名等办法，限制逃会者。

这些都说明了这些讲话者的高谈阔论何等不受人欢迎。由此可见，一个人讲话空洞乏味，没有思想，没有与众不同的见解，只能在公众前丢面子、掉链子。

西方有位哲人说过:“世间有一种成就可以使人很快完成伟业，并获得世人的认识，那就是讲话令人喜悦的能力。”那么，领导者怎样才能讲得精彩，讲得让人心动，吸引听众，让听众感到受鼓舞，并听从领导的指示呢?

1. 生动性

讲话生动才能使人爱听，才有吸引力，才容易取得好的效果。领导讲话中应尽量运用形象具体的材料来说明问题。领导者无论在什么场合下，都需要使用易被对方接受、鲜明生动的语言，而忌讳那种干涩难懂、空泛乏味的说教。

2. 知识性

就是在讲话中善于渗透知识性、科学性的内容，说话深刻有力度，能够给听众提供尽可能多的、有价值的信息，让人感到“听有所获”，而不是“白听了”。

3. 时代性

领导者的讲话要洋溢着时代气息，有时代感，不断吸取发展着的、创造性的思想营养和语言营养成分，语言充满生机和活力，而不能尽是老掉牙的话语。

4. 针对性

每次开会，就是要解决一定的问题。所以，每次讲话，必须有较强的针对性，这就要求讲话者必须首先了解会议主题、讲话场合、会议背景、会议性质和议题等，尤其要考虑到听众的身份、年龄、职业、心理需求和接受习惯等特征。